国家出版基金项目
NATIONAL PUBLICATION FOUNDATION

中國第一歷史檔案館
福建省林則徐研究會
編

清宮林則徐檔案匯編

27

海峽出版發行集團
海峽文藝出版社

第二七册　目録

陝西巡撫林則徐奏片	神木府谷二縣道光二十七年上忙地丁錢糧請緩至秋後徵收	道光二十七年四月初八日 一八四七年五月二十一日 ※	一
上諭	著照林則徐所奏展緩徵收陝西神木府谷二縣道光二十七年上忙地丁錢糧	道光二十七年四月初八日 一八四七年五月二十一日	三
上諭	著照林則徐所請以陸銓陞補陝西潼關廳同知	道光二十七年四月初八日 一八四七年五月二十一日	四
陝西巡撫林則徐奏片	奏報陝西省道光二十七年二月份收捐監生銀數	道光二十七年四月初八日 一八四七年五月二十一日 ※	五
陝西巡撫林則徐奏片	陝西三次續捐番務經費陳丙昌錯指省份請敕部更正	道光二十七年四月初八日 一八四七年五月二十一日 ※	七

吏部尚書恩桂等奏摺	遵議林則徐奏陝西三次捐輸番務經費核與成案相符請獎勵	道光二十七年四月初九日 一八四七年五月二十二日	九
上諭	著林則徐到任後體察籌辦回務並張富果否致斃情形覆奏	道光二十七年五月初二日 一八四七年六月十四日	二〇
上諭	著林則徐察看留滇候補總兵是否勝任鶴麗鎮總兵據實具奏	道光二十七年五月初三日 一八四七年六月十五日	二二
上諭	著照林則徐所奏分別獎勵捐輸經費官紳	道光二十七年五月初四日 一八四七年六月十六日	二三
兩廣總督耆英奏摺	遵旨籌備粵省防務密陳林則徐等員才閎識遠允堪重寄	道光二十七年五月初四日 一八四七年六月十六日	五二
雲貴總督林則徐題本	題報接雲貴總督印任事日期	道光二十七年六月二十四日 一八四七年八月四日	六二
上諭	著林則徐程矞采究辦丁燦廷京控案平心研鞫毋枉毋縱	道光二十七年七月初二日 一八四七年八月十二日	六六
上諭	著林則徐程矞采嚴訊丁燦廷京控案定擬具奏	道光二十七年七月初二日 一八四七年八月十二日	六八
雲貴總督林則徐題本	題請以雲南南寧縣學文生陳家玉兼襲雲騎尉世職	道光二十七年七月十一日 一八四七年八月二十一日	六九
雲貴總督林則徐題本	題報盤查滇省司道庫貯各項銀兩無虧	道光二十七年七月十一日 一八四七年八月二十一日	七六

雲貴總督林則徐題本	題參廣西營外委千總唐裕昌等疎防劫案限滿贓犯未獲	道光二十七年七月十一日 一八四七年八月二十一日	八二
雲貴總督林則徐題本	題報繼襲恩騎尉世職周廷玉年已及歲請發標學習	道光二十七年七月十一日 一八四七年八月二十一日	八九
上諭	著照林則徐所奏分別獎勵捐輸踴躍官紳	道光二十七年七月十二日 一八四七年八月二十二日	九五
上諭	著林則徐等訊究杜文秀等京控案定擬具奏	道光二十七年七月十八日 一八四七年八月二十八日	一二四
雲貴總督林則徐題本	題請以呂飛鵬陞補雲南騰越鎮標中軍遊擊	道光二十七年八月初七日 一八四七年九月十五日	一二五
雲貴總督林則徐題本	題報雲南昭通鎮標中營守備馬福壽俸滿循例給咨赴部引見	道光二十七年八月初七日 一八四七年九月十五日	一三〇
雲貴總督林則徐題本	題參大理城守營把總楊升貴等疎防劫銀命案限滿兇犯未獲	道光二十七年八月初七日 一八四七年九月十五日	一三六
雲貴總督林則徐題本	題參署雲南城守營把總張恩查等疎防劫案限滿贓犯未獲	道光二十七年八月初七日 一八四七年九月十五日	一四四
雲貴總督林則徐題本	題參臨元鎮標中營千總李思聰等疎防竊銀命案限滿兇犯未獲	道光二十七年八月初七日 一八四七年九月十五日	一五一
上諭	著照林則徐所請以辛本棨陞補雲南普洱府知府	道光二十七年九月初一日 一八四七年十月九日	一五九

雲貴總督林則徐等奏摺	拏獲昆明縣越獄監犯陳二審明定擬	道光二十七年九月十五日 一八四七年十月二十三日	一六〇
雲貴總督林則徐奏摺	請以伊昌阿陞補威遠營參將王濤陞署臨元鎮標中營遊擊	道光二十七年九月十八日 一八四七年十月二十六日	一六八
雲貴總督林則徐奏摺	遴選烏勒欣泰重綸為正陪接換雲南普洱鎮總兵淳慶員缺	道光二十七年九月十八日 一八四七年十月二十六日	一七四
雲貴總督林則徐奏摺	查閱雲南省東南一帶營伍情形	道光二十七年九月十八日 一八四七年十月二十六日	一七九
上諭	著林則徐親訊劉晸昌被控案定擬具奏	道光二十七年九月二十五日 一八四七年十一月二日	一八五
上諭	著准林則徐等請吳銑黃受禄蕭雲鼇開復處分慶勳開復頂戴	道光二十七年九月二十七日 一八四七年十一月四日	一八六
上諭	著准林則徐等請陞任陝西督糧道黃德濂暫留滇省	道光二十七年九月二十七日 一八四七年十一月四日	一八七
上諭	著照林則徐所奏貴州參將蕭廷玉楚雄協都司連恩均勒令休致	道光二十七年九月二十七日 一八四七年十一月四日	一八八
上諭	著照林則徐所奏姚華注銷陞任遊擊仍留都司本任察看	道光二十七年九月二十七日 一八四七年十一月四日	一八九
雲貴總督林則徐奏摺	普洱鎮總兵淳慶因病出缺請旨簡放委重綸署理鎮篆	道光二十七年九月二十九日 一八四七年十一月六日	一九〇

雲貴總督林則徐等奏摺	請以余居寬陞補邱北縣知縣	道光二十七年十月初三日 一八四七年十一月十日	一九五
雲貴總督林則徐等奏摺	奏報查明雲南抱香黑琅等井被水分別捐恤及籌辦情形	道光二十七年十月初三日 一八四七年十一月十日	二〇〇
雲貴總督林則徐題本	題銷黔省各標鎮協營道光十八年份支用公費部駁各款銀兩	道光二十七年十月十三日 一八四七年十一月二十日	二〇六
雲貴總督林則徐題本	題銷滇省道光二十六年份各標鎮協營賞兵丁紅白各事銀兩	道光二十七年十月十三日 一八四七年十一月二十日	二一七
雲貴總督林則徐等奏摺	請以耿麟陞補順寧府知府	道光二十七年十月二十一日 一八四七年十一月二十八日	二二一
雲貴總督林則徐等奏摺	甄別昏庸謬妄及難勝民社各員請分別革職勒休改教	道光二十七年十月二十一日 一八四七年十一月二十八日	二二七
雲貴總督林則徐等奏摺	姚州白井漢回互鬥業已彈壓解散現獲犯審究查勘辦理情形	道光二十七年十月二十一日 一八四七年十一月二十八日	二三三
雲貴總督林則徐奏摺	已革雲南守備馬起鳳延不交代虧短公項請旨拏問究辦	道光二十七年十月二十一日 一八四七年十一月二十八日	二四二
上諭	著照林則徐所請以伊昌阿王濤分別陞署參將遊擊	道光二十七年十月二十六日 一八四七年十二月三日	二四七
雲貴總督林則徐等奏摺	拏獲鎮雄州越獄監犯鄭毛子審明定擬	道光二十七年十一月初二日 一八四七年十二月九日	二四八

雲貴總督林則徐題本	請以高魯調補寧洱縣知縣	道光二十七年十一月初八日 一八四七年十二月十五日	二五七
雲貴總督林則徐題本	題請買備保山騰越龍陵等協道光二十八等三年不敷兵糧（首缺）	道光二十七年十一月初八日 一八四七年十二月十五日	二六五
雲貴總督林則徐題本	題請以楊萬春補襲雲騎尉世職	道光二十七年十一月初八日 一八四七年十二月十五日	二六八
雲貴總督林則徐奏摺	雲南安平同知翁祖烈貴州普定縣知縣鄭尊仁請迴避改調	道光二十七年十一月初十日 一八四七年十二月十七日	二七五
雲貴總督林則徐等奏摺	遵旨查明雲南黑鹽井琅鹽井等處來春毋庸接濟	道光二十七年十一月初十日 一八四七年十二月十七日	二八〇
雲貴總督林則徐等奏摺	滇省四次捐輸及黔省初次捐輸請分別獎勵	道光二十七年十一月初十日 一八四七年十二月十七日	二八五
上諭	著照林則徐所請以余居寬陞補雲南邱北知縣	道光二十七年十一月十三日 一八四七年十二月二十日	二九〇
雲貴總督林則徐題本	題銷滇省各標鎮協營道光二十六年份動支公費銀兩	道光二十七年十一月二十八日 一八四八年一月四日	二九一
上諭	著照林則徐所請以耿麟陞補雲南順寧知府	道光二十七年十二月初一日 一八四八年一月六日	三〇〇
上諭	著林則徐拏問馬起鳳訊明勒追嚴辦	道光二十七年十二月初一日 一八四八年一月六日	三〇一

上諭	著照林則徐所請分別處分李承基等各員	道光二十七年十二月初一日 一八四八年一月六日	三〇二
大學士管理户部事務潘世恩等題本	題報林則徐到任盤查滇省司道各庫各款銀兩無虧缺等弊	道光二十七年十二月初七日 一八四八年一月十二日	三〇三
雲貴總督林則徐奏摺	密陳滇黔兩省司道知府暨提鎮考語	道光二十七年十二月十六日 一八四八年一月二十一日	三一一
雲貴總督林則徐奏片	密奏雲南學政孫毓溎貴州學政丁嘉葆聲名	道光二十七年十二月十六日 一八四八年一月二十一日 *	三一六
雲貴總督林則徐清單	雲南省道光二十七年份司道知府考語清單	道光二十七年十二月十六日 一八四八年一月二十一日 *	三一八
雲貴總督林則徐清單	貴州省道光二十七年份司道知府考語清單	道光二十七年十二月十六日 一八四八年一月二十一日 *	三二六
雲貴總督林則徐清單	雲南省道光二十七年份提鎮各員考語清單	道光二十七年十二月十六日 一八四八年一月二十一日 *	三三一
雲貴總督林則徐清單	貴州省道光二十七年份提鎮各員考語清單	道光二十七年十二月十六日 一八四八年一月二十一日 *	三三四
雲貴總督林則徐奏摺	遵旨保舉滇黔副將重綸福炘德恒趙萬春俱堪勝陸路總兵	道光二十七年十二月十六日 一八四八年一月二十一日	三三七
雲貴總督林則徐奏摺	黔省武職委用需員請敕部揀發副將參將都司	道光二十七年十二月十六日 一八四八年一月二十一日	三四二

雲貴總督林則徐等奏摺	滇省道光二十六年各銅廠民欠工本銀兩有著勒追無著請豁	道光二十七年十二月十六日 一八四八年一月二十一日	三四五
雲貴總督林則徐等奏片	奏報丁燦廷杜文秀兩起回民京控案提解未能就緒情形	道光二十七年十二月十六日 一八四八年一月二十一日 *	三五〇
雲貴總督林則徐題本	題參署永平縣知縣沈保恒等疎防解犯被劫殺限滿兇犯未獲	道光二十七年十二月二十日 一八四八年一月二十五日	三五四
雲貴總督林則徐題本	題銷採買普洱鎮道光二十七等三年不敷兵米支用銀兩（首缺）	道光二十七年十二月二十日 一八四八年一月二十五日	三六四
雲貴總督林則徐題本	題銷騰越龍陵二鎮協採買道光二十七等三年不敷兵米價銀	道光二十七年十二月二十日 一八四八年一月二十五日	三六九
雲貴總督林則徐題本	題銷黔省各標鎮協營道光二十六年份賞過紅白二事銀兩	道光二十七年十二月二十日 一八四八年一月二十五日	三八一
雲貴總督林則徐題本	題請以德齡署理貴州松桃協副將印務	道光二十七年十二月二十日 一八四八年一月二十五日	三八六
雲貴總督林則徐等奏摺	遵旨查明滇省道光二十七年無私鑄錢文及行使小錢	道光二十七年十二月二十一日 一八四八年一月二十六日	三九〇
雲貴總督林則徐等奏摺	萬寶廠辦運銅觔造報數目疎漏請更正並自請處分	道光二十七年十二月二十一日 一八四八年一月二十六日	三九四
雲貴總督林則徐等奏摺	請撥補滇銅改煎炭工折耗銀並請毋庸改煎仍發黔省委運	道光二十七年十二月二十一日 一八四八年一月二十六日	四〇二

清單	林則徐等王大臣年歲生日單	道光二十八年正月初二日 一八四八年二月六日	四一一
雲貴總督林則徐奏摺	請以伊克坦布陞署貴州清江協副將	道光二十八年正月十三日 一八四八年二月十七日	四一七
雲貴總督林則徐等奏摺	查明保山縣七哨滋事調兵辦理起程日期	道光二十八年正月十三日 一八四八年二月十七日	四二一
雲貴總督林則徐等奏摺	彙核到任以後所獲搶劫等各案犯數	道光二十八年正月十三日 一八四八年二月十七日	四三四
雲貴總督林則徐等奏摺	永昌地方現值匪徒滋事請暫緩生童歲試日期	道光二十八年正月十三日 一八四八年二月十七日	四三九
上諭	著裕泰林則徐分别查閲簡校兩湖雲貴營伍	道光二十八年正月二十三日 一八四八年二月二十七日	四四三
上諭	著林則徐等諄飭道府曉諭香衆不得抗匿提解京控人犯	道光二十八年正月二十五日 一八四八年二月二十九日	四四四
上諭	林則徐等奏漏收銅觔著户部查明辦理林則徐等著交部議處	道光二十八年正月二十五日 一八四八年二月二十九日	四四六
上諭	林則徐奏請揀發副將參將著兵部揀選引見	道光二十八年正月二十五日 一八四八年二月二十九日	四四七
上諭	著照林則徐所請雲南各銅廠欠有著勒追無著豁免	道光二十八年正月二十五日 一八四八年二月二十九日	四四八

大學士管理兵部事務卓秉恬等題本	題請應如林則徐所請以德安補授貴州長寨營參將	道光二十八年二月初九日 一八四八年三月十三日	四四九
雲貴總督林則徐奏摺	彌渡地方滋事調兵先往剿辦情形	道光二十八年二月十二日 一八四八年三月十六日	四五五
雲貴總督林則徐奏摺	彌渡軍營生擒首犯審明正法餘犯按例定擬	道光二十八年二月十二日 一八四八年三月十六日	四六九
上諭	著林則徐等殲除保山縣七哨具奏所需經費准先動支	道光二十八年二月十七日 一八四八年三月二十一日	四八一
上諭	著照林則徐所請以伊克坦布陞署貴州清江協副將	道光二十八年二月十八日 一八四八年三月二十二日	四八四
雲貴總督林則徐奏摺	續獲彌渡滋事逸犯沙玉隴等審明分別定擬重犯即行正法	道光二十八年二月二十一日 一八四八年三月二十五日	四八五
雲貴總督林則徐奏摺	恭謝天恩賚賞御書福字壽字並奶品果乾	道光二十八年二月二十一日 一八四八年三月二十五日	四九一
雲貴總督林則徐等奏摺	請以鄭家實調補威遠同知	道光二十八年二月二十一日 一八四八年三月二十五日	四九五
雲貴總督林則徐奏摺	請以福陞陞補雲南維西協副將	道光二十八年二月二十一日 一八四八年三月二十五日	五〇〇
雲貴總督林則徐奏片	拏獲持刀搶劫楊老五夥犯審明分別定擬楊老五即行正法	道光二十八年二月二十一日 一八四八年三月二十五日 *	五〇五

雲貴總督林則徐奏片	音德布李能臣軍務在身請暫緩陛見	道光二十八年二月二十一日 一八四八年三月二十五日 *	五一〇
上諭	著照林則徐所請分別奬勵雲南捐輸踴躍官紳	道光二十八年二月二十七日 一八四八年三月三十一日	五一二
上諭	著照林則徐所請趙州地方官失察彌渡滋事准予寬免	道光二十八年三月初四日 一八四八年四月七日	五一五
上諭	著林則徐嚴拏彌渡滋事逸犯保奏尤為出力人員	道光二十八年三月初四日 一八四八年四月七日	五一六
雲貴總督林則徐奏摺	保山七哨懾服軍威縛獻人犯審辦兜拏務盡情形	道光二十八年三月初八日 一八四八年四月十一日	五一七
雲貴總督林則徐奏片	覆奏保山辦理漢回情形	道光二十八年三月初八日 一八四八年四月十一日 *	五二六
吏部尚書文慶等題本	林則徐等奏萬寶廠辦運銅觔造報疎漏係自行檢舉請寬免處分	道光二十八年三月十一日 一八四八年四月十四日	五三二
大學士管理户部事務潘世恩等題本	題報林則徐到任盤查黔省各屬常平社倉穀石實貯無虧	道光二十八年三月十三日 一八四八年四月十六日	五四三
上諭	著林則徐等肅清邊圉嚴參畏葸劣員查明具奏	道光二十八年三月二十九日 一八四八年五月二日	五五一
雲貴總督林則徐等奏摺	請以汪之旭陞補蒙化直隸廳同知	道光二十八年三月二十九日 一八四八年五月二日	五五四

雲貴總督林則徐等奏摺	滇省五次捐輸黔省二次捐輸各員請分别獎勵	道光二十八年三月二十九日 一八四八年五月二日	五六〇
雲貴總督林則徐等奏片	請接續辦理滇黔二省捐輸軍需銀兩	道光二十八年三月二十九日 一八四八年五月二日 *	五六五
大學士管理户部事務潘世恩等題本	陝西省盤查前任撫臣林則徐交代各屬倉穀錢糧無虧	道光二十八年三月二十九日 一八四八年五月二日	五六九

神木府谷二縣道光二十七年上忙地丁錢糧請緩至秋後徵收

另有旨

林則徐片

再神木府谷二縣去秋被旱成災當經奏蒙
恩旨緩徵接卹並於今春借給籽種口糧小民感沐
皇仁固已無虞失所惟甫經災後民力未舒茲當徵
收本年上忙地丁之期據該管榆林府徐松查
得該二縣民多拮据若一時照章催徵恐難應
期完納具詳由司轉請緩徵前來臣覆查該縣
均係北山瘠苦之區歲僅一收種麥本極稀
少且災荒之後閭閻元氣未復若遽事催
徵合無仰懇
天恩俯准將神木府谷二縣本年上忙地丁錢糧一
律緩至本年秋後徵收以紓民力之處出自

陝西巡撫林則徐奏片　神木府谷二縣道光二十七年上忙地丁錢糧請緩至秋後徵收

道光二十七年四月初八日

聖主鴻慈理合附片具
奏伏乞
聖鑒訓示謹
奏
道光二十七年四月初八日奉
硃批
欽此

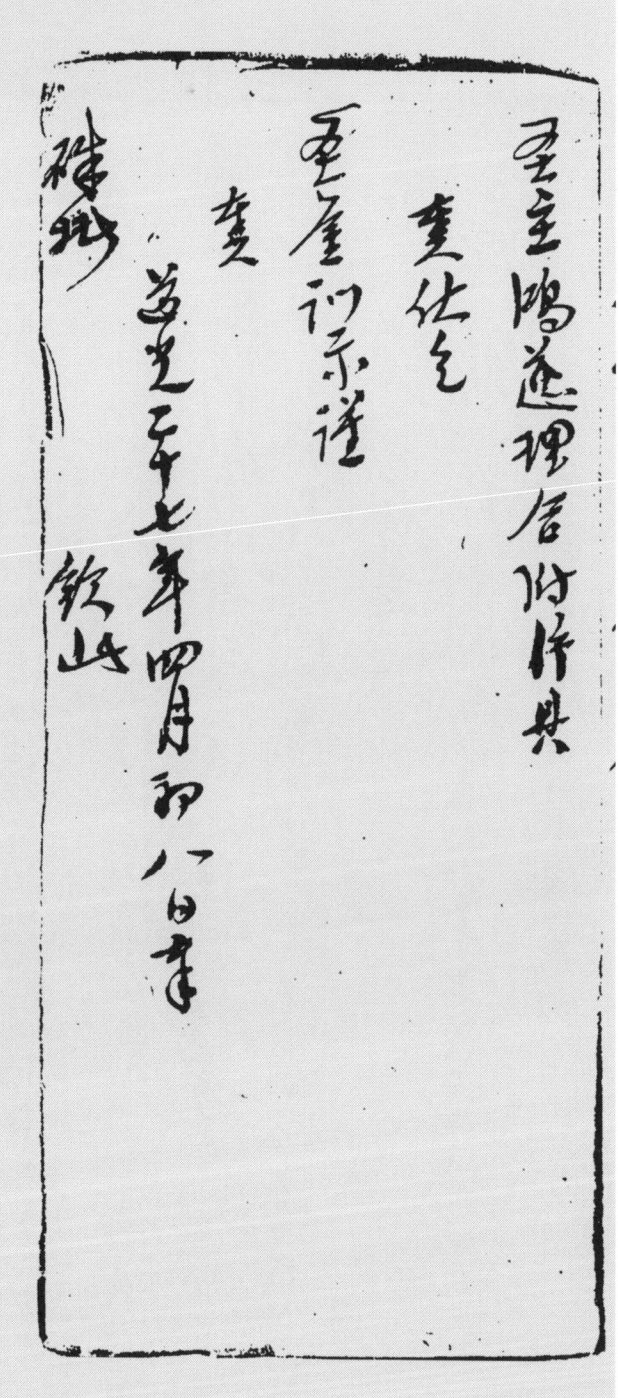

上諭　著照林則徐所奏展緩徵收陝西神木府谷二縣道光二十七年上忙地丁錢糧

道光二十七年四月初八日内閣奉
上諭林則徐奏屬縣被災後民力未紓請緩徵上忙
地丁等語陝西神木府谷二縣上年被旱成災疊
經降旨加恩緩徵撫恤惟現當徵收上忙之期該
二縣災荒之後元氣未復加恩著照所請神木府
谷二縣本年上忙地丁錢糧一體緩至本年秋後
徵收以紓民力該撫即刊刻謄黃徧行曉諭務使
均霑實惠該部知道欽此

上諭　著照林則徐所請以陸銓陞補陝西潼關廳同知

道光二十七四月初八日內閣奉
上諭林則徐奏揀員升補要缺同知一摺著照所請
陝西潼關廳同知員缺准其以陸銓升補照例送
部引見該部知道欽此

陝西巡撫林則徐奏片

奏報陝西省道光二十七年二月份收捐監生銀數

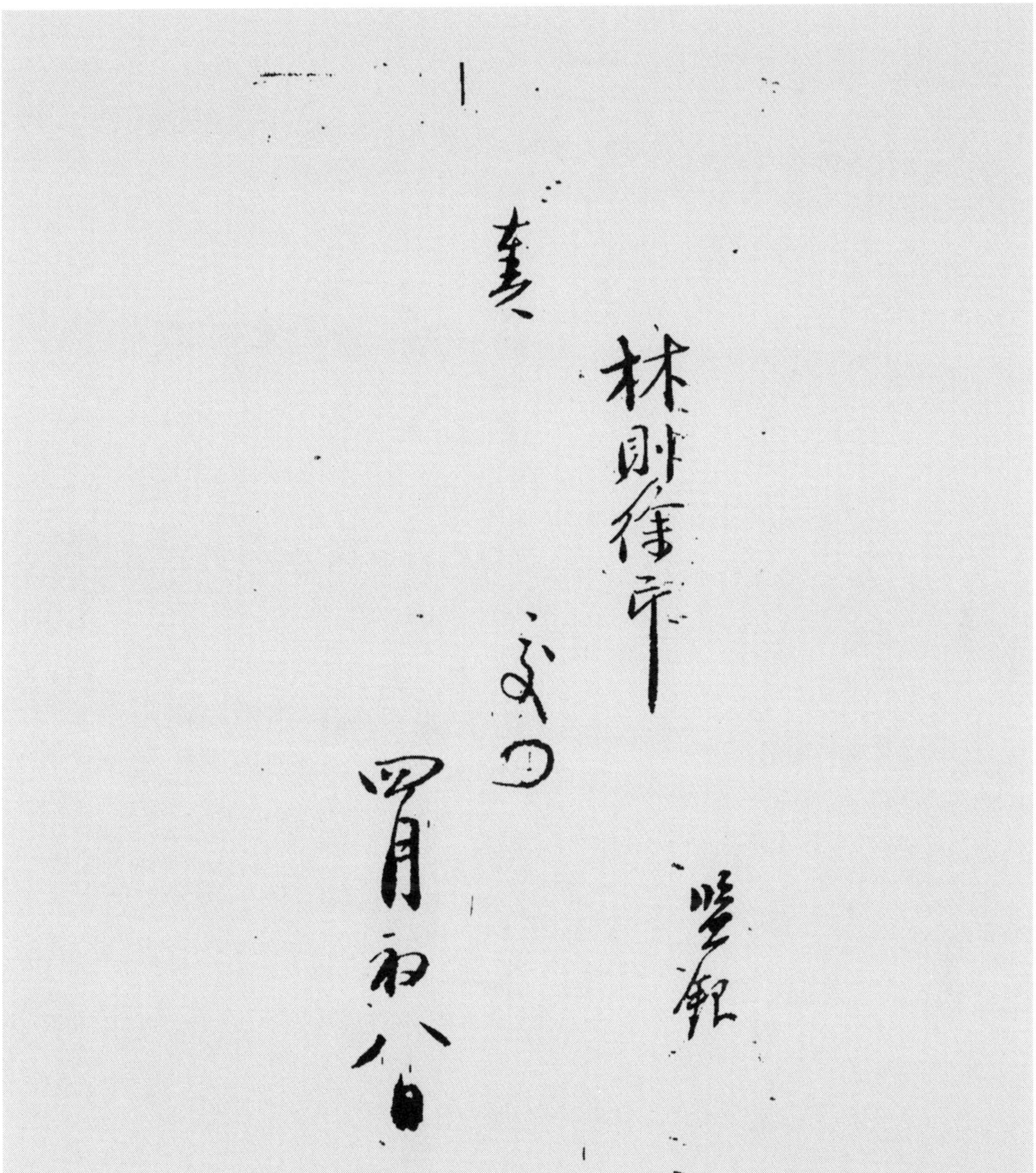
覽
林則徐片
交回
奏
四月初八日

陝西巡撫林則徐奏片　奏報陝西省道光二十七年二月份收捐監生銀數　道光二十七年四月初八日

陝西巡撫林則徐奏片　奏報陝西省道光二十七年二月份收捐監生銀數　道光二十七年四月初八日

再查陝省收捐監生銀兩截至道光二十七年
正月底止共存銀一萬三千八百五十二兩業
經臣附
奏明在案今於二月分又報捐監生八名收貯司
庫銀八百六十四兩連前共存銀一萬四千七
百一十六兩理合循例附片具
鑒謹
奏
道光二十七年四月初八日奉
硃批戶部知道欽此

陝西巡撫林則徐奏片

陝西三次續捐番務經費陳丙昌錯指省份請敕部更正

林則徐片

再臣接上年十二月初九日具

奏陝西省三次續捐番務經費原開各捐生清

單内有浙江監生陳丙昌捐銀四千九百十兩

請以通判分發廣東補用業經移咨西安府

咨轉據該捐生陳丙昌呈稱伊上年轉託親友

赴陝捐輸銀兩原係請以通判分發東河

補用不意親友在陝代具捐呈誤將東河

寫作廣東以致錯指省分呈乞轉請更正等情

由司道覈核具詳前來臣查該捐生陳丙

昌原請以通判分發東河補用其前呈誤寫

請發廣東之處委係由親友代呈致有此錯

並非事後捏改亦無趨避別情復查第三
次奏請獎勵各員現尚未准核覆更無
弊竇相應據情
奏懇
敕部更正除分咨外理合附片陳明伏乞
聖鑒謹
奏
道光二十七年四月初八日
硃批該部知道欽此

吏部尚書恩桂等奏摺

遵議林則徐奏陝西三次捐輸番務經費核與成案相符請獎勵

吏部摺

奏

旨交

四月初九日

吏部尚書恩桂等奏摺　遵議林則徐奏陝西三次捐輸番務經費核與成案相符請獎勵
道光二十七年四月初九日

吏部尚書臣宗室恩桂等謹
奏為遵
旨議奏事內閣抄出陝西巡撫陞任雲貴總督林則徐
奏稱戶部議准在陝甘捐輸番務經費援照順
天府議敘之案按豫工事例銀數隨時請獎等
因奏奉
諭旨依議欽此行知到陝遵照在省設立捐局自本
年五月至九月共收銀七十八萬五千二百七
十三兩業經兩次奏報請獎在案自奏之後復
據本省外省報捐人員先後具呈陸續捐輸截
至十一月底止共計收銀六十二萬一千五百
五十兩解貯司庫由司道等核明例案造具清

冊會詳請奏前來臣隨將該司道等冊造捐請
議敘京官外官文職武職各員逐加稽核與豫
工二卯事例現行常例及順天府捐輸成案均
屬相符惟冊內應敘捐生年歲三代及出身履
歷並加捐改捐各例案班次詳細聲明篇頁繁
冗已將細冊咨送軍機處暨吏兵二部查核謹
分別各項名目繕具簡明清單四件恭呈
御覽合無仰懇分別獎勵所有第三次捐輸番務經
費分別請獎緣由謹會同陝甘督臣布彦泰合
詞恭摺具奏等因於道光二十六年十二月二
十三日奉
硃批該部議奏單四件併發欽此欽遵抄出到部查

奏定海疆捐輸章程内開士民捐銀二百兩以上給予九品頂戴三百兩給予八品頂戴四百兩給予鹽知事職銜八百兩給予縣丞職銜一千二百兩給予州判職銜一千六百兩給予按經職銜二千兩給予布經職銜二千四百兩給予通判職銜三千二百兩給予鹽提舉職銜四千兩給予同知職銜六千兩給予運同職銜八千兩給予知府職銜二萬兩給予鹽運使職銜至現任候補候選京職及京銜人員並紳士商民願邀敘京銜者准以京銜議敘如捐銀四百兩給予國子監典籍職銜一千六百兩給予中書科中書職銜三千二百兩給予主事職銜四

千兩給予員外郎職銜六千兩給予郎中職銜
如有銀數較多浮於本項應得之職銜者除照
例給予職銜外仍准按其所餘之數給予加級
紀録此内本有八品頂戴及九品以下人員仍
照士民一體議敘其候補候選及現任京職並
本有京外職銜人員應按士民捐數將本身職
銜照前項議敘銀數減半抵筭核其捐數給予
應得議敘其不及加銜銀數者均查照現任官
員給予加級紀録候選人員知縣捐銀四千兩
其餘京外六七品等官並正八品鹽庫各大使
捐銀三千兩京外八品至未入流捐銀一千六
百兩均議予本班儘先選用議予加級紀録各

項官員三品以上大員捐銀六百兩四品等官
捐銀五百兩五品等官捐銀四百兩六品等官
並七品知縣捐銀三百六十兩其餘七品等官
捐銀三百二十兩八品等官捐銀二百八十兩
九品至未入流捐銀二百四十兩均議予加一
級捐數較多以次遞加不得過五級其有不及
加級銀數者即給予紀録三品以上大員捐銀
三百兩四品等官捐銀二百五十兩五品等官
捐銀二百兩六品以下各項官員捐銀一百五
十兩均議予紀録二次又豫工事例内開試用
人員五品等官捐銀四千兩以上七品知縣捐
銀三千兩以上其餘六七品等官捐銀二千兩

吏部尚書恩桂等奏摺　遵議林則徐奏陝西三次捐輸番務經費核與成案相符請奬勵

道光二十七年四月初九日

以上八品等官捐銀一千五百兩以上九品至
未入流捐銀一千兩以上均議予本班分缺間
用現任人員九品至未入流捐銀五百兩以上
擬加八品銜八品等官捐銀一千兩以上擬加
七品銜七品等官捐銀一千五百兩以上擬加
六品銜六品等官捐銀二千兩以上擬加五品
銜五品等官捐銀三千兩以上擬加運同銜又
定例紳士商民捐銀數十兩以上地方官奬以
花紅匾額一百兩以上該省督撫奬以匾額俱
由該督撫自行核辦未揀選舉人應照正八品
人員給予議敘官紳士民捐輸銀兩未經議敘
旋即病故者分别給匾建坊移咨禮部辦理各

等語除捐職從九品王惠張官瑛鄭長均黄上
舉宋先甲捐職州同蔡傳樞汪暉炳捐職府經
歷杜廷幹捐職按經歷周冕捐職州吏目曾巖
捐職縣丞柳文煩等據戶部查覆俱無註明捐
年月日無憑檢查役滿考取未入流張開府孫
光前吳鹿賓係於何年月日考授職銜應令該
撫查明聲覆到日再行核辦其餘各員據前撫
林則徐奏稱陝西官紳三次捐輸番務經費核
與豫工二卯事例現行常例及順天府捐輸成
案均屬相符分別開單奏請獎勵欽奉
硃批該部議奏臣等謹查照海疆捐輸章程分別條
款另繕清單恭呈

御覽是否有當伏乞
皇上聖鑒
訓示遵行再此摺係吏部主稿會同禮兵二部辦理
合併聲明謹
奏

道光二十七年四月初九日吏部尚書臣宗室恩桂
協辦大學士吏部尚書臣陳官俊
吏部左侍郎臣惠豐

吏部左侍郎臣季芝昌 知貢舉

吏部右侍郎臣福濟 入闈

吏部右侍郎臣侯桐 留看

禮部尚書臣保昌

禮部尚書臣魏元烺

禮部左侍郎臣連貴

禮部左侍郎臣馮芝

禮部右侍郎假臣倭什訥

禮部右侍郎臣吳鍾駿

大學士管理兵部事務臣卓秉恬

兵部尚書臣文慶
兵部尚書臣何汝霖
兵部左侍郎臣覺羅德厚
署兵部左侍郎臣黄琮
兵部右侍郎臣瑞常
兵部右侍郎臣朱鳳標未到任

上諭　著林則徐到任後體察籌辦回務並張富果否致斃情形覆奏

軍機大臣　字寄
雲貴總督林　道光二十七年五月初二日奉
上諭李星沅密奏辦理回務體察情形等語據稱此
次剿辦雲州回匪揆度機要內回富而外回貧外
回强而內回弱與其濫殺而徒滋藉口不如密計
而先務攻心且邊郡不知有法由來已久莫如持
平執法俾漢回同體犯則重懲行保甲以清內匪
團練以禦外匪各等語著林則徐於到任後詳加
體察酌量情形悉心籌辦原片鈔給閱看另摺奏
回犯張富於投誠後隨往緬寧勸諭漢回旋被該
回匪偪令入夥嗣訊據犯供張富在雲州觀音閣
被刃戳傷身死旋據回寨繳到犯屍檢驗被傷處

所與訪獲該犯之母妻等所供相符現仍解省驗
訊辦理等語亦著林則徐詳細訪察張富果否被
矛致斃及屍傷犯供等是否確鑿萬不可輕信人
言遽以為實總當設法研求務得實據詳悉覆奏
將此諭令知之欽此遵
旨寄信前來

上諭　著林則徐察看留滇候補總兵是否勝任鶴麗鎮總兵據實具奏

軍機大臣　字寄
雲貴總督林　道光二十七年五月初三日奉
上諭本日據李星沅由驛馳奏鶴麗鎮總兵爲精額
因病出缺遺缺已委副將果仁布接署矣鶴麗鎮
地居邊要所有前署雲南提督嗣經降旨以總兵
留滇候補之蔭德布平日操守如何訓練巡防一
切果否得力前據李星沅稱其更事日淺尚少威
重究於鶴麗鎮一缺能否勝任著林則徐到任後
詳加察看據實具奏候朕降旨將此諭令知之欽
此遵
旨寄信前來

上諭

著照林則徐所奏分别奬勵捐輸經費官紳

道光二十七年五月初四日内閣奉

上諭前據林則徐奏官紳捐輸經費懇請奬勵當交該部議奏兹據該部查照章程開單呈覽該官紳等踴躍輸將自應分别加恩以昭激勸附生孫郅著以郎中遇缺即選並分部行走議叙藍翎知府銜姚有惠著賞換花翎以郎中不論雙單月選用仍留知府銜議叙中書職銜宋聚亢著以大理寺寺丞不論雙單月用並分發行走候選都察院經歷何瑞楨議叙八品頂帶宋仕輝均著以主事不論雙單月用並分部行走陝西試用訓導唐麒序著以中書科中書不論雙單月用並分發行走附生卞寶第著以太常寺博士雙月選用監生方傳

理著以兵馬司副指揮遇缺即選廩生聶賡墀著以詹事府主簿不論雙單月用並分發行走監生錫福著以八品筆帖式分部儘先補用候補謄錄官奎章俊秀德衡額奎衡監生楊世孚德山俊秀延綬均著以八品筆帖式補用理藩院學習九品筆帖式文昭著仍留理藩院儘先補用候補庫使常瑞著以筆帖式補用俊秀梁思源著以兵馬司吏目補用俊秀梁寅元著以刑部司獄補用候選兵馬司吏目焦衆麟著遇缺即補山東青州府知府候選道員李廷揚著給予隨帶加三級尋常加一級戶部郎中截取簡缺知府李元慶著分發山西歸候補班遇有應選缺出酌量補用山東登州

府同知獲盜以知府用汪承鏞著開缺以知府留
於山東歸候補班無論題調選缺補用兩淮試用
運判恭安著以知府分發江西補用並加一級紀
錄二次河南杞縣知縣即補直隸州知州朱師濂
著開缺以知府不論雙單月選用奉天新民廳同
知獲犯以知府升用陳瀛著開缺以知府歸部選
用陝西西安府同知宋恒祥著以知府雙月選用
仍在任候選先換頂帶前任甘肅涇州直隸州知
州丁元淼著俟服闋後留於甘肅歸候補班無論
題調選缺補用江西金谿縣知縣候選直隸州知
州方恒祿著以直隸州知州分發山西補用前任
山西澤州府同知吕瑞玉著俟服闋後分發四川

歸候補班無論題調選缺補用服滿應補同知毛
瀚著以同知分發陝西歸候補班無論題調選缺
補用候選同知沈希祖著分發直隸補用中書科
中書銜許方墀著以同知不論雙單月選用四川
崇寧縣知縣方長豫陝西榆林縣知縣福淳均著
以同知雙月選用在任候選先換頂帶山東試用
知州王錫麟著遇缺即補候選知州茅煦著分發
江蘇補用坐補浙江海寧州知州李象昺著免其
坐補原缺分發四川歸候補班無論題調選缺補
用候選知州李初芳著分發山東補用候選布政
司理問童和豐著以知州不論雙單月選用江西
瑞金縣知縣獲盜以知州用李世琦著開缺以知

州留於江西歸候補班無論題調選缺補用河南陳州府通判謝慶元著以鹽提舉雙月選用在任候選先換頂帶東河先儘通判陳丕業著以知縣歸雙單月捐班前選用並加同知銜南河間用通判鄭居仁南河儘先通判張學韶南河試用通判金業東河試用通判王仁福均著遇缺即補舉人員棨棠著以通判分發陝西補用候選通判范之咸候選縣丞英祿均著以通判分發南河補用順天寧河縣巡檢羅世瑤著開缺以通判分發貴州補用內閣中書兆安著以通判分發直隸補用四川永川縣典史毛紀雲著以通判分發雲南補用監生陳丙昌著以通判分發東河補用候選通判

上諭　著照林則徐所奏分別獎勵捐輸經費官紳
道光二十七年五月初四日

徐久照著分發河南補用福建試用通判劉德楷
著俟服闋後改發湖南歸捐班前先用並紀錄三
次候選通判張應復著歸捐班前先選北河試用
縣丞厲文煒陝西試用縣丞錢鈞監生吳學源候
選教諭朱百城均著以通判不論雙單月選用候
選鹽提舉曹紹橚著以通判本班選用監生候補
謄錄鄒恒士著以通判雙月選用仍留館充補當
差候選知縣盛朝輔著分發四川歸候補班無論
題調選缺補用並加同知銜山東試用知縣彭萃
著遇缺即補陝西候補縣丞張正修著以知縣仍
留陝西遇缺即補並加一級紀錄二次陝西候補
知縣林綬昌著儘先補用四川試用知縣羅天溥

著仍留四川歸捐班前先用大挑知縣余紹祖著
俟服闋後免其候咨分發原掣山西歸本班補用
大挑知縣蕭鴻銓著免其候咨分發原掣湖北歸
本班補用刑部候補主事朱孫詒著以知縣分發
湖南補用江西試用縣丞王順曾著以知縣仍留
江西補用山東濟寧州吏目陳顯彝著開缺以知
縣仍留山東補用候選筆帖式文棨貢生鄭兆荃
均著以知縣分發四川補用附生李幼輿著以知
縣分發江蘇補用候選知縣吳式芬著歸捐班前
先選仍留知州銜候選訓導宋佩綬著以知縣歸
捐班前先選候選知縣樊世照胡金鎔均著歸捐
班前先選兩淮試用鹽大使蔡潤琛著以知縣不

論雙單月選用仍在淮候選候選縣丞謝景陳著俟及歲時以知縣不論雙單月選用試用教諭顧國鏞候選教諭胡泉范金鰲試用訓導王際清廩貢生周祖芘增生劉啓訓附貢生陸滋畹王慤均著以復設教諭遇缺即選候選教職楊國衡著以教職歸大挑本班儘先選用候選教職韓慶紱劉正思候選教諭韓灝均著以教諭歸本班儘先選用候選教諭李錦芳增生蘇汝鑾均著以復設教諭儘先選用廩貢生高善元廩生李恩渥附生李志白趙國楠均著以復設訓導遇缺即選並分發試用候選訓導董思瀛候選直隸州州判周德誠試用訓導陸運景王墉之候選訓導劉汝善史鵬展

程錫金間選訓導趙淳溥煥新廩生潘申恩附生
汪文濤趙宜熾杜景祁增貢生李廷森附生汪廷
標均著以復設訓導遇缺即選候選訓導朱寶森
著俟服闋後以復設訓導遇缺即選附生侯邦典
吳梓均著作為貢生以復設訓導遇缺即選就職訓
導楊運潮著以復設訓導歸本班儘先選用就職
訓導王肇昌冀兆晉均著以就職訓導本班儘先
選用附生趙瓊著以復設訓導儘先選用並分發
試用廩生王政懋著作為貢生以復設訓導儘先
選用候選訓導蘇進福著以復設訓導插班間選
試用訓導周祜著以復設訓導歸捐班前先用候
選訓導李九都羅世位韓大東均著以復設訓導

分發試用廩生辛灝波萬年椿附貢生張宏德均
著以復設訓導不論雙單月選用並分發試用試
用訓導沙一新著以復設訓導歸本班儘先選用
就職訓導劉開勲廩生帥宗楙高致中附生李炘
均著以復設訓導不論雙單月選用廩貢生吳球
著以復設訓導單月選用廩貢生候選從九品史
祖悅廩貢生黄振業增貢生李景蓮附生梁純鋼
附貢生林青萍附生陳玉衡均著以復設訓導雙
月選用山西試用布政司經歷王作霖著仍留山
西歸捐班前先用雙月候選布政司經歷王仁煦
顏瑩綬均著以布政司經歷分發河南補用並紀
錄二次雙月候選布政司經歷張淑度著俟服闋

後分發省分補用監生齊普森泰著以布政司經
歷不論雙單月選用監生顔培高議叙八品頂帶
張官鉞均著以布政司經歷雙月選用雙月候選
布政司理問王炘著不論雙單月選用舉人曹紹
越著以直隸州州同雙月選用南河遇缺即補州
同陳壽春著改發東河遇缺即補候選州同楊咏
咸著分發廣西歸豫工二卯補用並紀錄一次監
生吳之勤著以州同分發四川補用前任四川眉
州直隸州州判周岐源著俟服闋後分發四川歸
候補班補用就職直隸州州判陳長齡著不論雙
單月選用雙月候選縣主簿徐本璿著以州判分
發北河歸捐班前先用廣東試用布政司經歷曾

鑑衡著以鹽運司經歷仍留廣東遇缺即補廣東
試用鹽運司經歷黃德疇著遇缺即補俊秀孫朝
楨著以鹽運司經歷分發兩淮補用湖北試用布
政司庫大使邵承猷著歸捐班前先用監生華鉠
著以布政司庫大使分發山西補用舉人王逢年
監生吳其康均著以鹽大使補用舉人宗佑著以
批驗所大使分發浙江補用監生秦克昌著以批
驗所大使補用候選鹽大使章壽祺監生陶綬康
均著以鹽大使遇缺即選直隸試用府經歷陳鵬
山東儘先補用府經歷李雲鏢均著遇缺即補鹽知
事銜焦煥文著以府經歷分發貴州遇缺即補監
生余金生著以府經歷分發廣東遇缺即補雙月

候選府經歷馬駿著分發湖北歸議敘班補用中書科中書銜郭鏞煉著以府經歷分發山東補用俊秀吳兑著以府經歷分發湖南補用俊秀曾盛章著以府經歷分發廣東補用候選府經歷胡先頖著分發湖北補用監生楊述綸著以府經歷遇缺即選俊秀唐培濂雙月候選府經歷丁文壽監生王運昌均著以府經歷不論雙單月選用俊秀耿思敘著以府經歷本班選用陝西試用縣丞趙俊溥山東試用縣丞馬銓江西試用縣丞宋棻廣東試用縣丞胡全恩吳悌淳東河試用縣丞龔國琨東河儘先縣丞顧泰均著遇缺即補附貢生韓瑞東著以縣丞分發東河遇缺即補南河儘先縣

丞徐熙華著遇缺即補候選縣丞王輔勳著分發陝西遇缺即補山東試用縣丞郭叡著遇缺即補陝西間用縣丞趙駿著俟服闋後仍留陝西儘先補用候選縣丞孫鑾著分發北河儘先補用雙月候選縣丞呂承恩著分發湖南歸議敘班補用直隸試用縣丞朱和塤著改發北河歸捐班前先用通判銜郭總烒著以縣丞分發山東補用仍留原銜候選縣丞章健俊秀謝紹猷均著以縣丞分發廣東補用附貢生李杜著俟服闋後以縣丞分發山東補用監生李祴著以縣丞分發南河補用俊秀獨成章著以縣丞分發四川補用候補筆帖式慶麟雙月候選縣丞何紹唐監生陶綬錦均著以

縣丞遇缺即選候選從九品王汝衡著以縣丞遇
缺即選並加布政司理問銜監生鄭修恕王珠炳
王珠炘均著以縣丞雙月選用雙月候選鹽知事
周輔著分發廣東補用監生王直渶鄭光榮曹聯
奎均著以鹽知事分發兩淮補用雙月候選鹽知
事徐爾昌著俟及歲時不論雙單月選用候選按
察司照磨沈懋悳著分發安徽補用俊秀莫崇文
著以按察司照磨不論雙單月選用監生俞棻著
以按察司照磨分發湖南補用河南試用縣主簿
吳德源著改發東河遇缺即補南河試用縣主簿
汪祖藻南河儘先縣主簿李廷澍均著遇缺即補
直隸試用縣主簿王家槐著遇有借補缺出儘先

補用北河試用縣主簿羅春運著分缺間用未滿
吏泰普俊秀湯致中均著以縣主簿分發南河補
用監生徐振墀著以縣主簿不論雙單月選用儘
先選用州吏目袁國柱未滿吏詹作周均作以州
吏目分發直隸遇缺即補俊秀劉然著以州吏目
分發安徽遇缺即補直隸試用州吏目陳鵾四川
試用州吏目葉青均著遇缺即補附生吳兆鯉著
以州吏目遇缺即選監生孫澐著以州吏目不論
雙單月選用俊秀耿汝節著以州吏目本班選用
俊秀朱宗璫著以道庫大使分發江西遇缺即補
俊秀鄭家言著以按察司司獄分發直隸補用監
生高珉著俟及歲時以按察司司獄府司獄分發

陝西補用候選按察司司獄道庫大使黄增著遇
缺即選監生黄醇業著以按察司司獄不論雙單
月選用監生王新桂著以按察司司獄雙月選用
俊秀鄭銓著以府司獄分發湖南補用俊秀章俊
著以巡檢分發廣東補用俊秀馮繼堯著以巡檢
分發奉天補用俊秀岳齡著俟及歲時以巡檢不
論雙單月選用監生彭家猷著以巡檢分發補用
前署湖北監利縣窰圻巡檢疏啓著免其坐補仍
發湖北歸委用班補用布政司理問銜王求廉著
以從九品分發江蘇遇缺即補仍留布政司理問
銜四川試用從九品林鍾南河間用從九品黄春
麟均著遇缺即補廣東試用從九品倪福寬陳肇

淳楊維藩江西試用從九品姚紹翰孫溥安徽試
用從九品丁士榮直隸試用從九品湯岑名均著
儘先補用俊秀常忠敏著以從九品分發湖南儘
先補用廣東試用從九品徐世琛著分缺間用俊
秀陳炳著以從九品分發山東分缺間用候選從
九品嚴承曾著分發湖南分缺間用湖北試用從
九品譚祖蔭安徽試用從九品孫寶樹廣西試用
從九品袁英賢均著歸捐班前先用俊秀王文瀾
著以從九品分發四川歸捐班前先用江西試用
從九品李溥北河試用從九品丁方銓均著歸捐
班前先用雙月候選從九品姚夔著分發山西歸
議敘班補用候選從九品艾錡著分發陝西歸豫

工頭卯補用分發從九品朱慶煌著分發浙江歸
豫工二卯補用河南試用從九品張紹烈著分發
江西補用候選從九品藍開第著分發湖北歸豫
工二卯補用候選從九品舒其芹著分發江西補
用候選從九品沈亦銓向承永均著分發陝西補
用候選從九品張玉森著分發湖南補用監生林
周培著以從九品分發湖南補用候選從九品歐
陽鑾著俟服闋後分發江蘇補用監生魏涵棻著
以從九品分發江蘇補用俊秀王熙年著以從九
品分發湖北補用候選從九品安德卑吳春焯江宗
海監生陳恒吉均著以從九品分發四川補用監
生萬臻齡著以從九品分發河南補用捐職從九

品梁珠森著以從九品分發直隸補用捐職從九品梁琯森著以從九品分發山西補用俊秀沈鴻緒著以從九品分發山東補用候選從九品林奎釗著分發貴州歸豫工頭卯補用儘先選用從九品俞鳳書插班間選從九品金許洪儘先選用從九品汪彥直張偉績未滿吏徐步洲監生陶學海俊秀王述附生傅求瀚候選從九品朱致德董心達均著以從九品遇缺即選九品頂帶蔡金彪監生蕭光祖張汝洲范忠獻吳濟蒼俊秀初文翊嚴湘劉崇源李逢時項兆椿袁熙張寬趙人端趙人亮均著以從九品不論雙單月選用已滿吏羅椿豫著以從九品雙月選用江蘇試用未入流潘維

新陝西試用未入流徐承志方僖均著遇缺即補
俊秀趙儀鴻著以未入流分發陝西遇缺即補河
南試用未入流金承惠史乙培均著遇缺即補候
選未入流彭元鼎任浩均著分發河南遇缺即補
山西捐班前先用未入流李昺南著遇缺即補山
西試用未入流周敦書著俟服闋後遇缺即補俊
秀羅鶴芝談榮熙均著以未入流分發南河遇缺
即補候選未入流沈炳輝著分發山東遇缺即補
直隸試用未入流謝敬之侯之望顧士銓張克勤
江西試用未入流蕭庭俊山東試用未入流胡維
翰席愫湖南試用未入流趙森均著儘先補用俊
秀姚世南著以未入流分發江西儘先補用俊秀

上諭 著照林則徐所奏分別獎勵捐輸經費官紳 道光二十七年五月初四日

葉慕潮著以未入流分發山西儘先補用直隸試用未入流陳棟陝西試用未入流劉宗堯山西試用未入流魯咸徐養浩均著分缺間用監生陳福鎮著以未入流分發山東分缺間用已滿吏陳受祿著以未入流分發陝西歸捐班前先用江西試用未入流程嘉壽著歸捐班前先用俊秀姚熙著以未入流分發北河歸捐班前先用安徽試用未入流晏士達張寶華均著歸捐班前先用服滿前捐分發未入流沈源著發往陝西歸候補班補用雙月候選未入流宋德塏著分發廣東歸議敘班補用雙月候選未入流鈕芳津著分發湖北歸議敘班補用改掣河南試用未入流張祝華著俟服

閿後仍發河南歸酌增頭卯補用候選未入流成
梁監生朱際華均著以未入流分發河南補用雙
月候選從九品佘士仁著以未入流分發湖北歸
新例補用雙月候選從九品張容著以未入流分
發陝西補用候選未入流俞維治著分發直隸補
用候選未入流張信著分發貴州補用俊秀黄汝
楫陶如恒鈕德寬均著以未入流分發山東補用
候選未入流吕能調著分發山西補用候選未入
流劉濩徐源均著分發湖北補用監生魯之望俊
秀陸熊熙均著以未入流分發四川補用候選未
入流錢丙著分發省分歸議敘班補用候選未入
流吳孝鈗著分發省分補用候選未入流紀煐振

陸紹忠王鉢壽附生李偉文監生談恂陸滋秀俊
秀沈開勛吳遇垚陳福年戎樾羅鴻昌彭希齡潘
兆奎監生馮鍈均著以未入流遇缺即選候選未
入流范國華壽嵩孫鴻鈞均著插班間選候選未
入流顧長源著歸捐班前先選仍留六品頂帶雙
月候選未入流邵棠著歸新例不論雙單月選用
雙月候選未入流周廣德俊秀陳錫功王焜均著
以未入流不論雙單月選用雙月候選未入流柳
東昇著以單月選用雲南候補知縣熊家彥四川
開縣知縣劉從善均著給予同知銜淮南批驗所
大使錢鴻績試用鹽知事顏晉敏均著給予布政
司理問銜南河儘先補用通判王椿齡著給予鹽

上諭　著照林則徐所奏分別獎勵捐輸經費官紳
道光二十七年五月初四日

課司提舉銜工部候補主事陸敏務著賞加三級
前任淮安府知府朱楹著賞加四級陝西候補知
府劉建韶著賞加三級福建漳州府知府方寶慶
著賞加二級廣西試用知府張其翰四川寧遠府
知府王者政嘉定府知府邵勷均著賞加一級山
東試用知府周瑞圖著賞加一級紀錄二次順天
通州知州喬邦哲坐補四川天全州知州郭彬圖
均著賞加二級候選知州施鐘著賞加一級直隸
撫寧縣知縣徐天秩湖北興山縣知縣李大根均
著賞加三級河南光山縣知縣呂榮祺江蘇興化
縣知縣梁園棣四川夾江縣知縣許虎拜山西襄
垣縣知縣卓熙泰五臺縣知縣何玉瑞四川萬縣

知縣甯憲山東昌邑縣知縣劉揚廷均著賞加二級四川璧山縣知縣王燦河南夏邑縣知縣謝寶江西樂安縣知縣史致祥山東鉅野縣知縣袁傳裘江蘇沭陽縣知縣方傳書湖北孝感縣縣丞胡大鏊前任浙江麗水縣縣丞汪大烡前任湖南武岡州巡檢汪大煌江蘇鹽城縣上岡司巡檢張震均著賞加一級河南杞縣典史余長清著賞加二級八品頂帶程光業著給予光禄寺典簿銜監生王銘舜俊秀劉正楷著給予布政司經歷銜俊秀鄭祖德著給予布政司理問銜俊秀甯玉麒著給予州同銜俊秀梁鎮著給予按察司經歷銜監生王汝拭著給予縣丞銜監生余耀彩著給予縣主

簿銜已滿吏謝中城等七名未滿吏張坤等三名附生唐樹幹俊秀吳芳賢等十八名均著給予從九品職銜捐職遊擊許陨著賞戴藍翎現任守備張文照著以叅將在任候選先换頂帶候選都司張延慶著以遊擊雙月選用仍留大門上當差拔補把總張夔寶著以河營修防千總遇缺即補期滿營千總李英著仍留巡捕五營遇缺即補分發漕標千總王得洙著仍留漕標遇缺即補候補衛千總張本沅著分發漕標仍歸捐班前先用武舉毛廷翊記名效用唐文昭監生毛蓮生田復聰俊秀榮昌馬裕泰均著以衛千總分發漕標試用俊秀鄒鵬李書廷均著以營千總分發本省拔補俊

秀潘琇山著以營千總分發南河歸修防河營補
用候選衛千總許登科著遇缺即選候補衛千總
馬步衢著歸本班儘先選用試用衛千總楊光藻
江廷斌均著仍留漕標儘先補用俊秀劉家佃著
以衛千總不論雙單月選用俊秀秦貫理著給予
衛守備職銜武生石豐著給予衛千總職銜監生
楊春發張映奎武生楊鵬霄均著給予營千總職
銜捐職從九品王惠著以刑部司獄儘先選用捐
職從九品張官鉠著以州同雙月選用捐職從九
品鄭長均著以從九品分發湖南補用捐職從九
品黄上舉著以從九品不論雙單月選用捐職從
九品宋先甲著給予翰林院孔目銜捐職州同蔡

上諭　著照林則徐所奏分別奬勵捐輸經費官紳
道光二十七年五月初四日

傅樞著以通判分發湖北補用並賞加鹽提舉銜
捐職州同汪曜炳著以布政司經歷雙月選用捐
職府經歷杜廷幹著以州判分發河南分缺間用
按察司經歷銜周冕著以縣丞分發浙江補用捐
職州吏目曾徽著以州吏目分發雲南補用捐職
縣丞柳文熉著給予布政司經歷銜考取未入流
張開府著遇缺即選考取未入流孫光前著儘先
選用考取未入流吳鹿賓著不論雙單月選用已
故候選訓導劉汝健著該地方官給扁旌賞該部
知道單併發欽此

二七

兩廣總督耆英奏摺 遵旨籌備粵省防務密陳林則徐等員才閎識遠允堪重寄

道光二十七年五月初四日

兩廣總督耆英奏摺 遵旨籌備粵省防務密陳林則徐等員才閎識遠允堪重寄

兩廣總督耆英奏摺　遵旨籌備粵省防務密陳林則徐等員才閎識遠允堪重寄
道光二十七年五月初四日

協辦大學士兩廣總督奴才耆英跪

奏為遵
旨籌辦並據實密陳仰祈
聖鑒事竊奴才於道光二十七年四月二十日承准軍
機大臣字寄道光二十七年三月二十九日奉
上諭國家設兵衛民雖可百年不用不可一日不備
全在封疆大吏於無事之時籌久遠之計平日留
心營政選擇將材事事皆有把握設遇有事自可
隨機策應措置周全粵省近年以來海氛甫靖經
朕再三訓諭思患豫防上年又經耆英疏陳練兵
籌餉事宜已通諭各省督撫體察情形妥為籌辦
耆英身任重寄諒能仰體朕意通籌大局計出萬

全斷不至稍形踈懈惟粵省民情浮動加以諸夷雜處易啟爭端多非意料所及儻遇有需用之處徒恃本省兵力既恐防範難周若向他省調兵又慮鞭長莫及惟廣西地界毘連且同屬該督管轄呼應較靈著耆英接奉此旨即於廣西鎮將中留心察看擇其實能訓練士卒者責令不動聲色認真操演務使技藝精熟紀律嚴明其有壯健驍勇可稱勁旅者密為存記約共豫備二三千名一遇有事調遣即令剋期就道毋至臨事張皇是為至要此外各省惟江西最為切近已諭知李星沅密為經畫以備不時調遣凡此皆於平時操演之餘寓先事防維之意於粵省籌備機宜更有裨益至

前次夷船突入省河時何以夷兵遂得偷上礮臺
釘塞礮眼自因該處弁兵防守不嚴之故除飭查
明懲辦外以後應如何嚴密防範方不至再有疎
虞亦著妥為籌議具奏再粵省情形必須經理得
人各省大員中如有器識才具堪勝重任為該督
所深知者並著據實密陳候朕酌用將此諭令知
之欽此伏讀之下仰見
皇上殷念海疆預為籌備至意曷勝欽感伏查廣東
一省額設水陸兵丁統共六萬八千三百餘名
除督撫提鎮各標協營分布各府州縣及分防
各汛礮臺外駐省兵丁僅止二千四百餘名形
勢實為單弱遇有緩急誠如

兩廣總督耆英奏摺　遵旨籌備粵省防務密陳林則徐等員才閎識遠允堪重寄　道光二十七年五月初四日

聖諭徒恃本省兵力既恐防範難周若向他省調兵
又慮鞭長莫及而粵省民情浮動諸夷又復錯
雜其間意外之虞殊難逆料不得不為未雨綢
繆之計是以上年奴才巡閱廣西即密囑廣西提
臣馬殿甲預為挑選精壯勤加訓練以備緩急
之需茲蒙
皇上明炳先機
飭於廣西鎮將中擇其實能訓練士卒者責令認真
操演豫備二三千名以供調遣
廟算周詳實深寅佩並蒙
密飭兩江督臣於江西省密為經畫以備不時調遣
奴才曾任兩江總督深知江西兵額雖屬無多而

九江南贛等營素稱勁旅距粵亦不甚遠有事
調遣更足以壯聲威是皆
聖主神謨廣運周悉靡遺
仁覆粵海嚴疆
指示萬全勝算奴才惟有敬謹秉承實心辦理期於籌
備有裨不敢稍形踈懈至虎門海口及內河沿
途各礮臺形勢已為聯絡惟各臺駐守兵丁尚
須酌量配置以資防範現擬分別最要次要勻
撥弁兵分防駐守前已附片
奏明在案其守臺兵丁技藝必須常川認真訓練
庶幾熟者不至生踈生者日漸純熟惟恐營員
日久懈弛虛應故事現在議定每月各臺演放

礮位皆由孥派委誠實可靠文職大員前往監
同演放務使實力操演緩急得有所恃再粵省
現在情形實須經理得人各省督撫將軍俱蒙
特簡其器識才具皆在
聖明洞鑒之中孥何敢妄參末議至各省司道大員
孥限於見聞實亦未能周知惟仰蒙
温諭垂詢孥受
知至深受
恩至重揆諸以人事
君之義自當殫竭愚悃以冀仰酬
高厚於萬一謹就平日所知各員據實密陳伏候
採擇查雲貴總督林則徐四川總督琦善直隸總督

兩廣總督耆英奏摺 遵旨籌備粵省防務密陳林則徐等員才閎識遠允堪重寄 道光二十七年五月初四日

訥爾經額閩浙總督劉韻珂兩湖總督裕泰兩
江總督李星沅皆才閎識遠經猷夙裕歷任疆
圻允堪重寄惟現在所居省分均屬緊要之區
山東巡撫崇恩才識開展措置有條前在江寧
藩司任內奴才知之頗稔惟嫌其精華稍露比已
閱歷有年諒可漸臻穩練福建巡撫徐繼畬精
明勤慎處事周詳雖性情稍覺柔和然在閩辦
理夷務實為妥協吉林將軍經額布由巡撫歷
任將軍嫻於武備伊犁將軍薩迎阿由司道洊
任卿貳明練老成惟均年齒較大未知精力能
否如前
盛京將軍奕湘前在廣州將軍都統任內頗久辦

二七 兩廣總督耆英奏摺 遵旨籌備粵省防務密陳林則徐等員才閎識遠允堪重寄

道光二十七年五月初四日

理旗營事務甚為妥協但於地方諸事未知能否熟悉至各省司道如江蘇按察使宮慕久精明諳練前在蘇松太道任內辦理夷務夷情頗為悅服蘇松太道咸齡任事勇往前隨奴才辦理夷務嗣又委令收復舟山亦為夷人敬信廣東布政使葉名琛明敏開展幹練有為廣東按察使李璋煜穩練結實辦事認真廣東督糧道趙長齡任勞任怨有膽有識以之經理粵省事宜均堪得力再六品頂帶委員黃恩彤隨奴才襄辦夷務有年於夷情向背均能周知操縱機宜素所講求歷任廣東藩臬巡撫地方情形尤為熟悉雖現經獲咎而曾任大員且奉

旨留粤差委务实资指臂之助是以不敢壅於
上闻此外现无平日深知之员未敢冒昧具陈所有
务钦遵筹辦並據實密陳缘由理合恭摺密
奏伏乞
皇上聖鑒謹
奏
道光二十七年五月　初四　日

雲貴總督林則徐題本　題報接雲貴總督印任事日期
道光二十七年六月二十四日

雲貴總督林則徐題本　**題報接雲貴總督印任事日期**

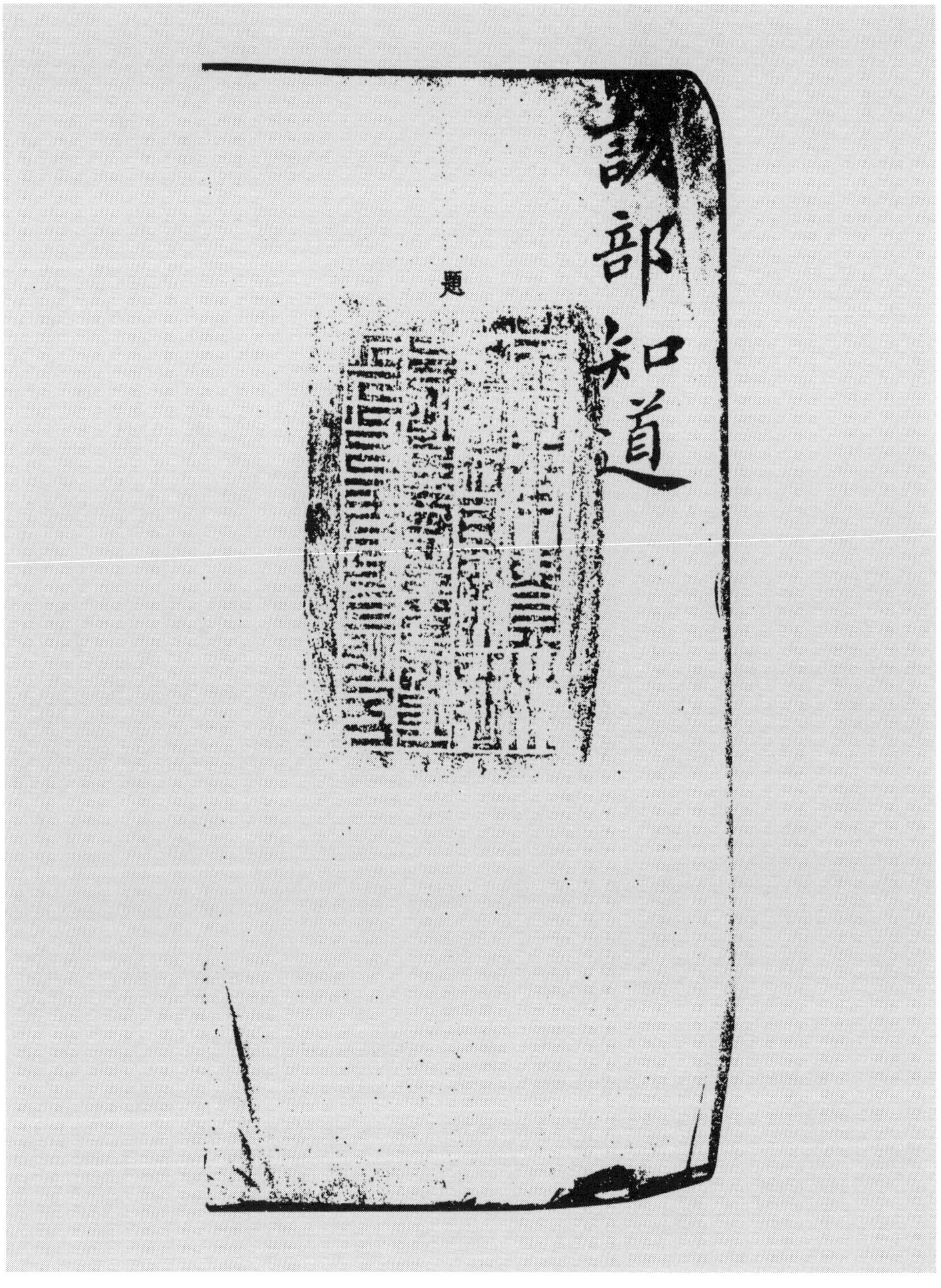
該部知道
題

兵部尚書兼都察院右都御史總督雲貴二省等處地方軍務兼理糧餉臣林則徐謹

題爲恭報微臣接印任事日期仰祈

聖鑒事。竊臣欽承

恩命補授雲貴總督，茲行抵滇省，准兼署雲貴總督

雲南巡撫臣程矞采差委雲南府知府桑春榮

署臣標中軍副將福陞將

欽頒乾字伍百號雲貴總督銀關防壹顆

王命旗牌拾面，桿未經填用火牌陸張，並

上諭書籍等項一併賫送到臣，隨即恭設香案，望

闕叩頭祇領，於道光貳拾柒年陸月拾柒日到任。

除一切應行事宜容臣次第辦理外，所有微臣

接印任事日期理合恭疏

二七 雲貴總督林則徐題本 題報接雲貴總督印任事日期

道光二十七年六月二十四日

題報伏乞

皇上聖鑒勅部查照施行爲此具本謹具

題

聞

道光[illegible]都察院右都御史[illegible]貴二省等處地方軍務兼理糧餉臣林則徐

兵部尚書兼都察院右都御史總督雲貴二省等處地方軍務兼理糧餉臣林則徐謹
題為恭報微臣接印任事日期仰祈
聖鑒事竊臣欽承
恩命補授雲貴總督茲道光貳拾柒年陸月拾柒日
行抵滇省即准兼署雲貴總督雲南巡撫臣程
矞采差委雲南府知府桑春榮署臣標中軍副
將福陞將
欽頒乾字伍百號雲貴總督銀關防壹顆
王命旗牌拾面桿木經塡用火牌陸張竝
上諭書籍等項一併齎送到臣臣隨恭設香案望
闕叩頭謝
恩祗領任事訖除一切應行事宜容臣次第辦理外
所有微臣接印任事日期理合恭疏具
題報謹具
題
聞

上諭　著林則徐程矞采究辦丁燦廷京控案平心研鞫毋枉毋縱

軍機大臣　字寄
雲貴總督林　雲南巡撫程　道光二十七年
七月初二日奉
上諭本日據都察院奏雲南回民丁燦廷等控告香匪串謀滅殺無辜一摺已明降諭旨交林則徐等審辦矣此案控關奸匪挾讎尋衅串謀倡亂被害至一萬餘命之多如果屬實必須澈底根究水落石出庶足以服難民之心而除地方之害林則徐程矞采甫經到任無所用其回護著即平心研鞫毋枉毋縱務將棍徒會匪嚴行查禁首惡各犯從重懲辦以紓積忿而快人心儻係從前辦理不善亦應據實平反奏明辦理不得因案已將就了結

顢頇塞責遂將萬餘人之屈抑鬱而不伸代人受
過已屬不可況數萬生靈之沈冤身爲大吏者竟
置之不問耶懍之慎之原呈著鈔給閱看將此諭
令知之欽此遵
旨寄信前來

上諭　著林則徐程矞采嚴訊丁燦廷京控案定擬具奏

道光二十七年七月初二日奉

旨此案著交林則徐程矞采親提人證卷宗秉公嚴

訊確情按律定擬具奏原告回民丁燦廷木文科

該部照例解往備質欽此

雲貴總督林則徐題本

題請以雲南南寧縣學文生陳家玉兼襲雲騎尉世職

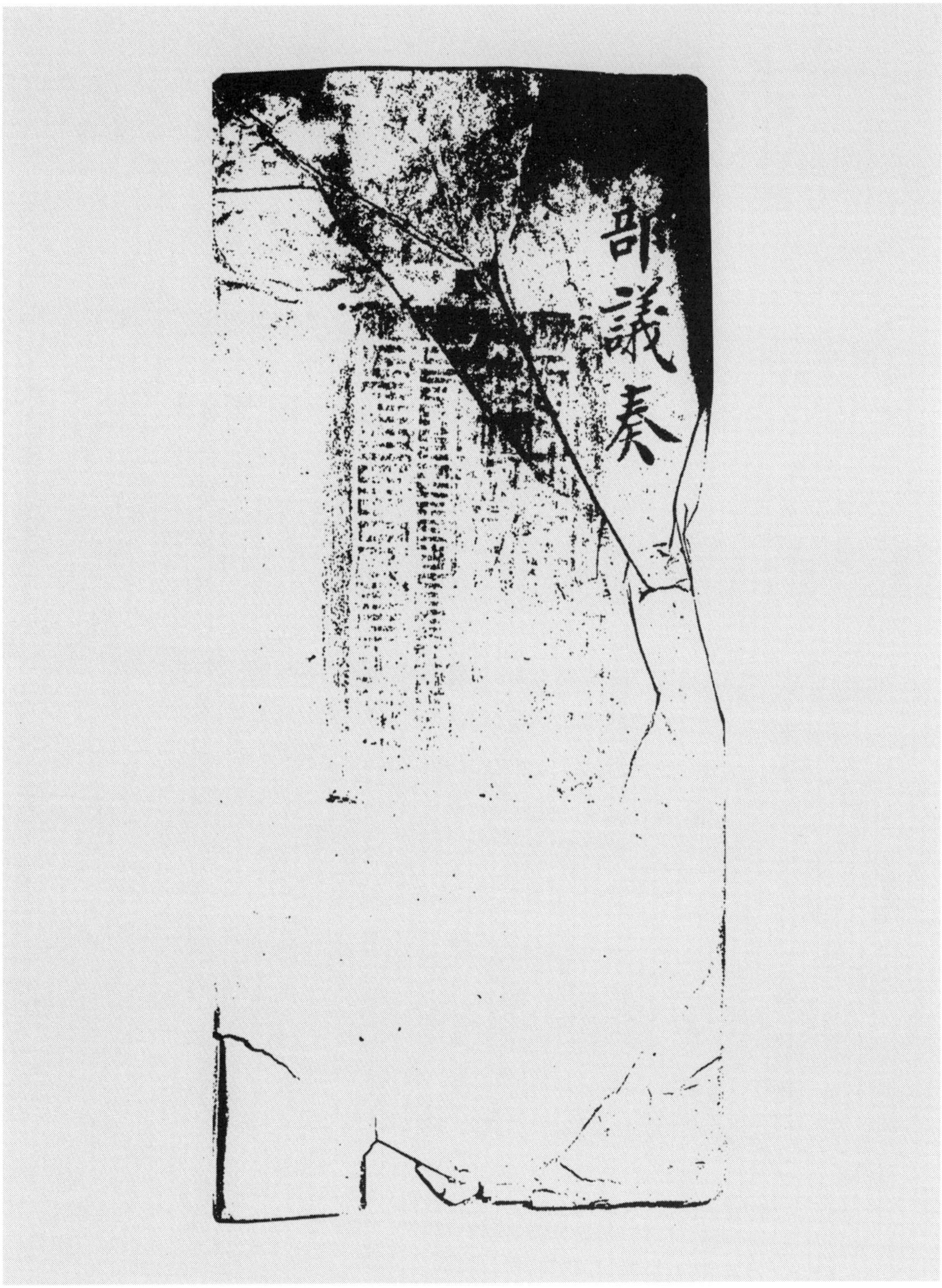
部議奏

二七　雲貴總督林則徐題本　題請以雲南南寧縣學文生陳家玉兼襲雲騎尉世職

道光二十七年七月十一日

兵部尚書兼都察院右都御史總督雲貴二省等處地方軍務兼理糧餉臣林則徐謹
題為
題請承襲世職事據雲南布政使趙光祖詳稱竊
照原任雲南臨元鎮標右營把總陳榮出師黔
楚打仗陣亡奉部議給雲騎尉世職襲次完時
給與恩騎尉世襲罔替前經請以伊嫡長子陳
樹德承襲雲騎尉世職發標學習期滿後題補
永北營右軍守備因染患寒疾手足麻木不能
騎射詳蒙咨部勒休飭查應襲之人補襲去後
茲據署南寧縣知縣余居寬申稱查得勒休永
北營右軍守備雲騎尉世職陳樹德有嫡長子
陳家玉現年叁拾壹歲係南寧縣學文生請

雲貴總督林則徐題本　題請以雲南南寧縣學文生陳家玉兼襲雲騎尉世職
道光二十七年七月十一日

兼襲雲騎尉世職仍愿應試實係陣亡把總陳
榮嫡長孫並無過繼頂替假冒情弊取造親供
宗圖冊結連人申請核轉到司查得武官襲廕
必以嫡長子孫承襲又承襲世職人員本係文
武生員舉人進士等項者准其兼襲給與世俸
各等因今勒休守備陳樹德有嫡長子陳家玉
係南寧縣學文生請以兼襲雲騎尉世職仍愿
應試支食俸銀既據該管地方官查明實係陣
亡把總陳榮嫡長孫並無過繼假冒情弊核與
兼襲之例相符合將送到親供宗圖冊結連人
詳送驗看具
題請襲再陳樹德繳到

雲貴總督林則徐題本　題請以雲南南寧縣學文生陳家玉兼襲雲騎尉世職　道光二十七年七月十一日

勅書存俟遇有進京便員即行詳咨帶繳合併聲明
等情到前兼署督臣程矞采移交到臣該臣看
得雲南臨元鎮把總陳榮出師黔楚打仗陣亡
議給雲騎尉世職前經請以伊嫡長子陳樹德
承襲發標學習期滿後題補永北營右軍守備
嗣因染患寒疾手足麻木不能騎射咨部勒休
飭查應襲之人去後茲據雲南布政使趙光祖
詳稱勒休守備陳樹德有嫡長子陳家玉現年
叁拾壹歲係南寧縣學文生請以兼襲雲騎尉
世職仍願應試經地方官查明實係陣亡把總
陳榮嫡長孫並無過繼假冒情弊核與兼襲之
例相符合將送到親供宗圖冊結連人詳送驗

看具
題請襲前來臣隨驗看得該生陳家玉嫡長有憑
年力正壯堪以兼襲雲騎尉世職除俟部覆奉
旨准其兼襲後給與世俸並將宗圖冊結送部外臣
謹會同雲南巡撫臣程矞采合詞恭疏具
題伏乞
皇上聖鑒勅部議覆施行爲此具本謹
題請
旨

二七

雲貴總督林則徐題本　題請以雲南南寧縣學文生陳家玉兼襲雲騎尉世職

道光二十七年七月十一日

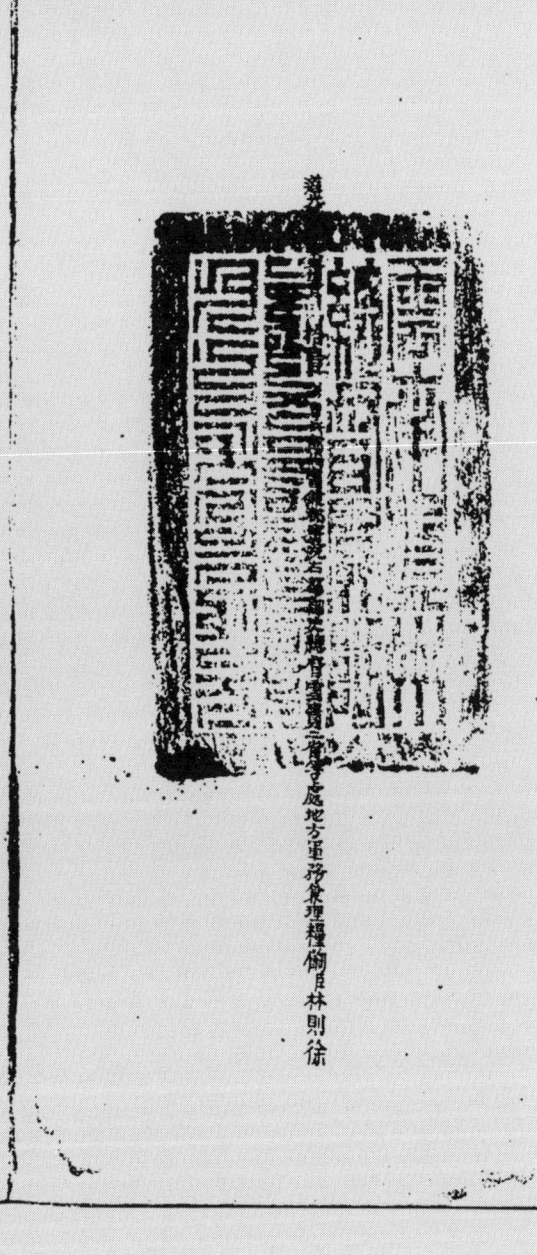

兵部尚書兼都察院右副都御史總督雲貴二省等處地方軍務兼理糧餉臣林則徐

兵部尚書兼都察院右副都御史總督雲貴二省等處地方軍務兼理糧餉臣林則徐謹
題爲
題請兼襲世職事該臣看得雲南臨元鎮把總陳
榮出師黔楚打仗陣亡議給雲騎尉世職前經
請以伊嫡長子陳樹德承襲發標學習期滿後
題補永北營右軍守備嗣因染患寒疾手足麻
木不能騎射咨部勒休飭查應襲之人去後茲
據雲南布政使趙光祖詳稱勒休守備陳樹德
有嫡長子陳家玉現年叁拾壹歲係南寧縣學
文生請以兼襲雲騎尉世職仍願應試經地方

官查明实系阵亡把总陈荣嫡长孙，并无过继
假冒情弊，核与兼袭之例相符。合将送到亲供
宗图册结，连人详送验看，具
题请袭前来。臣随验看得该生陈家玉嫡长，有凭
年力正壮，堪以兼袭云骑尉世职。除俟部覆，奉
旨准其兼袭后给与世俸，并将宗图册结送部外，谨
会
题请
旨

雲貴總督林則徐題本　**題報盤查滇省司道庫貯各項銀兩無虧**

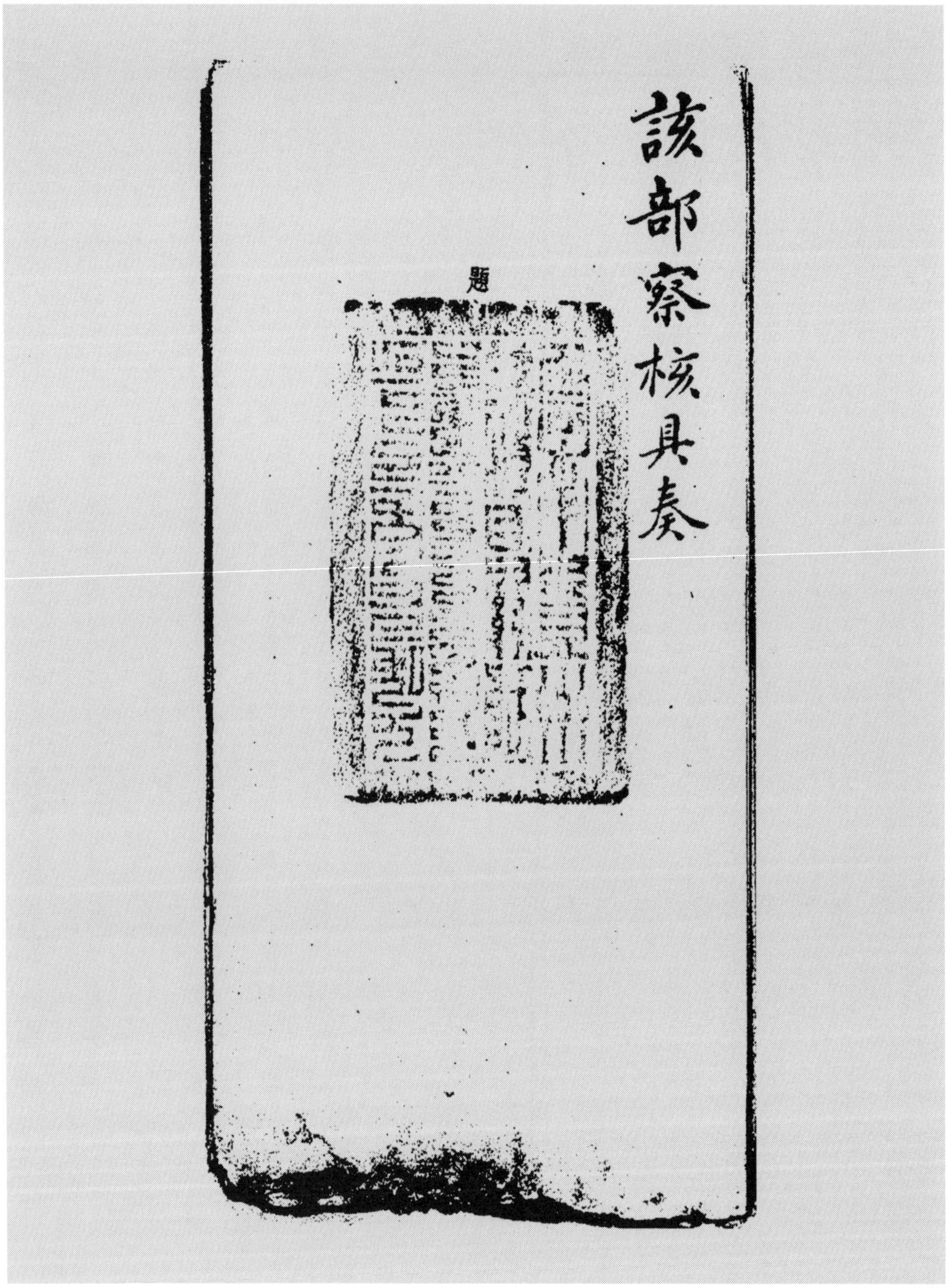

該部察核具奏

題

兵部尚書兼都察院右都御史總督雲貴二省等處地方軍務兼理糧餉臣林則徐謹
題為盤查司道庫貯銀兩循例
題報事竊照司道庫貯銀兩督撫到任例應盤查
具
題等因茲臣欽奉
恩命補授雲貴總督於道光貳拾柒年陸月拾柒日
到任例應盤查行據雲南布政使趙光祖糧儲
道王貽桂署鹽法道准陞迤南道蔣霨遠各將
庫貯銀兩按款造冊呈送前來臣隨會同撫臣
程矞采親赴該司道庫逐一盤查布政司庫截
至道光貳拾柒年陸月貳拾叁日止應存正雜
各款銀壹百捌拾萬伍千壹百叁兩捌錢陸釐

内除銅庫工本運脚借放銀捌拾玖萬伍千叁
拾肆兩柒錢貳分陸釐又除道光貳拾柒年兵
餉借放銀壹拾玖萬兩實存銀柒拾貳萬陸拾
玖兩捌分又另存封貯急需銀貳萬陸千柒百
貳拾兩籌邊備貯銀柒千兩叁共實存銀柒拾
伍萬叁千柒百捌拾玖兩捌分又銅庫實存銀
壹拾捌萬玖千肆百叁拾貳兩壹釐陸毫壹絲
叁忽柒微以上共實存銀玖拾肆萬叁千貳百
貳拾壹兩捌分壹釐陸毫壹絲叁忽柒微糧儲
道庫截至道光貳拾柒年陸月貳拾肆日止實
存糧務各款銀壹拾柒萬捌千陸拾叁兩柒錢
捌分署鹽法道庫截至道光貳拾柒年陸月拾

玖日止實存各井新舊課款銀貳拾伍萬叁千
伍百陸拾兩陸錢陸分肆釐捌毫俱係實貯在
庫並無挪移虧缺情弊所有盤查無虧緣由理
合恭疏具
題伏乞
皇上聖鑒勅部查照施行爲此具本謹具
題
聞

雲貴總督林則徐題本　題報盤查滇省司道庫貯各項銀兩無虧
道光二十七年七月十一日

道
右都御史總督雲貴二省等處地方軍務兼理糧餉臣林則徐

兵部尚書兼都察院右都御史總督雲貴二省等處地方軍務兼理糧餉臣林則徐謹
題為盤查司道庫貯銀兩循例
題報事竊照司道庫貯銀兩督撫到任例應盤查
具
題等因茲臣欽奉
恩命補授雲貴總督於道光貳拾柒年陸月拾柒日
到任例應盤查行據雲南布政使趙光祖糧儲
道王贻桂署鹽法道准陞迤南道蔣霨遠各將
庫貯銀兩撥款造冊呈送前來臣隨會同撫臣

二七

雲貴總督林則徐題本　題報盤查滇省司道庫貯各項銀兩無虧

道光二十七年七月十一日

程喬釆親赴該司道庫逐一盤查布政司庫實存正雜各款並銅庫共實存銀玖拾肆萬叁千貳百貳拾壹兩零糧儲道庫實存糧務各款銀壹拾柒萬捌千陸拾叁兩零署鹽法道庫實存各井新舊課款銀貳拾伍萬叁千伍百陸拾兩零俱係實貯在庫並無挪移虧缺情弊所有盤查無虧緣由謹具

題

聞

雲貴總督林則徐題本　題參廣西營外委千總唐裕昌等疎防劫案限滿贓犯未獲

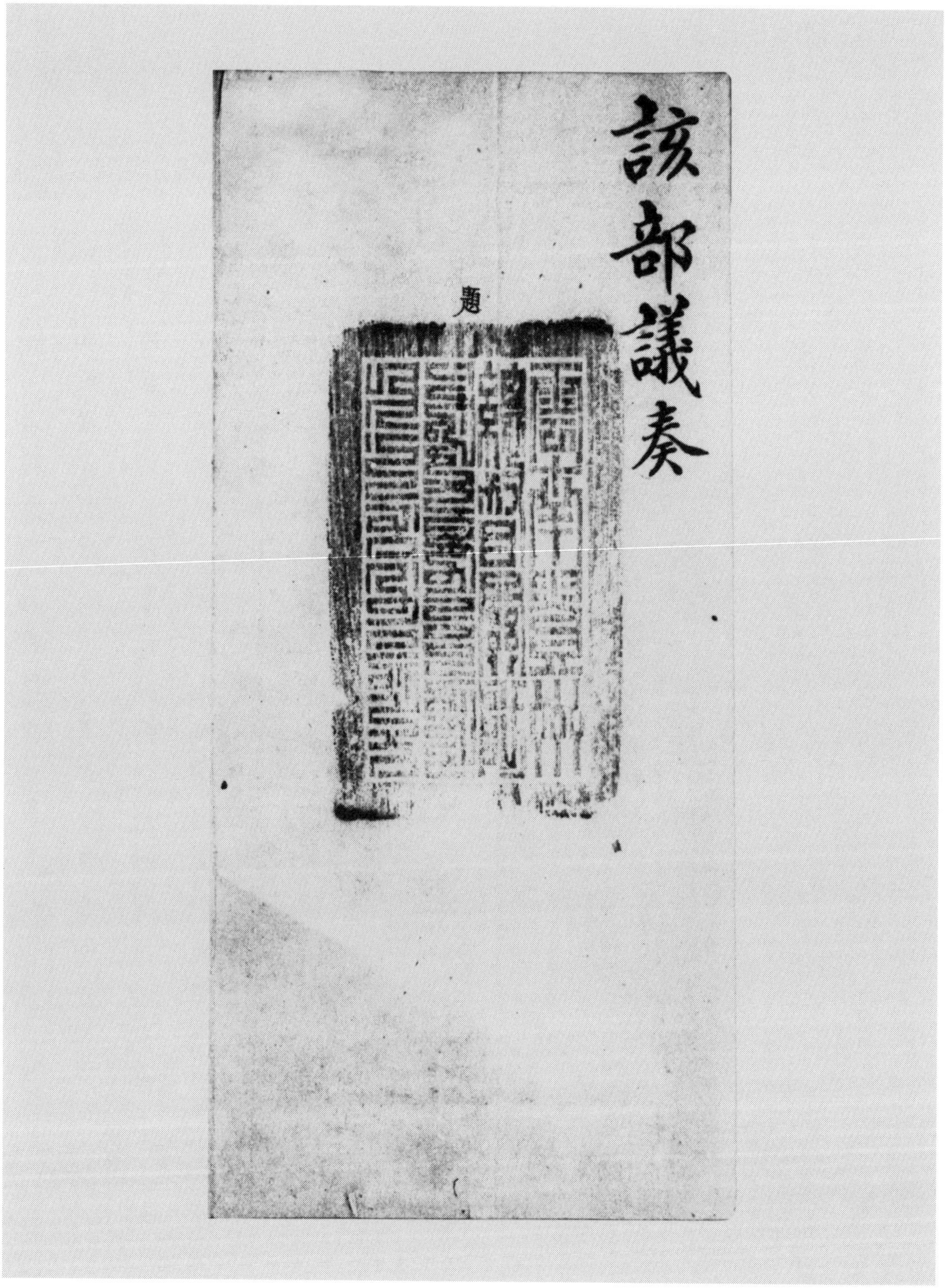
該部議奏
題

兵部尚書兼都察院右都御史總督雲貴二省等處地方軍務兼理糧餉臣林則徐謹
題爲
題參疏防事據雲南按察使普泰詳稱案據署彌
勒縣知縣程圖南詳道光貳拾陸年玖月貳拾
叁日據鄉約楊元禀據客民劉世先魏登雲投
稱本月拾柒日伊等由文山回籍路過縣屬小
黑山地方被賊肆人將伊等拒傷搶去銀錢衣
物逃逸等語往查屬實理合報驗緝究等情同
日並據事主劉世先等開單報同前由據此查
小黑山地方距城壹百肆拾里當卽會營馳詣
勘得該處係偏僻小路附近並無居民亦無塘
汛墩臺勘畢隨驗得劉世先左肩甲右脊背刀

背傷各壹處右手腕右肩甲右腳腕右腳面左
腳外踝刀傷各壹處又驗得魏登雲項心刀背
傷壹處右膞肕左腳外踝刀傷各壹處又驗得
魏登才偏左腦後刀背傷各壹處分別塡單飭
醫隨傳經紀逐一確估劉世先失贓計值庫平
紋銀陸拾捌兩柒錢肆分魏登雲失贓計值庫
平紋銀捌兩柒錢伍分除選差幹役關移營汎
鄰封一體嚴緝贓賊務獲究報外合將勘驗緣
由具文通報等情詳奉批飭嚴緝查弁去後嗣
據彌勒縣程圖南詳報此案訊係首夥陸人在
場搶奪者肆人於疎防限外緝獲任苟等伍名
除飭令審辦外茲准署理雲南廣西營德英額

移稱此案應自道光貳拾陸年玖月拾柒失事
之日起扣至貳拾柒年正月拾柒日肆個月疎
防限滿贓賊未獲所有疎防武職專管汛官職
名係廣西營分防竹園汛右哨外委千總唐裕
昌兼轄官職名係不同城署廣西營遊擊事候
補都司德英額相應開報再失事地方並無塘
汛墩臺合併聲明等情移司覆查無異除仍移
飭嚴緝贓賊務獲究報外理合詳請查核
題參再此案所有開揭遲延職名飭取另文補參
合併聲明等情到臣該臣看得雲南彌勒縣客
民劉世先等在途被賊毆搶銀物一案先據署
彌勒縣知縣程圖南會營勘訊詳報當經批司

飭緝查參去後茲據雲南按察使普泰查明此
案自道光貳拾陸年玖月拾柒失事之日起扣
至貳拾柒年正月拾柒日肆個月疎防限滿贓
賊未獲所有疎防武職專管汛官職名係廣西
營分防竹園汛右哨外委千總唐裕昌兼轄官
職名係不同城署廣西營遊擊事候補都司德
英額并聲明失事地方並無塘汛墩臺等情詳
請
題參前來臣覆查無異除飭嚴緝贓賊務獲究報
外臣謹會同雲南巡撫臣程矞采署雲南提督
臣薩德布恭疏具
題伏乞

雲貴總督林則徐題本　題參廣西營外委千總唐裕昌等疏防劫案限滿贓犯未獲　道光二十七年七月十一日

皇上聖鑒勅部議覆施行爲此具本謹

題請

旨

道光[illegible]貴二省等處地方軍務兼理糧餉臣林則徐

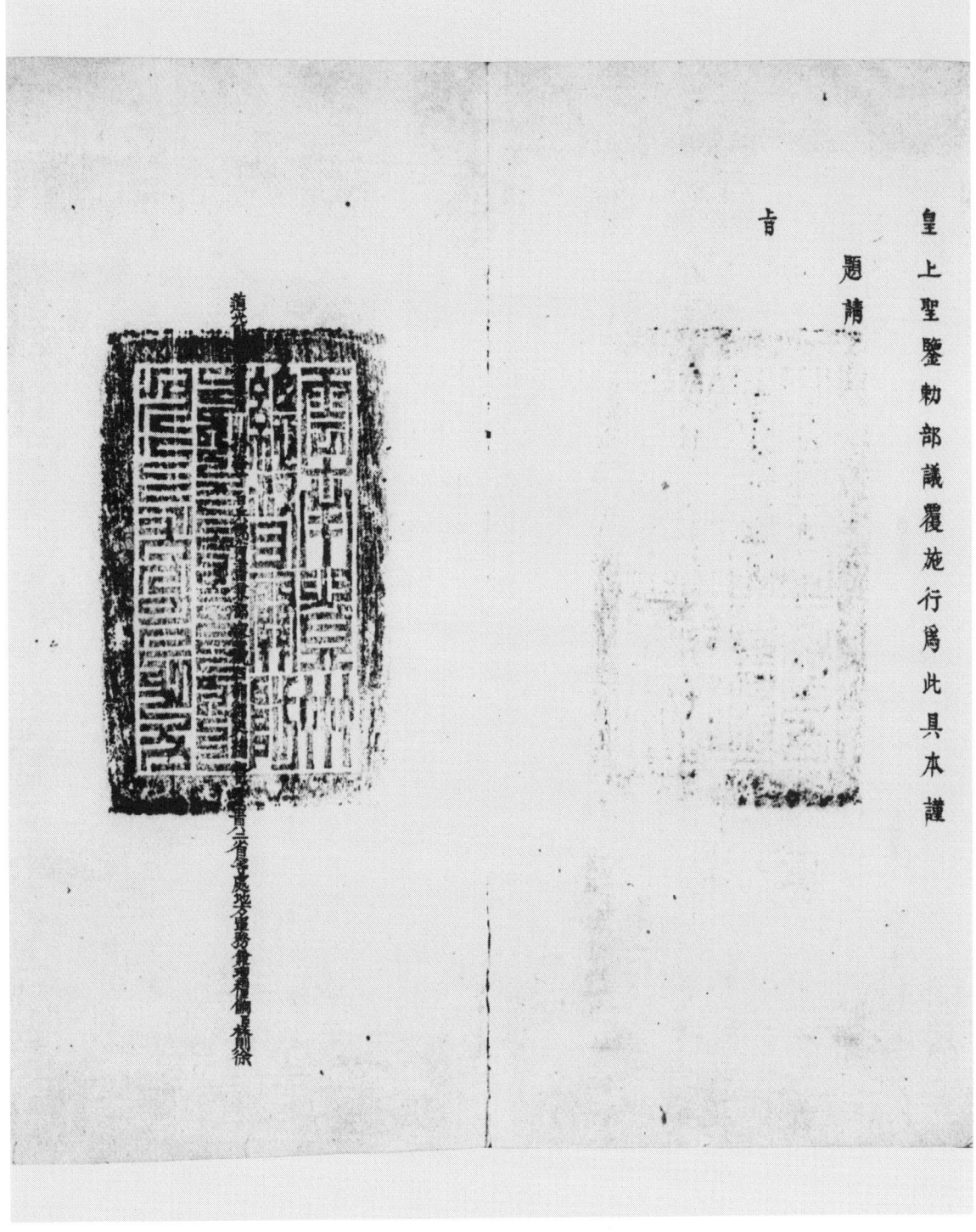

二七　雲貴總督林則徐題本　題參廣西營外委千總唐裕昌等疎防劫案限滿贓犯未獲

道光二十七年七月十一日

兵部尚書兼都察院右都御史總督雲貴二省等處地方軍務兼理糧餉臣林則徐謹
題爲
題參疎防事該臣看得雲南彌勒縣客民劉世先
等在途被賊毆搶銀物一案先據署彌勒縣知
縣程圖南會營勘訊詳報當經批司飭緝查參
去後茲據雲南按察使普泰查明此案肆個月
疎防限滿贓賊未獲所有疎防武職專管汛官
職名係廣西營分防竹園汛右哨外委千總唐
裕昌兼轄官職名係不同城署廣西營遊擊事
候補都司德英額等備詳請
題參前來臣覆查無異謹會
題請
旨

雲貴總督林則徐題本

題報繼襲恩騎尉世職周廷玉年已及歲請發標學習

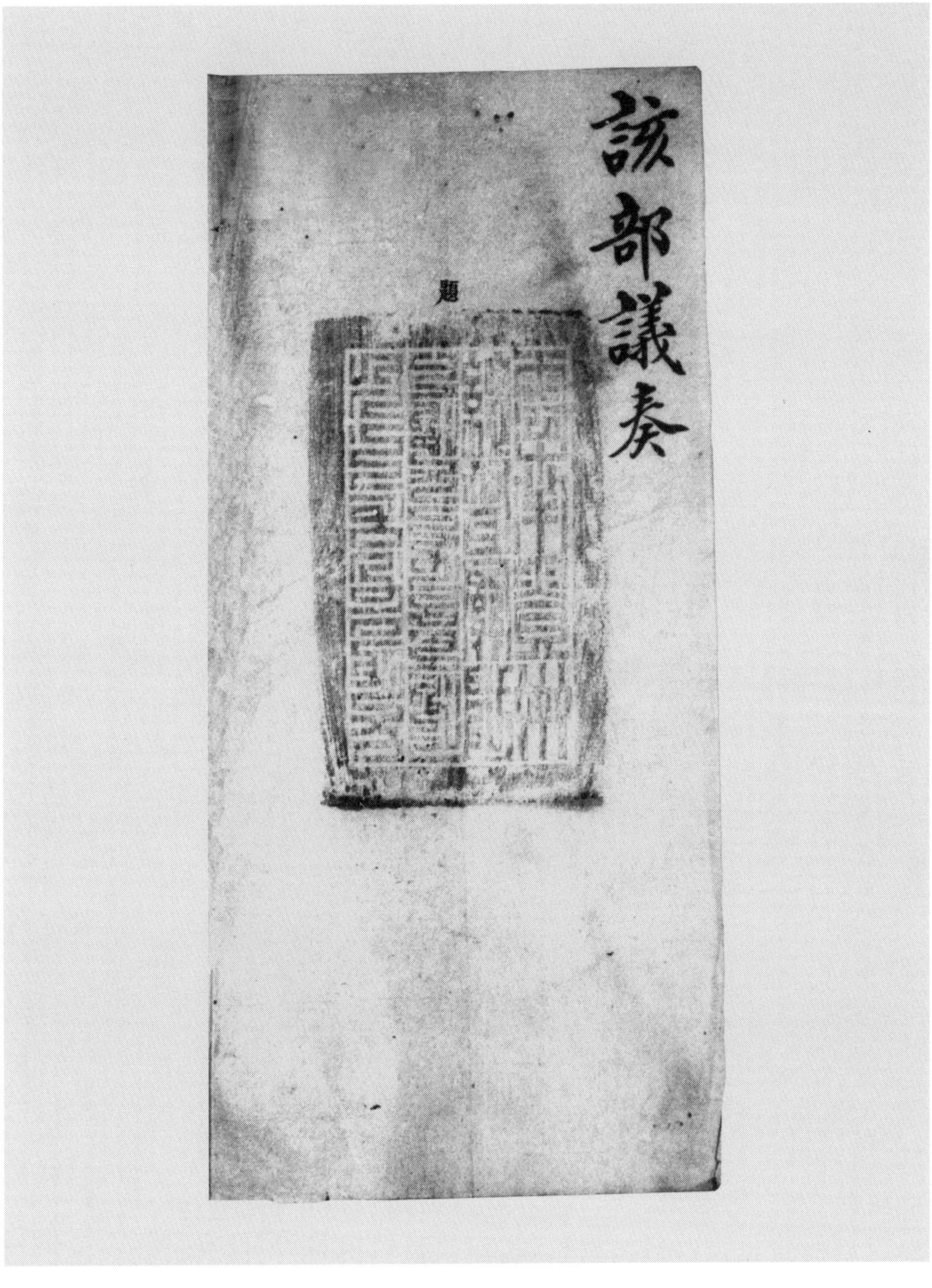

二七　雲貴總督林則徐題本　題報繼襲恩騎尉世職周廷玉年已及歲請發標學習

道光二十七年七月十一日

兵部尚書兼都察院右都御史總督雲貴二省等處地方軍務兼理糧餉臣林則徐謹
題為世職年已及歲發標學習事據雲南布政使
趙光祖詳稱竊照原任貴州威寧鎮把總周世
美奉撥駐紮鎮雄營於雍正捌年出征逆夷陣
亡奉文准廕嫡長子周朝鼎以衛千總補用援
補鎮雄營把總准陞廣東廉州營守備後病故
裔孫周洪達染患癱疾不能襲職以周洪達長
子周廷棟承襲恩騎尉後病故又以周廷棟長
子周廷玉請襲係周世美陸世孫因年未及歲
給與半俸在案茲准署鎮雄營參將慶勳移稱
該世職周廷玉前於道光拾陸年請襲時年甫
柒歲扣至道光貳拾柒年已及拾捌歲例應送

雲貴總督林則徐題本　題報繼襲恩騎尉世職周廷玉年已及歲請發標學習　道光二十七年七月十一日

驗造具履歷清冊連人移送到司查例載承襲
世職人員年已及歲者免其送部令該督撫驗
看具題俟題准後就近發標學習准食全俸扣
至伍年期滿照例出具考語給咨送部引
見等語今鎮雄營承襲恩騎尉世職周廷玉前於道
光拾陸年請襲時年甫柒歲扣至道光貳拾柒
年已及拾捌歲由營造冊移送到司相應將履
歷清冊連人詳請驗看具
題等情到臣該臣看得原任貴州威寧鎮把總周
世美奉撥駐劄鎮雄營於雍正捌年出征逆夷
陣亡奉文准廕嫡長子周朝鼎以衛千總補用
接補鎮雄營把總准陞廣東廉州營守備後病

雲貴總督林則徐題本　題報繼襲恩騎尉世職周廷玉年已及歲請發標學習
道光二十七年七月十一日

故裔孫周洪達染患癱疾不能襲職以周洪達
長子周廷棟承襲後病故又以周廷棟長子周
廷玉請襲因年未及歲給與半俸在案茲據雲
南布政使趙光祖詳稱准署鎮雄營參將慶勳
移稱該世職周廷玉於道光貳拾柒年已及拾
捌歲造冊送司連人詳請驗看具
題前來臣隨驗看得恩騎尉世職周廷玉年青力
壯堪以造就除俟部覆奉
旨後就近發標學習照例辦理並將清冊送部外臣
謹會同雲南巡撫臣程矞采合詞恭疏具
題伏乞
皇上聖鑒勅部議覆施行爲此具本謹

二七

雲貴總督林則徐題本　題報繼襲恩騎尉世職周廷玉年已及歲請發標學習

道光二十七年七月十一日

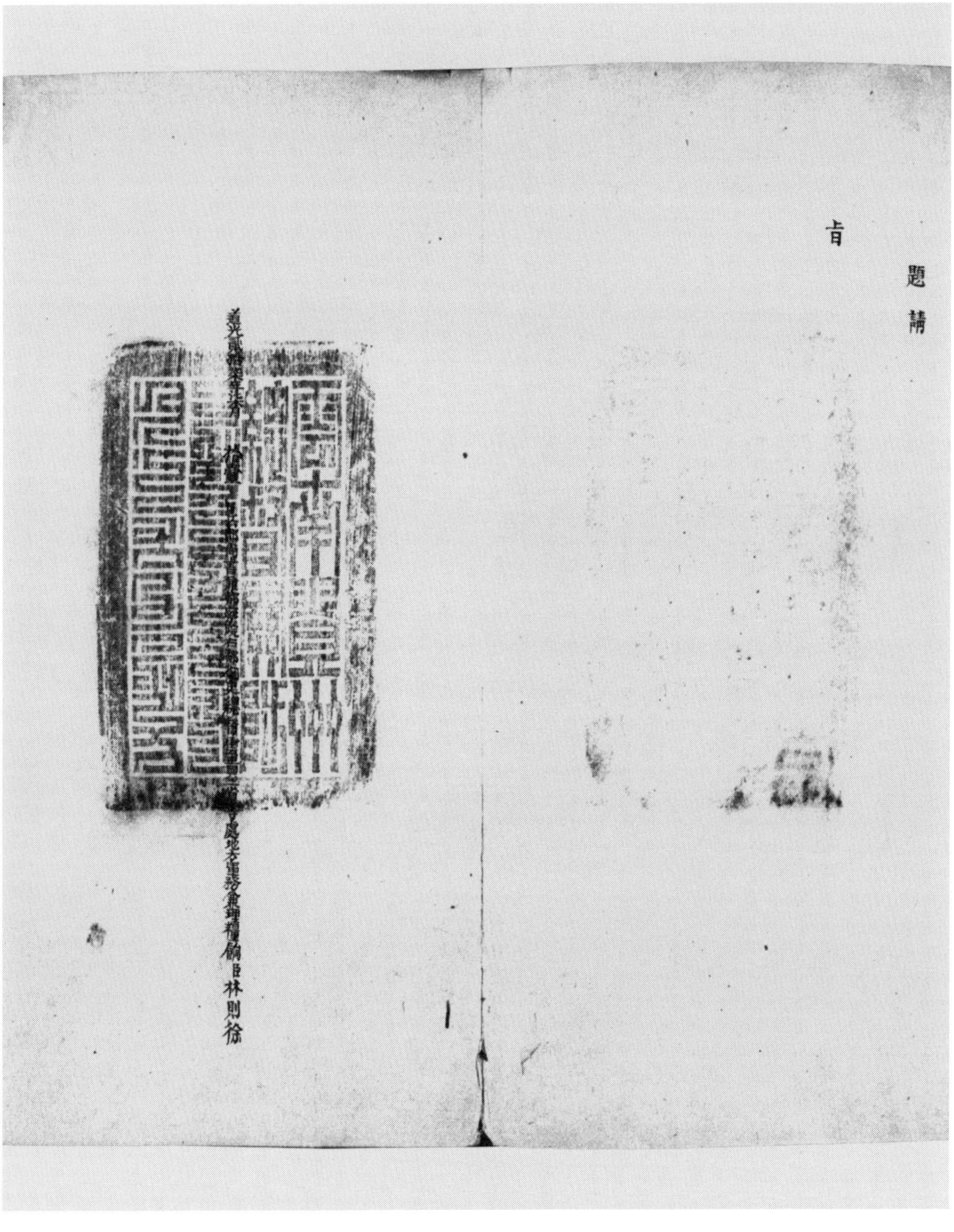
題請

旨

臣林則徐

二七

雲貴總督林則徐題本　題報繼襲恩騎尉世職周廷玉年已及歲請發標學習

道光二十七年七月十一日

兵部尚書兼都察院右副都御史總督雲貴二省等處地方軍務兼理糧餉臣林則徐謹

題爲世職年已及歲發標學習事。該臣看得原任貴州威寧鎮把總周世美奉撥駐紮鎮雄營，於雍正捌年出征逆夷陣亡，奉文准廕嫡長子周朝鼎以衛千總補用，拔補鎮雄營把總，准陞廣東廉州營守備，後病故。裔孫周洪逵染患癱疾，不能襲職，以周洪逵長子周廷棟承襲，後病故。又以周廷棟長子周廷玉請襲，年未及歲，給與半俸在案。茲據雲南布政使趙光祖詳稱：該世職周廷玉於道光貳拾柒年已及拾捌歲，由營造册送司，連人詳請驗看具題前來。臣隨驗看得恩騎尉世職周廷玉年青力壯，堪以造就，除俟部覆奉旨後就近發標學習，照例辦理，並將清册送部外，臣謹會題請旨。

上諭　著照林則徐所奏分別獎勵捐輸踴躍官紳

道光二十七年七月十二日内閣奉

上諭前據林則徐奏官紳捐輸經費懇請獎勵當交

該部議奏兹據該部查明章程開單呈覽該官紳

等踴躍輸將自應分別加恩以昭激勸前任南河

宿北同知陳韶著以道員分發南河補用附監生

孫家泰著以員外郎雙月選用附貢生冼芳梅著

以主事不論雙單月用並分部行走監生額圖洪

額著以主事用增生周錫齡著以兵馬司指揮遇

缺即用俊秀邱遇昌著以兵馬司指揮用俊秀朱

森著以兵馬司副指揮遇缺即用附生姚利壬著

准其作為貢生以中書科中書不論雙單月選用

並分發行走刑部繕本筆帖式德馨著仍留刑部

上諭　著照林則徐所奏分別獎勵捐輸踴躍官紳
道光二十七年七月十二日

儘先補用監生景福著以筆帖式插班間選廩生
崇綺絡勛崇綏官學生嵩山監生延楨喀勒崇阿
俊秀毓恒均著以八品筆帖式補用監生裕祿裕
長均著俟及歲時以八品筆帖式補用監生劉恒
瀛俊秀侯賡燧均著以兵馬司吏目遇缺即補俊
秀羅琅著以兵馬司吏目用候選從九品奚勛之
著以刑部司獄補用江西袁州府知府沈兆溶吏
部郎中劉成萬兵部學習員外郎麥賡芸均著以
道員不論雙單月選用仍在任候選安徽候補知
府傅繼勛河南候補知府瑛桂均著遇缺即補候
選知府程伊湄著分發山東歸候補班無論題調
選缺補用截取知府文塏著分發省分以簡缺知

府歸候補班毋論何項應選缺出酌量補用候補
直隸州知州金鎧著俟服闋後以知府不論雙單
月選用並加三級東河試用同知栗爗著以知府
不論雙單月選用坐選禮部員外郎强望泰著以
直隸州知州分發四川歸候補班無論題調選缺
補用東河候補同知馬文鐸著遇缺即補前任山
東萊州府同知李斅直著俟服闋後以同知分發
陝西歸候補班無論題調選缺補用候選知縣劉
咸著以同知分發南河補用分發同知王壽籛著
分發南河補用兩淮候補鹽大使張超著以同知
分發四川補用江蘇試用同知宋慶常著歸候補
班無論題調選缺補用山西臨晋縣知縣魯鴻疇

著以同知雙月在任候選先換頂帶國子監筆帖
式議敘知州春慶著以知州歸捐班前在任候選
候選知州宣維禮著分發四川補用候選知州德
純著分發陝西補用東河遇缺即補通判趙佩蘭
著賞給加同知銜並給予加一級隨帶一級提舉
銜東河遇缺即補通判王廣紀著改歸河南地方
仍照原奉諭旨日期歸捐輸班遇缺即補並留原
銜同知銜東河遇缺即補通判張錫麟著給予隨
帶四級俊秀劉虞采著以通判分發南河遇缺即
補候選主事張應濟著給予隨帶四級紀錄二次
分發南河通判方慶春著儘先補用並紀錄三次
南河試用通判宣維祁著改發四川補用候選通

判朱百城著分發四川補用候選通判元榮均著
分發福建補用四川候補知縣范淶清山東候補
知縣彭垣淩泰磐均著遇缺即補陝西候補知縣
林綬昌著賞給同知銜加三級陝西大挑知縣鄧
廷鏸著歸大挑本班儘先補用並加一級四川試
用知縣吳東照著分缺間用附生徐炳華著准作
貢生俟服闋後以知縣分發山西歸捐班前補用
四川候補府經歷陳堉著以知縣仍留四川歸捐
班前補用分發陝西知縣畢賡言分發四川知縣
陳中銘均著歸捐班前補用前任山東魚臺縣知
縣柴文富前任山西寧鄉縣知縣萬逢時均著分
發原省歸候補班無論題調選缺補用前任陝西

上諭 著照林則徐所奏分別獎勵捐輸踴躍官紳
道光二十七年七月十二日

咸陽縣知縣楊瑛著俟服闋後仍發原省歸候補班無論題調選缺補用分發省分歸候補班知縣姜熊著分發甘肅歸候補班無論題調選缺補用坐補商城縣知縣郝善明著俟病痊服闋後免其坐補原缺分發陝西歸候補班無論題調選缺補用大挑候咨知縣張作彥江開均著免其候咨分發原掣陝西歸大挑本班補用候選知縣承綬著分發河南補用候選知縣俞長賡著分發山西歸豫工二卯補用俊秀王澤春著以知縣分發陝西補用候選通判錢鈞著以知縣分發陝西補用候選知縣陳禾生著分發四川補用候選知縣孟傳玘著歸本班儘先選用分發知縣王惠寶著給予

加四級紀錄一次望都縣訓導徐慶綸著以布政
司庫大使分發陝西補用候選知縣王同春著仍
歸豫工例捐班前選用揀選知縣桂忻候選知縣
景步逵朱燡張煜堂均著不論雙單月歸捐班前
選用國史館謄錄候選通判徐正誼著以知縣不
論雙單月在館候選試用教諭王恩寶著俟得缺後
以知縣雙月在任候選教習期滿教職雷成杞就
職教諭劉蘭敏候選教諭吳朝賓均著以教諭遇
缺即選就職教諭陸之淳蔣嶽均著歸本班儘先
選用附生王葆恒著俟服闋後以復設教諭歸捐
班前先用並分發試用恩貢生何翊元附生熊舒
駿均著以復設教諭不論雙單月選用並分發試

用附生許阧著以復設訓導遇缺即選並分發試
用附生梁廷棟著以復設教諭不論雙單月儘先選
用候選訓導張書壁梁儁但循良試用訓導張如
封曹之漢王家驥廩貢生宋泰階廩生楊以綸王
殿元時泰附生潘惟賢候選訓導蘇進福陳暄陸
滋大試用訓導胡丙鑒舉人何輝祖附生謝鑫易
謙三均著以復設訓導遇缺即選就職訓導陸世
祥林壽熙均著歸本班儘先選用廩生潘文錦著
以復設訓導儘先選用並分發試用試用訓導楊
鍾秀廩貢生杜受衡均著以復設訓導儘先選用
就職訓導李清彥廩生白彬增生白榕恩貢生李
冕增監生彭嘉栻廩貢生劉起麟廩生周大勲均

著以復設訓導不論雙單月選用並分發試用附
生許紹瑩著俟服闋後以復設訓導不論雙單月
選用並分發試用附生梁宰元著以復設訓導不
論雙單月選用候選訓導張榮震雷解張錫綸朱
琢章均著分發試用附生李邦彦李鵬儀增生羅
慶章均著准作貢生以訓導雙月選用河南試用
布政司經歷丁嘉善著遇缺即補候選府經歷濮
堯著以布政司經歷分發陝西歸捐班前補用雙
月候選布政司經歷連普濟著不論雙單月選用
監生淩皋著以布政司經歷雙月選用分發按察
司司獄郭崐生著以布政司理問分發江蘇歸捐班
前補用候選訓導李蔚南著以布政司理問雙月

選用候選從九品蘭鶴陵舉人巴彥善均著以按
察司經歷分發陝西補用筆帖式毓明廣隆均著
以州同分發東河補用坐補忠州直隸州州判陳
鳳喈著免其坐補原缺仍留四川歸候補班補用
就職直隸州州判湯信中著以直隸州州判分發東
河補用副貢生程夢蕙恩貢生陳鵬均著以直隸
州州判不論雙單月選用北河試用州判曹文懿
河南試用州判姜麓均著歸捐班前補用監生王
志偉著以布政司庫大使選用候選鹽大使胡延
禧著分發浙江補用並加一級候選兵馬司副指
揮李餘慶著以鹽大使分發兩淮補用俊秀楊汝
愚著以鹽大使分發四川補用候選布政司經歷

余源著以運庫大使分發浙江遇缺即補前陝西試用府經歷徐塤慶著俟服闋後仍留陝西遇缺即補分發山東府經歷郭縉煉著遇缺即補俊秀洪壽錕著以府經歷分發貴州遇缺即補候選府經歷沈廷柱著分發直隸歸捐輸班儘先補用前湖南試用府經歷王懷伊著俟服闋後改發山東歸本班儘先補用候選府經歷張棡著分發江蘇分缺間用四川試用府經歷胡春毓山西試用府經歷陸以勲均著分缺間用俊秀陳清陽著以府經歷分發安徽歸捐班前補用貴州試用府經歷吳儼山西試用府經歷衛啓傳均著歸捐班前補用監生吳廷柏俊秀文炳均著以府經歷分發湖北

上諭　著照林則徐所奏分別獎勵捐輸踴躍官紳
道光二十七年七月十二日

補用候選府經歷朱夏著分發廣西歸新例補用候選從九品吳庚吉著以府經歷分發貴州補用候選府經歷陸壽椿唐培濂均著分發陝西補用候選府經歷高鈞著分發福建補用分發廣西從九品冼芳桐著以府經歷不論雙單月選用前陝西候補班補用未入流陸慶松著註銷候補班俟服闋後仍赴原省歸本班補缺後以府經歷不論雙單月在任候選東河候補縣丞邱邦鏴丁嘉言均著遇缺即補附生王鼎燮著以縣丞分發東河遇缺即補南河試用縣丞管守仁著遇缺即補河南候補縣丞胡福謙著註銷加一級紀錄一次遇缺即補通判銜山東試用縣丞郭總烒著遇缺即

補並留原銜候選未入流劉維坤著以縣丞分發
福建遇缺即補候選縣丞尹光第著分發雲南遇
缺即補湖南武陵縣巡檢趙德楚著以縣丞仍留
湖南遇缺即補陜西候補縣丞楊光澍著遇缺即
補浙江委用縣丞蔣子修著改發北河歸次儘班
補用北河試用縣丞毛永椿著歸捐班前補用俊
秀彭載恩著以縣丞分發北河歸捐班前補用候
選縣丞丁士悌著分發南河歸捐班前補用甘肅
試用縣丞崇蔭著歸捐班前補用候選縣丞惠連
著分發甘肅歸候補班補用分發江蘇縣丞姚俞
著歸候補班補用候選縣丞胡桂芬著分發直隸
歸議敘班補用候選縣丞屠春融著分發湖北歸

議敘班補用監生慕曰鐔著以縣丞分發浙江補
用分發縣丞明經候選縣丞孫相培均著分發南河
補用候選縣丞張敦厚著分發陝西補用俊秀黃
士淦著以縣丞分發江蘇補用附生李兆寬著以
縣丞分發山西補用監生恒倫俊秀沈德潤均著
以縣丞分發河南補用南河試用縣丞朱鎔著改
發山東補用候選縣丞張元著分發山西補用候
選縣丞劉維勛著分發江西補用候選縣丞楊丙
生著分發福建補用山東試用縣丞謝潾著歸部
遇缺即選候選縣丞陸敦源著遇缺即選雙月候
選縣丞桂濤俊秀蔣元藻均著以縣丞不論雙單
月選用鴻臚寺額外序班周世裕著以縣丞雙月

選用候選鹽知事李宗鄴著分發長蘆補用候選
從九品周如瀛著以鹽知事分發兩淮補用四川
試用布政司照磨劉東巖著遇缺即補候選布政
司照磨曾健著分發四川歸新例補用監生陳永
安著以縣主簿分發南河遇缺即補監生柴可楨
著以縣主簿分發陝西補用候選未入流王熙績
著以縣主簿分發東河補用直隸候補未入流鄒
在人著仍留原省俟補缺後以主簿升用山西試
用州吏目于光晉著遇缺即補俊秀黄大勲著以
州吏目分發四川遇缺即補監生陳桓著以州吏
目分發安徽遇缺即補候選州吏目何維階著分
發山東遇缺即補俊秀任朝棟著以州吏目分發

上諭　著照林則徐所奏分別奬勵捐輸踴躍官紳
道光二十七年七月十二日

奉天遇缺即補前直隸試用州吏目陸憲曾著俟
服闋後仍留直隸歸捐班前補用俊秀朱汝漢著以
州吏目分發湖南補用候選州吏目洪恩福著分
發直隸補用俊秀陳開業著以州吏目分發山東
補用俊秀陳閎業著俟及歲時以州吏目分發山
東補用候選州吏目徐震翔著遇缺即選議敘從
九品徐皖生著以州吏目雙月選用仍留館當差
俊秀徐恩植著以道庫大使分發四川遇缺即補
附生沈鏌著以府照磨道庫大使分發四川補用
已滿吏段培福著以道庫大使府照磨不論雙單
月選用陝西試用按察司司獄徐鳳藻著遇缺即
補分發按察司司獄蔣德慶著分發河南補用俊

秀吕瀚泦著以按察司司獄不論雙單月選用監
生易承棣謝樹梅均著以按察司司獄雙月選用
俊秀范大鶴著以府司獄分發湖南補用俊秀朱
慶瑞著以巡檢分發山西補用增生閔巨士著以
巡檢雙月選用坐補陝西懷遠縣典史湯崇禮著
免其坐補仍留陝西歸委用班補用監生牛映河
著以從九品分發直隸遇缺即補監生田樹槐著
以從九品分發湖北遇缺即補分發江西從九品
胡承風著改發南河儘先補用並加一級紀録一
次俊秀羅逢謙著以從九品分發南河遇缺即補
俊秀陳廷傑著以從九品分發四川遇缺即補江
蘇候補從九品王猷李寶山西試用從九品程晉

佑浙江試用從九品周信洞均著遇缺即補俊秀俞澐著以從九品分發南河儘先補用陝西試用從九品錢崐墀著儘先補用河南試用從九品尹葆棖著改發陝西儘先補用湖北試用從九品吴秉忠江西試用從九品程烜陝西試用從九品林筍江西試用從九品路秉忠均著分缺間用湖南試用從九品陳熤源陝西試用從九品劉溥霖江西試用從九品夏宗鏊湯恩釗湖北試用從九品王晉卿安徽試用從九品王樹槐均著歸捐班前補用候選從九品張煦著分發山西歸捐班前補用候選從九品張紹濂著分發山西歸議敘班補用候選從九品朱芸慶著分發陝西歸議敘班補

用監生陳穆生著以從九品分發直隸補用候選
從九品葉養和著分發河南補用候選從九品黄
娟監生沈光榮均著以從九品分發福建補用俊
秀李運開著以從九品分發陝西補用俊秀潘治
著以從九品分發安徽補用監生童爾夔著以從
九品分發江蘇補用俊秀何鶴齡著以從九品分
發南河補用俊秀吳延齡著以從九品分發浙江
補用俊秀張予謙王驪均著以從九品分發江西
補用候選從九品吳嘉彦未滿吏蔣廷鏞俊秀吳
慎綸均著以從九品分發廣西補用監生徐思鈞
著以從九品分發廣東補用候選從九品余慶皋
著分發山東補用候選從九品郭錦堂著分發甘

上諭　著照林則徐所奏分別獎勵捐輸踴躍官紳
道光二十七年七月十二日

肅補用候選從九品金峻丙董驥監生李澍均著
以從九品分發省分補用候選從九品毛錫貢劉
慶遠劉敦本顧增徐國樑蘇燕俊秀曾春昂王光
鑑均著以從九品遇缺即選候選雙月從九品謝
開業著不論雙單月歸議敘本班選用監生蒲晉
昌俊秀鍾瑩光陳長青李俊明均著以從九品不
論雙單月選用監生李恩榮著以從九品雙月選
用河南候補未入流倪鳳生山東試用未入流岑
敬直均著遇缺即補監生侯渠著以未入流分發
陝西遇缺即補四川試用未入流梁章銘著遇缺
即補直隸試用未入流朱桂芳四川試用未入流
陳恩翔著儘先補用俊秀施杲魏燾均著以未入

上諭 著照林則徐所奏分別獎勵捐輸踴躍官紳
道光二十七年七月十二日

流分發山西儘先補用俊秀王敬烈著俟服闋後以未入流分發陝西儘先補用候選未入流朱惟鎔著分發貴州儘先補用候選未入流楊光如著分發山西分缺間用俊秀陳銓著以未入流分發陝西分缺間用候選從九品莊曾彥著以未入流分發福建歸捐班前補用安徽候補未入流葉克新林昌鉉湖北試用未入流葉德渙余士仁江西試用未入流沈子栖錢鈞均著歸捐班前補用俊秀吳克昌著以未入流分發山西歸捐班前補用候選未入流沈鼎著分發浙江歸議敘班補用廣東候補未入流吳森著歸議敘班按原到省名次補用候選未入流劉子佺著分發廣西歸議敘班

上諭 著照林則徐所奏分別獎勵捐輸踴躍官紳
道光二十七年七月十二日

補用候選未入流陳楨宋良均著分發陝西歸議敘班補用候選從九品艾鎔著以未入流分發陝西仍歸豫工頭卯補用候選未入流吳寶仁著分發四川仍歸豫工頭卯補用候選未入流陳覲光著分發四川歸豫工二卯補用儘先選用未入流方謙著註銷儘先分發浙江補用並加二級紀錄一次候選未入流張鉅著分發東河補用分發湖南未入流王燾著改發東河補用俊秀劉清泰著以未入流分發安徽補用俊秀吳金彥著以未入流分發廣西補用候選未入流袁經淦著分發四川補用候選未入流趙鳳鳴八品頂帶王廣益均著以未入流分發湖北補用候選未入流張琳著

上諭　著照林則徐所奏分別獎勵捐輸踴躍官紳
道光二十七年七月十二日

分發山東補用俊秀沙芸生著以未入流分發四川補用候選未入流呂奕祺著分發陝西歸酌增例補用候選未入流王官彥著分發奉天歸新例補用候選未入流吳廸光狄琛俊秀張聖埰傅錫麟均著以未入流分發山西補用候選未入流張瑛李安瀾俊秀廖登元均著以未入流分發省分補用候選未入流朱慎修劉東鈞張澍章桂生陳湛源王炳文俊秀程用霖監生高履福均著以未入流遇缺即選俊秀白棠著以未入流儘先選用捐職從九品曹克昌著以未入流歸捐班前選用監生余廷芬張建翩俊秀侯椿陳雲章徐承泰均著以未入流不論雙單月選用山西襄垣縣知縣

上諭 著照林則徐所奏分別獎勵捐輸踴躍官紳 道光二十七年七月十二日

卓熙泰靈石縣知縣潘兆桐陝西懷遠縣知縣初
慶彪四川候補知縣唐彝銘均著賞加同知銜江
蘇嘉定縣知縣丁國恩著賞加知州銜並加二級
南河候補通判繆彭齡譚祖勲均著賞加鹽提舉
銜陝西督糧道升任四川按察使張集馨著賞加
隨帶一級陝西潼商道常績同州府知府李恩繼
興安府知府濮城山西候補知州程國觀甘肅狄
道州知州錢崑秀均著賞加一級四川潼川府知
府韓泰華著賞加一級紀錄二次安徽泗州知州
沈祥煦亳州知州郭世亨山西解州知州陳景曾
陝西華州知州葉椿齡均著賞加二級河南柘城
縣知縣張元成著賞加四級陝西候補通判文映

上諭　著照林則徐所奏分別獎勵捐輸踴躍官紳
道光二十七年七月十二日

台山西河津縣知縣程震佑均著賞加三級陝西郃陽縣知縣沈壽曾韓城縣知縣興綬題補定邊縣知縣周介福四川蒼溪縣知縣毛俊章候補知縣丁鳳皋江蘇候補知縣張鵬展均著賞加二級陝西渭南縣知縣王義樟三水縣知縣劉德求題補府谷縣知縣劉良駟題補延長縣知縣王伯潤四川射洪縣知縣何玉成南部縣知縣王瑞慶山西寧鄉縣知縣李薌河南淇縣知縣徐本立候補知縣李中瀚河南上蔡縣典史甘守中陝西略陽縣典史伍紹諮朝邑縣典史宓惟憲均著賞加一級俊秀林熙年著賞給國子監典籍銜並作為監生一體鄉試監生邱濟能蔣型栻俊秀夏廷榛李

奎臨八品頂帶陳謙光均著賞給布政司經歷銜監生譚光瑞俊秀陳清均著賞給布政司理問銜河南蘭儀縣縣丞王晅著賞加一級並紀錄三次監生蕭培銓彭嘉振韓士達閻作樞趙輔清詹騰光均著賞給州同銜供事朱慶升監生薛京洛均著賞給縣丞銜已滿吏李青雲蕭譜珍李萌蘗王楷王翼庭孟元王增榮王石渠武驤未滿吏葉培文王殿榮譚鵬翮陳啟文俊秀楊旭等五十二名均著賞給從九品銜捐職從九品鄭煌著以從九品分發四川遇缺即補都司銜監生吳道煌著註銷都司銜以布政司理問分發江蘇補用陝西鎮平營都司賽沙春著以遊擊雙月在任候選先換

上諭　著照林則徐所奏分別獎勵捐輸踴躍官紳
道光二十七年七月十二日

頂帶候選營守備穆大本著歸雙月選用候選衛
守備石鈞著歸本班捐班前先用武舉童發魁丁
治國武生米聯奎均著以衛千總分發漕標遇缺
即補漕標試用衛千總李贊勤著儘先補用候選
衛千總藍福恩著歸雙月五缺後本班到班儘先
選用武舉海長源武生鞠兆基監生魏景高均著
以衛千總分發漕標試用候選衛千總傅學濂李
應運均著遇缺即選衛千總銜劉鳳沚著以衛千
總不論雙單月選用捐職衛千總徐元慶武生史
永年武監生裴咸宜均著以營千總分發本省拔
補京營效力把總馬興著以營千總仍留京營拔
補馬兵文振著以把總分發京營拔補武生孫鴻

上諭　著照林則徐所奏分別獎勵捐輸踴躍官紳
道光二十七年七月十二日

舉張金榜均著以把總分發本省拔補八品頂帶
茹景曾董步月監生盧元珍均著賞給守禦所千
總銜附生張連城著賞給衛千總銜武生劉春芳
高廷藜監生阮承基賀聯芳俊秀原士豪均著賞
給營千總銜坐補嘉興縣知縣楊裕深著准其捐
復革職留任處分仍賞加一級隨帶二級紀錄二
次已革江蘇儀徵縣知縣知州銜陳文杰著准其
捐復知州原銜捐職布政司經歷張瑞堂著以州
同分發南河補用捐職布政司理問要正邦著以
府經歷分發陝西補用捐職州同王希曾著以縣
丞不論雙單月選用仍留州同銜捐職縣丞黃際
清著以縣丞不論雙單月選用捐職鹽大使淩鳳

翔著俟服闋後以州吏目分發甘肅補用捐職同知霍如泌著註銷同知銜以從九品分發山西遇缺即補捐職從九品汪貴讀著以從九品分發湖北補用捐職從九品汪銘庠著以從九品遇缺即選貢生鄭均福著以縣丞分發河南補用山西試用未入流吳載飈現已革職所捐銀兩著即發還該部知道單併發欽此

上諭　著林則徐等訊究杜文秀等京控案定擬具奏

道光二十七年七月十八日奉

旨前據雲南回民丁燦廷等控告香匪萬重劉書等串謀滅殺無辜已交林則徐程矞采親提嚴訊矣此次復據雲南回民杜文秀等控告匪棍劉書等挾嫌藉端誣控從逆致被搜殺搶掠迫招撫回籍後又被殺害多名等情匪棍擾累無辜大為地方之害必應嚴切訊究從重懲辦著仍交林則徐等親提人證卷宗秉公嚴訊按律定擬具奏務將匪徒查禁要犯嚴懲以紓積忿而快人心原告杜文秀劉義該部照例解往備質欽此

雲貴總督林則徐題本

題請以呂飛鵬陞補雲南騰越鎮標中軍遊擊

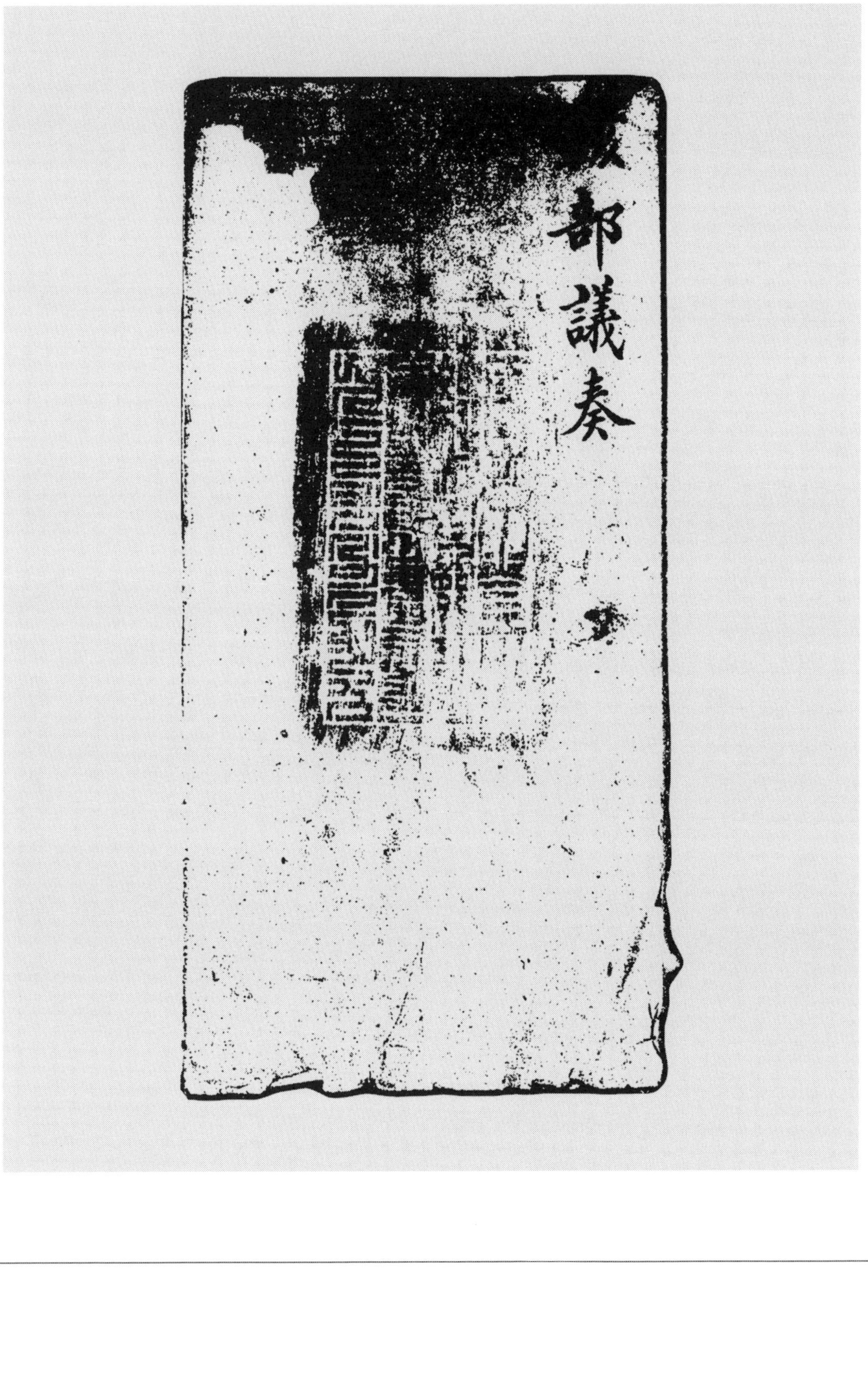

二七 雲貴總督林則徐題本 題請以吕飛鵬陞補雲南騰越鎮標中軍遊擊

道光二十七年八月初七日

兵部尚書兼都察院右都御史總督雲貴二省等處地方軍務兼理糧餉臣林則徐謹
題爲
題請陞補遊擊事案准兵部咨道光貳拾陸年柒
月貳拾日內閣奉
上諭賀長齡奏查辦回匪事竣分別參劾各員弁一
摺騰越鎮遊擊陸發榮著降爲把總該部知道等
因欽此欽遵除將遊擊陸發榮降爲把總之處註
冊外其所遺雲南騰越鎮標中軍遊擊員缺係
題補之缺輪用豫保現無豫保輪用揀發該省
揀發人員現在尚未咨報到標應輪用應陞應
補人員相應行文該督照例揀選題補等因到
臣該臣看得雲南騰越鎮標中軍遊擊員缺接

准部咨輪用應陞應補人員行令照例揀選題
補臣悉心揀選考驗得雲南騰越鎮標左營都
司呂飛鵬年伍拾歲雲南新興州人由行伍出
師臨安歷陞今職本年雲州軍務案內經前督
臣李星沅開單保
奏欽奉
諭旨都司呂飛鵬著以遊擊儘先陞用欽此欽遵在
案道光貳拾叁年閏柒月貳拾伍日領劄歷俸
已滿叁年該員明練有為出師著績現署普洱
鎮標右營遊擊辦理裕如請以陞補雲南騰越
鎮標中軍遊擊實堪勝任如蒙
俞允呂飛鵬係欽奉

特旨以遊擊儘先陞用之員應俟部覆至日照例給
咨該員赴部引
見恭候
欽定除履歷清冊送部印結俟取到另咨外臣謹會
同雲南巡撫臣程矞采署雲南提督臣薩德布
合詞恭疏具
題伏乞
皇上聖鑒勅部議覆施行爲此具本謹
題請
旨

雲貴總督林則徐題本　題請以呂飛鵬陞補雲南騰越鎮標中軍遊擊
道光二十七年八月初七日

等處地方軍務兼理糧餉臣林則徐

兵部尚書兼都察院右都御史總督雲貴二省等處地方軍務兼理糧餉臣林則徐謹
題爲
題請陞補遊擊事該臣看得雲南騰越鎮標中軍
遊擊員缺接准部咨輪用應陞應補人員行令
照例揀選題補臣悉心揀選考驗得雲南騰越
鎮標左營都司呂飛鵬年伍拾歲雲南新興州
人由行伍出師臨安歷陞今職本年雲州軍務
案內經前督臣李星沅開單保
奏欽奉
諭旨都司呂飛鵬著以遊擊儘先陞用欽此欽遵在
案道光貳拾叁年閏柒月貳拾伍日領劄歷俸
已滿叁年該員明練有爲出師著績現署普洱
鎮標右營遊擊辦理裕如請以陞補雲南騰越
鎮標中軍遊擊實堪勝任謹會
題請
旨

二七

雲貴總督林則徐題本　題報雲南昭通鎮標中營守備馬福壽俸滿循例給咨赴部引見

道光二十七年八月初七日

雲貴總督林則徐題本　題報雲南昭通鎮標中營守備馬福壽俸滿循例給咨赴部引見

該部議奏

題

雲貴總督林則徐題本　題報雲南昭通鎮標中營守備馬福壽俸滿循例給咨赴部引見
道光二十七年八月初七日

兵部尚書兼都察院右都御史總督雲貴二省等處地方軍務兼理糧餉臣林則徐謹
題為守備俸滿循例
題報事據雲南布政使趙光祖會同按察使普泰
詳稱奉兼署督院批據雲南昭通鎮總兵劉定
選詳稱案奉兵部咨雲南昭通維西廣南鎮雄
等鎮協營副將參將遊擊都司守備共拾伍缺
苗猓安化入烟稠密未便仍以叁年俸滿即陞
統應改為伍年均以到任之日為始扣足報滿
仍令該督核實甄別如果弓馬可觀訓練有方
者保題陞用尋常供職調回內地照常俸推陞
如有怠惰偷安即行隨時糾參等因遵照在案
茲查鎮標中營守備馬福壽自道光貳拾壹年

雲貴總督林則徐題本 題報雲南昭通鎮標中營守備馬福壽俸滿循例給咨赴部引見

道光二十七年八月初七日

伍月貳拾捌日領劄到營任事起連閏扣至道
光貳拾陸年肆月貳拾捌日邊俸已滿伍年例
應詳送考驗因該員奉派出師永昌於凱撤後
復委監修軍械茲已事竣理合取造冊結詳請
核辦當經批司查議去後茲據雲南布政使趙
光祖會同按察使普泰會查得昭通鎮中營守
備馬福壽任內有恩安縣接遞大關廳軍犯鄭
興志中途脫逃一案奉議罰俸叁個月銀兩已
據該員照數完繳入於貳拾叁年冬季武職完
俸冊內造報在案此外別無參罰違礙事件與
報滿之例相符相應詳請查核具
題等情到臣該臣看得雲南昭通鎮中營守備定

例伍年報滿核實具
題茲據雲南昭通鎮總兵劉定選詳稱鎮標中營
守備馬福壽自道光貳拾壹年伍月貳拾捌日
領劄到營任事之日起連閏扣至道光貳拾陸
年肆月貳拾捌日邊俸已滿伍年因該員奉派
出師永昌於凱撤後復委監修軍械茲已事竣
理合取造用結連人詳送經前兼署督臣程矞
采考驗該守備馬福壽年力正強弓馬合式批
據雲南布政使趙光祖等查明該員任內並無
叅罰違礙事件與報滿之例相符詳請具
題前來臣覆查無異除照例給咨該員赴部引
見並履歷清冊送部外臣謹會同雲南巡撫臣程矞

雲貴總督林則徐題本　題報雲南昭通鎮標中營守備馬福壽俸滿循例給咨赴部引見

道光二十七年八月初七日

兼署雲南提督臣薩德布合詞恭疏具

題伏乞

皇上聖鑒敕部議覆施行爲此具本謹

題請

旨

道光[illegible]等處地方軍務兼理糧餉臣林則徐

二七 雲貴總督林則徐題本 題報雲南昭通鎮標中營守備馬福壽俸滿循例給咨赴部引見 道光二十七年八月初七日

兵部尚書兼都察院右都御史總督雲貴二省等處地方軍務兼理糧餉臣林則徐謹
題為守備俸滿循例
題報事該臣看得雲南昭通鎮中營守備定例伍
年報滿核實具
題茲據雲南昭通鎮總兵劉定選詳稱鎮標中營
守備馬福壽自道光貳拾壹年伍月貳拾捌日
領劄到營任事之日起連閏扣至道光貳拾陸
年肆月貳拾捌日邊俸已滿伍年因該員奉派
出師永昌於凱撤後復委監修軍械茲已事竣
理合取造冊結連八詳送經前兼署督臣程矞
采考驗該守備馬福壽年力正強弓馬合式批
據雲南布政使趙光祖等查明該員任內並無
參罰違礙事件與報滿之例相符詳請具
題前來臣覆查無異除照例給咨該員赴部引
見並履歷清冊送部外臣謹會
題請
旨

雲貴總督林則徐題本

題參大理城守營把總楊升貴等疎防劫銀命案限滿兇犯未獲

該部議奏

題

雲貴總督林則徐題本　題參大理城守營把總楊升貴等疎防劫銀命案限滿兇犯未獲　道光二十七年八月初七日

兵部尚書兼都察院右都御史總督雲貴二省等處地方軍務兼理糧餉臣林則徐謹
題爲
題參疎防職名事據雲南按察使普泰詳稱案據
署趙州知州張禴徵詳道光貳拾柒年正月貳
拾叁日訪聞上年玖月初陸日州屬下關地方
有回民沙七六被不識姓名人毆傷身死失去
銀物埋屍滅跡之事當卽差查去後旋於貳拾
伍日據屍父沙捒金開單報同前由據此查下
關距城伍拾里隨卽會營帶領刑仵馳詣勘得
該處係偏僻山區附近並無居民亦無塘汛墩
臺茨棚下有土坑壹個上用浮沙遮蓋餘將浮
沙刨開起屍查看因該處地氣陰寒屍身尚未

腐爛竝據屍父沙捒金指認屬實飭令將屍移
放平地如法相驗據仵作陳興卓喝報已死沙
七六問年貳拾柒歲驗得仰面面色發變致命
偏左壹傷斜長壹寸壹分寬肆分紫赤色骨微
損係木器傷偏右壹傷斜長壹寸伍分寬肆分
青黑色骨損係鐵器傷餘俱無故委係受傷身
死報畢親驗無異兇犯在逃無憑查起兇器比
對傷痕當場填圖取結屍飭棺殮傳訊估計失
贓共值庫平紋銀柒兩玖錢玖分除選差幹役
關移營汛鄰封一體嚴緝兇犯務獲究報外合
將勘驗緣由具文通報等情詳奉批司飭緝查
參去後茲准署雲南大理城守營都司韋中魁

移稱此案既有失物情形自應照盜案扣限開
參計自道光貳拾陸年玖月初陸失事之日起
扣至貳拾柒年正月初陸日肆個月疏防限滿
兇犯未獲所有疏防武職專管汛官係大理城
守營分防趙州汛右哨貳司把總楊升貴兼轄
官係不同城署大理城守營都司事開化鎮標
中營守備李占春又此案疏防限期扣至貳拾
柒年正月初陸日滿今於陸月拾伍日始將職
名開送到營除辦文及程限共拾貳日外計遲
延肆個月貳拾柒日所有開報本身遲延壹月
以上職名亦係大理城守營分防趙州汛右哨
貳司把總楊升貴再該營即依限開送並未遲

雲貴總督林則徐題本　題參大理城守營把總楊升貴等疏防劫銀命案限滿兇犯未獲
道光二十七年八月初七日

延大理城守營係屬專營並無統轄失事地方
亦無塘汛墩臺合併聲明等情移司覆查無異
除仍移飭嚴緝兇犯務獲究報外相應詳請查
核
題參等情到臣該臣看得雲南趙州回民沙七六
被不識姓名人毆傷身死失去銀物一案先據
署趙州知州張循徽會營勘驗詳報當經批司
飭緝查參去後茲據雲南按察使普泰查明此
案既有失物情形自應照盜案加限開參計自
道光貳拾陸年玖月初陸日失事之日起加至貳
拾柒年正月初陸日肆個月疏防限滿兇犯未
獲所有疏防武職專管汛官係大理城守營分

雲貴總督林則徐題本　題參大理城守營把總楊升貴等疎防劫銀命案限滿兇犯未獲
道光二十七年八月初七日

防趙州汛右哨貳司把總楊升貴兼轄官係不
同城署大理城守營都司事開化鎮標中營守
備李占春又此案疎防限期扣至貳拾柒年正
月初陸日滿今於陸月拾伍日始將職名開送
到營除辦文及程限共拾貳日外計遲延肆個
月貳拾柒日所有開報本身遲延壹月以上職
名亦係大理城守營分防趙州汛右哨貳司把
總楊升貴并聲明該營卽依限開送並未遲延
大理城守營係屬專營並無統轄失事地方亦
無塘汛墩臺等情詳請
題參前來臣覆查無異除飭嚴緝兇犯務獲究報
外臣謹會同雲南巡撫臣程矞采署雲南提督

臣薩德布恭疏具
題伏乞
皇上聖鑒勅部議覆施行爲此具本謹
題請
旨

道光[illegible]處地方軍務兼理糧餉臣林則徐

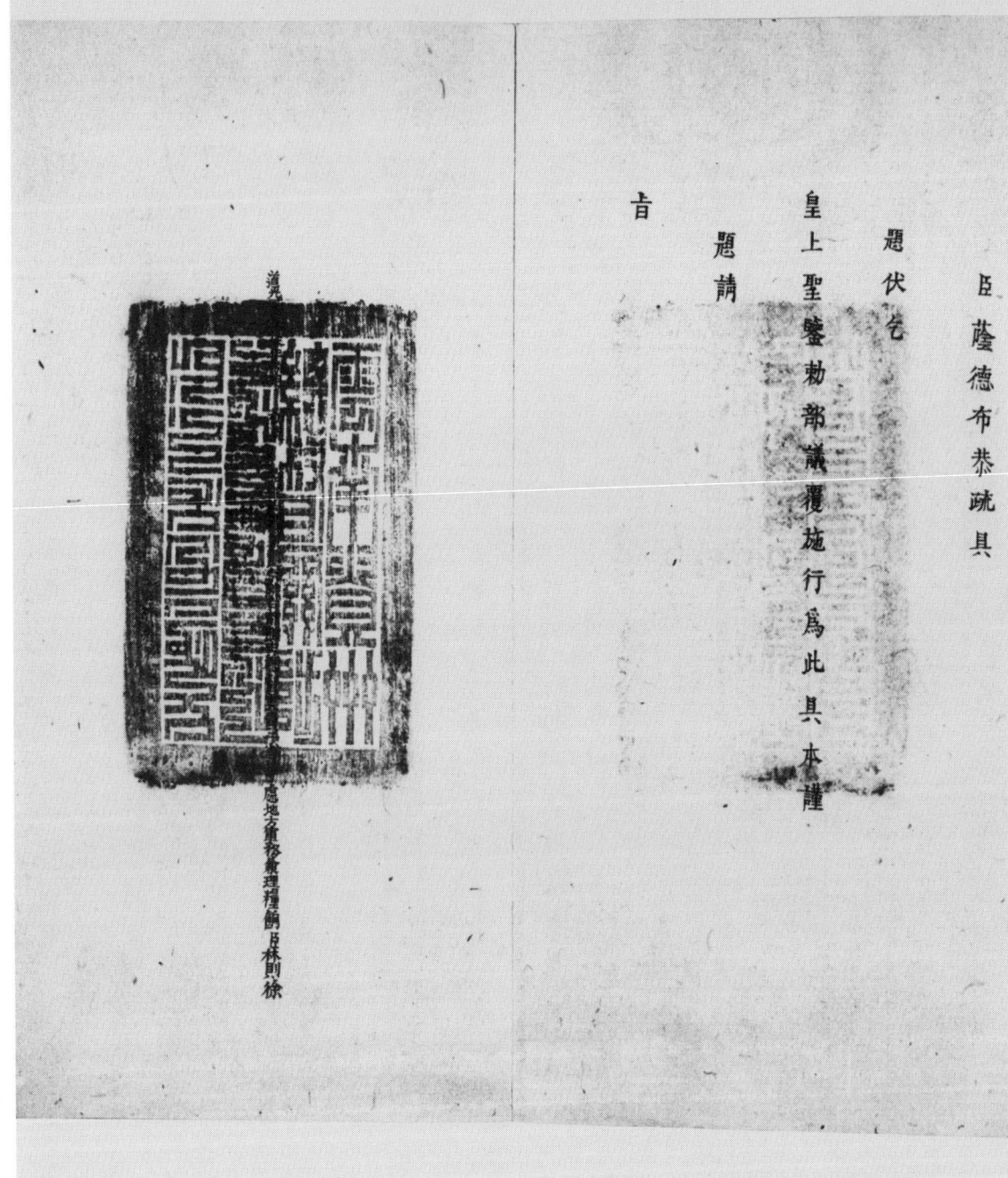

雲貴總督林則徐題本　題參大理城守營把總楊升貴等疏防劫銀命案限滿兇犯未獲

道光二十七年八月初七日

兵部尚書兼都察院右都御史總督雲貴三省等處地方軍務兼理糧餉臣林則徐謹

題為

題參疏防職名事該臣看得雲南趙州回民沙七六被不識姓名人毆傷身死失去銀物一案先據署趙州知州張循徵會營勘驗詳報當經批司飭緝查參去後茲據雲南按察使普泰查明此案既有失物情形自應照盜案扣限開參肆個月疏防限滿兇犯未獲所有疏防武職專管汛官係大理城守營分防趙州汛右哨貳司把總楊升貴兼轄官係署大理城守營都司事開化鎮標中營守備李占春等情詳請

題參前來臣覆查無異謹會

題請

旨

雲貴總督林則徐題本　**題參署雲南城守營把總張恩查等疏防劫案限滿贓犯未獲**

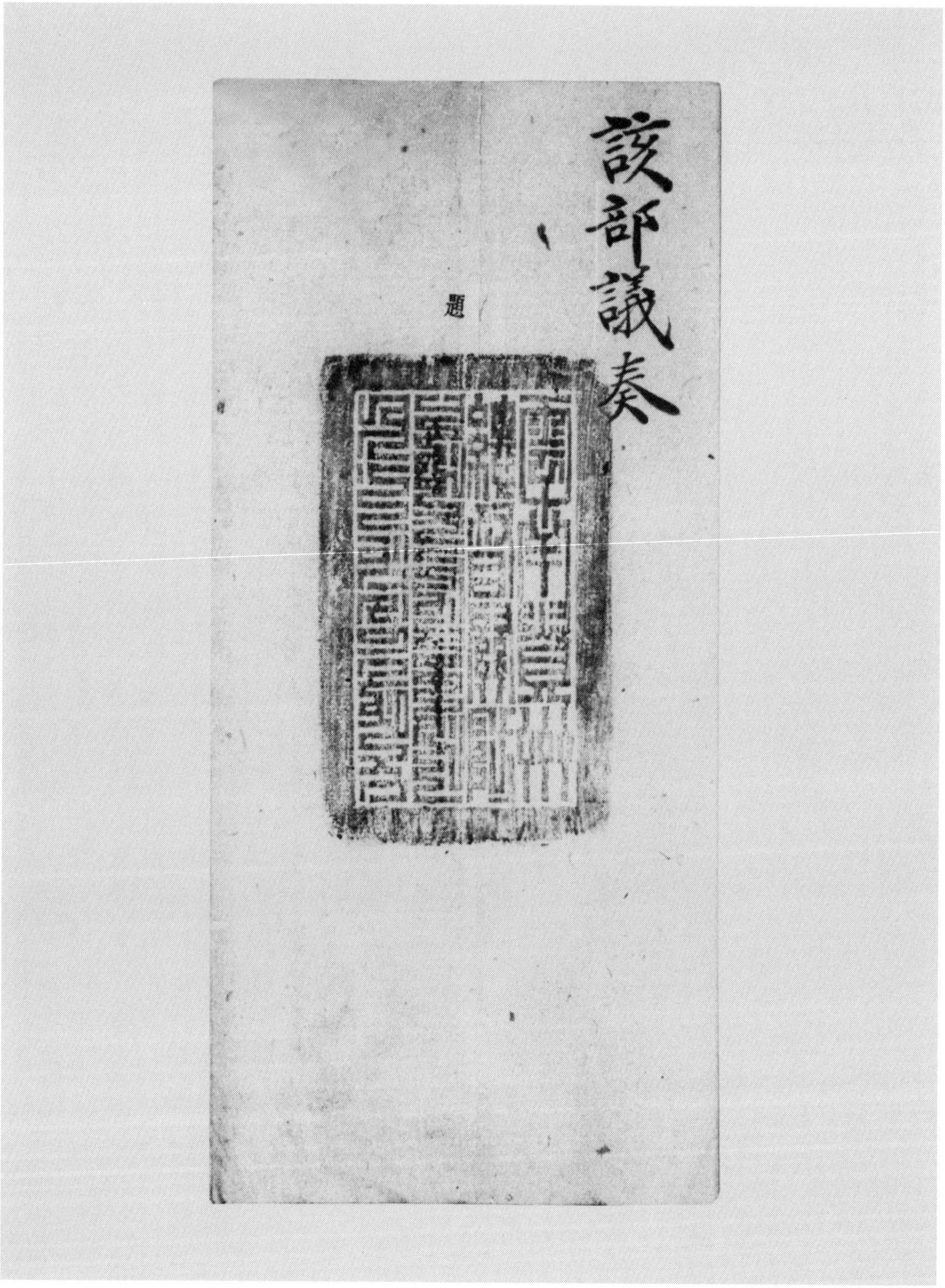

二七　雲貴總督林則徐題本　題參署雲南城守營把總張恩查等疏防劫案限滿贓犯未獲

道光二十七年八月初七日

兵部尚書兼都察院右都御史總督雲貴二省等處地方軍務兼理糧餉臣林則徐謹
題爲
題參疏防職名事據雲南按察使普泰詳稱案據
署祿豐縣知縣馮祖繩詳道光貳拾陸年伍月
拾陸日據鄉約王安周報據脚夫袁興順等投
稱伊等由大理攬運黃大興等銀信至貴州省
交卸本月拾伍日行至縣屬背陰灣地方被賊
捌玖人搶去銀兩衣物竝將伊夥龔萬順拒傷
等語往查屬實理合報請勘驗緝究等情竝據
事主袁興順等開單報同前由據此查背陰灣
距城捌拾里隨差緝贜賊一面會營馳詣勘得
該處係偏僻山路附近竝無居民亦無塘汛墩

雲貴總督林則徐題本　題參署雲南城守營把總張恩查等疎防劫案限滿贓犯未獲
道光二十七年八月初七日

臺勘舉驗得龔萬順偏左右肩甲各有刀傷壹
處塡單飭醫傳記估計黃大興失贓共值庫平
紋銀貳百零壹兩陸錢夏啓昌失贓共值庫平
紋銀肆百貳拾伍兩伍錢貳分夏洪順失贓共
值庫平紋銀壹百捌拾兩李合順失贓共值庫
平紋銀壹百柒拾叁兩叁錢除選差幹役關移
營汛鄰封一體嚴緝贓賊務獲究報外合將勘
驗緣由具文通報等情詳奉批司飭緝因賊衆
賊多未能即時被獲將該署縣馮祖繩
奏參摘頂勒緝嗣因逾限未獲復經
奏參革職留任勒限壹年緝拏各在案嗣據兵役
在四川會理州地方協同該州差役緝獲賊犯

趙老五李椿王玉才陳洪順何明蔣㨪華石么
大柒名分別擬以斬絞滿流於道光貳拾柒年
肆月貳拾玖日詳請具
題聲明此案賊犯首夥玖人業於貳參限內獲犯
柒名兼獲糾搶及拒捕傷人首犯貳參職名邀
免開送等因茲准雲南城守營參將陳啓貴移
稱此案自道光貳拾陸年伍月拾伍失事之日
起連閏扣至捌月拾伍日肆個月疎防限滿贓
賊未獲所有疎防武職專管汛官係署雲南城
守營分防祿豐汛左哨貳司把總事本營武舉
張恩查中軍守備向不作兼轄統轄官係不同
城雲南城守營參將陳啓貴再失事地方亦無

二七　雲貴總督林則徐題本　題參署雲南城守營把總張恩查等疎防劫案限滿贓犯未獲　道光二十七年八月初七日

塘汛墩臺等情移司覆查無異除仍移飭嚴緝
逸犯胡開源等務獲究報外相應詳請查核
題參再此案職名係依限開送因已獲各犯案未
審定以致遲延係屬有因職名懇免開報合併
聲明等情到臣該臣看得雲南祿豐縣腳夫袁
興順等在途被賊搶去銀物拒傷伊彩龔萬順
一案先據署祿豐縣知縣馮祖繩會營勘驗詳
報當經批司飭緝查參去後茲據雲南按察使
普泰查明此案自道光貳拾陸年伍月拾伍失
事之日起連閏扣至捌月拾伍日肆個月疎防
限滿贓賊未獲所有疎防武職專管汛官係署
雲南城守營分防祿豐汛左哨貳司把總事本

营武举张恩查中军守备向不作兼辖统辖官

系不同城云南城守营参将陈启贵并声明失

事地方并无塘汛墩台等情详请

题参前来臣覆查无异除饬严缉逸犯胡开源等

务获究报外臣谨会同云南巡抚臣程矞采署

云南提督臣荫德布恭疏具

题伏乞

皇上圣鉴敕部议覆施行为此具本谨

题请

旨

二七

雲貴總督林則徐題本　題參署雲南城守營把總張恩查等疏防劫案限滿贓犯未獲

道光二十七年八月初七日

兵部尚書兼都察院右副都御史總督雲貴二省等處地方軍務兼理糧餉臣林則徐謹

題為

題參疏防職名事該臣看得雲南祿豐縣腳夫袁興順等在途被賊搶去銀物拒傷伊夥龔萬順一案先據署祿豐縣知縣馮祖繩會營勘驗詳報當經批司飭緝查參去後茲據雲南按察使普泰查明此案肆個月疏防限滿贓賊未獲所有疏防武職專管汛官係署雲南城守營分防祿豐汛左哨貳司把總事本營武舉張恩查中軍守備向不作兼轄統轄官係雲南城守營參將陳啓貴等情詳請

題參前來臣覆查無異謹會

題請

旨

道光二十七年八月初七日兵部尚書兼都察院右副都御史總督雲貴二省等處地方軍務兼理糧餉臣林則徐

雲貴總督林則徐題本

題參臨元鎮標中營千總李思聰等疎防竊銀命案限滿兇犯未獲

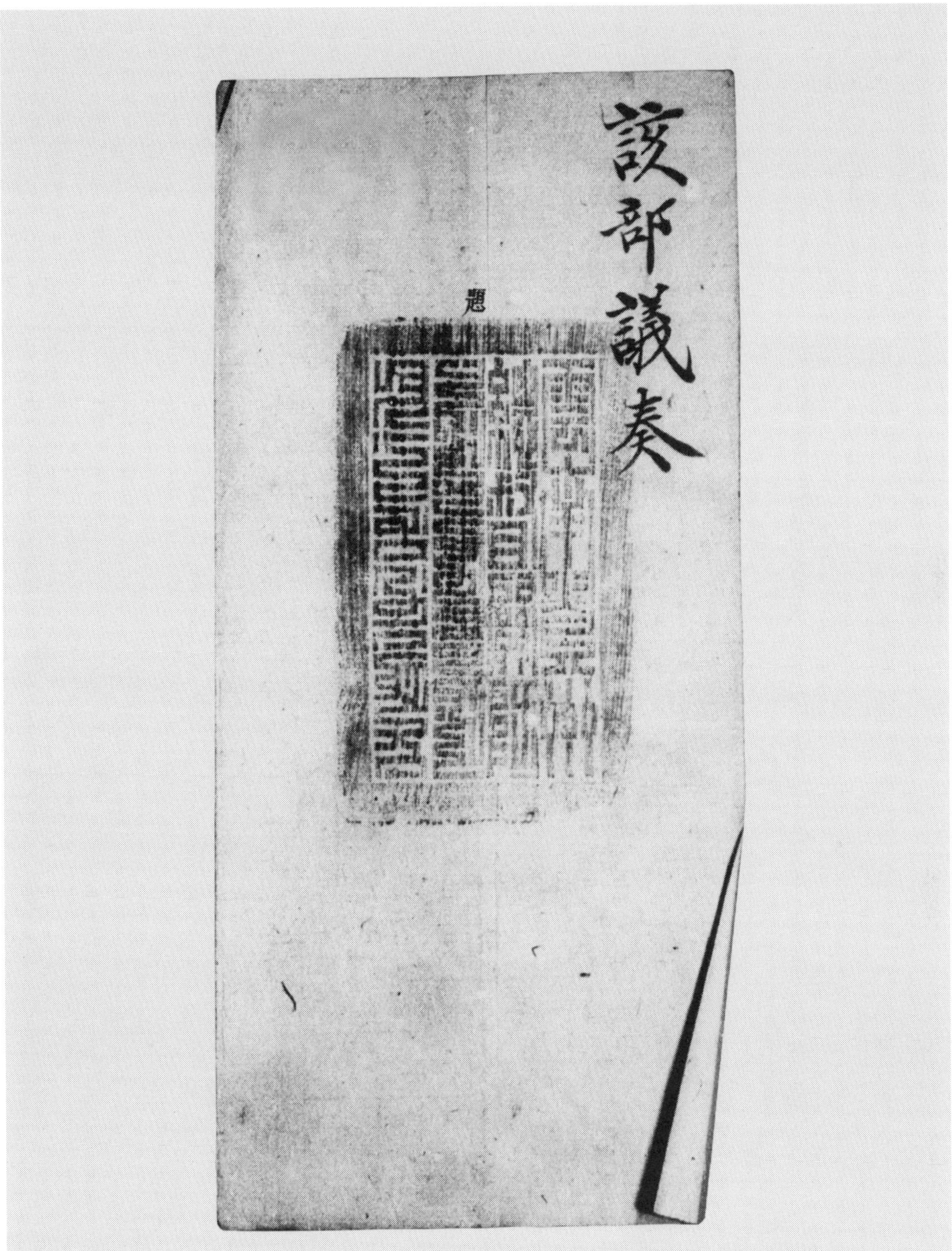

雲貴總督林則徐題本　題參臨元鎮標中營千總李思聰等疎防竊銀命案限滿兇犯未獲

道光二十七年八月初七日

兵部尚書兼都察院右都御史總督雲貴二省等處地方軍務兼理糧餉臣林則徐謹

題爲

題叅疎防職名事據雲南按察使普泰詳稱案據

署阿迷州知州王騐詳道光貳拾柒年叁月初

拾日訪聞上年拾壹月間有貴州客民魏正舉

家被賊行竊拒傷徐泳潰身死之事當即差查

去後旋據事主魏正舉報稱伊與妻父徐泳潰

同居貳拾陸年拾壹月貳拾日夜被賊撬門入

室行竊拒傷伊妻父身死時伊回歸貴州原籍

經伊妻棺殮浮埋今伊外回查知適蒙訪聞差

查理合開單補報等情據此查鯉魚山距城貳

百捌拾里並未設有鄉約隨即會營帶領刑仵

馳詣勘得該處係孤村獨戶附近並無鄰佑亦
無塘汛墩臺魏正舉住屋叁間大門有撬損痕
跡業已修整並無遺下油捻器械屋後林內有
土堆壹個據魏正舉指稱即係徐泳潰埋瘞處
所當令刨開浮土開棺查看因該處地氣陰寒
屍身尚未腐爛勘畢飭令將屍移放平地如法
相驗據仵作蔡玉喝報已死徐泳潰問年陸拾
壹歲驗得仰面致命額顱接連左太陽穴壹傷
斜長叁寸寬分半深抵骨不致命右血盆骨壹
傷斜長柒分寬深各壹分右膝壹傷斜長貳寸
陸分寬壹寸貳分左臁肕壹傷斜長壹寸伍分
寬陸分均深抵骨骨微損右臁肕壹傷斜長壹

寸壹分寬深不及分合面不致命左手背壹傷
斜長壹寸寬叁分深抵骨骨斷左手大貳指接
連貳傷各斜長捌分寬分半深抵骨骨微損均
皮捲血汚俱係刀傷餘俱無故委係受傷身死
報畢親驗無異兇賊在逃無憑查起兇器比對
傷痕當場塡格取結屍飭棺殮傳牙估計失贓
共値庫平紋銀柒拾玖兩貳錢叁分除選差幹
役關移鄰封營邑一體嚴緝兇賊務獲究報外
合將勘驗緣由具文通報等情詳奉批司飭緝
查叅去後茲准署雲南臨元鎭總兵常祿移稱
此案自道光貳拾陸年拾壹月貳拾失事之日
起扣至貳拾柒年叁月貳拾日肆個月疎防限

滿兇賊未獲所有疎防武職專管汛官係臨元
鎮標中營分防阿迷汛右哨外委千總李思聰
兼轄官係不同城署臨元鎮標中營遊擊事候
補叅將春普該員已於貳拾柒年貳月初陸日
委署元江營叅將交卸離任止計督緝兩個月
拾陸日係署事人員不復回任應請議結接督
緝兼轄官兼署臨元鎮標中營遊擊事署左營
都司中營守備楊潤郎於是日到任係接督緝
之員例無處分邀免開送再失事地方並無塘
汛墩臺合併聲明等情移司覆查無異除仍移
飭嚴緝兇賊務獲究報並查取遲延職名另文
詳叅外相應詳請查核

二七

雲貴總督林則徐題本　題參臨元鎮標中營千總李思聰等疎防竊銀命案限滿兇犯未獲

道光二十七年八月初七日

題叅等情到臣該臣看得雲南阿迷州客民魏正舉家被賊行竊拒傷徐泳漬身死一案先據署阿迷州知州王驗會營勘驗詳報當經批司飭緝查叅去後茲據雲南按察使普泰查明此案自道光貳拾陸年拾壹月貳拾失事之日起扣至貳拾柒年叁月貳拾日肆個月疎防限滿兇賊未獲所有疎防武職專管汛官係臨元鎮標中營分防阿迷汛右哨外委千總李思聰兼轄官係不同城署臨元鎮標中營遊擊事候補叅將春普該員已於貳拾柒年貳月初陸日委署元江營叅將交卸離任止計督緝兩個月拾陸日係署事人員不復回任應請議結接督緝兼

辖官兼署临元镇标中营游击事署左营都司

中营守备杨润即于是日到任係接督缉之員

例無處分應免開送并聲明遲延職名查取另

文詳參失事地方並無墩汛墩臺等情詳請

題參前來臣覆查無異除飭嚴緝兇賊務獲究報

外臣謹會同雲南巡撫臣程矞采署雲南提督

臣薩德布恭疏具

題伏乞

皇上聖鑒敕部議覆施行為此具本謹

題請

旨

二七 雲貴總督林則徐題本 題參臨元鎮標中營千總李思聰等疏防竊銀命案限滿兇犯未獲

道光二十七年八月初七日

道光

等處地方軍務兼理糧餉臣林則徐

兵部尚書兼都察院右都御史總督雲貴二省等處地方軍務兼理糧餉臣林則徐謹
題爲
題參疏防職名事。該臣看得雲南阿迷州客民魏正舉家被賊行竊，拒傷徐泳潰身死一案，先據署阿迷州知州王駿會營勘驗詳報，當經批司飭緝查參去後。茲據雲南按察使普泰查明，此案肆個月疏防限滿，兇賊未獲，所有疏防武職專管汛官係臨元鎮標中營分防阿迷汛右哨外委千總李思聰，兼轄官係署臨元鎮標中營遊擊事候補參將春普等情，詳請
題參前來。臣覆查無異，謹會
題請
旨

上諭　著照林則徐所請以辛本棨陞補雲南普洱府知府

道光二十七年九月初一日内閣奉

上諭林則徐等奏遴員升補極邊烟瘴要缺知府一摺著照所請雲南普洱府知府員缺准其以辛本棨升補照例送部引見該部知道欽此

雲貴總督林則徐等奏摺　拏獲昆明縣越獄監犯陳二審明定擬
道光二十七年九月十五日

雲貴總督林則徐等奏摺　拏獲昆明縣越獄監犯陳二審明定擬

奏

二七

雲貴總督林則徐等奏摺　拏獲昆明縣越獄監犯陳二審明定擬

道光二十七年九月十五日

雲貴總督臣林則徐
雲南巡撫臣程矞采跪

奏為拏獲越獄案犯審明定擬恭摺奏祈

聖鑒事竊查昆明縣監犯陳二越獄脫逃先經臣等

恭摺叅

奏並札飭臬司委員嚴究刑禁人等有無鬆刑賄縱各情因雲南府知府應行迴避飭委試用通判孫昺勘訊詳辦旋據昆明縣知縣賈洪詔稟報會營僉差兵役及叅革典史馮錫祥家丁於七月十七日在恩安縣地方協同該縣兵役將該犯陳二拏獲飭提至省發交委員孫昺併案審辦去後玆據審明定擬由藩司趙光祖臬司普泰覆審招解前來臣林則徐查閱迤東迤南

營伍未及會審臣程矞采督同該司等親提研
訊緣陳二籍隸河南舞陽縣因在雲南昆明縣
地方迭竊衙署公寓計贓逾貫審依竊盜贓一
百二十兩以上律擬絞監候由前撫臣陸建瀛
勘審具
題現經奉准部覆該犯係收禁縣監派撥禁卒張
興岳潰看守陳二因身犯重罪起意乘間越獄
脫逃本年六月十二日下晚典史馮錫祥帶同
刑書張應隴進監收封驗明各犯刑具完固收
入木籠並派營兵楊應幅姚春淋更夫李升李
發在監支更值宿封鎖監門回署是夜五更時
分雷雨交作禁卒張興等赴獄神祠避雨營兵

更夫亦往更房歇息均因困乏睡熟陳二乘間
扭斷鐐鏈扳落籠柵墊門上屋揪落園牆荊茨
跳越出牆張興等驚醒查知喊同營兵更夫等
找尋無蹤因該縣賈洪詔先期委查昆陽海口
出境報經該典史馮錫祥進監看明當即會營
選派兵役家丁緝拏經臣等
奏參請
旨將該典史馮錫祥革職拏問飭委試用通判孫昺
勘訊詳報並由糧道查明該縣賈洪詔實因委
赴昆陽州查辦海口先期出境嗣據該縣兵役
暨典史家丁在恩安縣地方協同該縣兵役將
該犯陳二拏獲稟提至省發交委員孫昺併案

審擬由藩臬兩司覆審招解提訊各供不諱究
詰該犯陳二委因畏罪乘間越獄脫逃逃後並
無行兇為匪及知情容留之人禁卒人等亦無
鬆刑賄縱情弊矢口不移案無遁飾查例載犯
罪囚禁在獄僅止一二人犯乘間穿穴踰牆因
而脫逃原犯絞監候應入情實人犯改為立決
又監犯越獄如獄卒果係依法看守一時疏忽
偶致脫逃並無賄縱情弊審有確據者依律減
囚罪二等治罪各等語此案陳二原犯迭竊衙
署公寓計贓逾貫擬絞秋審應入情實今乘間
越獄脫逃實屬藐法自應照例問擬陳二應如
該司及委員所擬合依犯罪囚禁在獄僅止一

二人犯乘間穿穴踰牆因而脫逃原犯絞監候
應入情實人犯改為立決例擬絞立決照例先
行刺字禁卒張興岳濆訊無鬆刑賄縱情事惟
不小心看守致被脫逃實屬疎忽百日限内犯
係他人捕得亦應照例問擬張興岳濆亦應如
所擬均合依監犯越獄如獄卒果係依法看守
一時疎忽偶致脫逃並無賄縱情弊審有確據
者依律減囚罪二等治罪例於陳二絞罪上減
二等擬杖一百徒三年定地發配折責拘役期
滿省釋刑書張應龍營兵楊應幅姚春淋更夫
李升李發失於防範均照不應重律杖八十折
責革役革伍叅革典史馮錫祥疎脫絞犯一名

令於四個月限内派撥家丁協同兵役拏獲業
經具摺
奏叅革職尚未奉到
諭旨應請照例免其拏問昆明縣知縣賈洪詔於該
犯陳二越獄脱逃之時係屬奉委公出嗣飭據
兵役於疎防限内將犯拏獲尚屬奮勉應請照
例免議武職並免開叅所有首先協獲隣境越
獄絞犯一名應叙文職職名係署恩安縣知縣
瑺岳其次協獲武職職名係恩安汛把總何起
麟相應開報該縣監獄業經修固飭令嚴加防
範不得再有疎虞除全案供招咨部外謹將審
明定擬緣由合詞恭摺具

奏伏乞
皇上聖鑒敕部覈覆施行謹
奏
刑部速議具奏

道光二十七年九月 十五 日

雲貴總督林則徐奏摺　請以伊昌阿陞補威遠營參將王濤陞署臨元鎮標中營遊擊

道光二十七年九月十八日

雲貴總督林則徐奏摺　**請以伊昌阿陞補威遠營參將王濤陞署臨元鎮標中營遊擊**

雲貴總督臣林則徐跪

奏為邊要參將游擊員缺恭懇

聖恩俯准升署以裨地方事竊臣接准部咨欽奉

上諭李星沅奏請將軍務不力之將備分別降革一摺威遠營參將札克當阿著降為游擊以示懲警等因欽此並准咨開所遺雲南威遠營參將員缺該督聲稱以揀發人員遴補覈與定例不符係題補之缺輪用應升應補人員行令照例題補又雲南臨元鎮中營游擊韓清傑病故遺缺亦輪用應升應補人員行文揀選題補各等因到臣查現在滇省參將游擊除揀發外並無候補人員既准部咨以揀發之員與例不符自宜

雲貴總督林則徐奏摺　請以伊昌阿陞補威遠營參將王濤陞署臨元鎮標中營遊擊　道光二十七年九月十八日

於應升叅將之游擊並應升游擊之都司兩項人員内逐加遴選第查滇省游擊十八員内祗有三員合例而人地均未見相宜惟查有雲南廣西營游擊伊昌阿年四十四歲鑲白旗滿洲人由護軍歷升三等侍衛補放副護軍叅領於道光二十三年以游擊揀發來滇二十五年准補今職該員樸實謹慎遇事克勤歷署撫標提標各中軍叅將帶兵前赴永昌順寧均能奮勉以之升補威遠營叅將洵堪勝任惟自二十五年十月領劄連閏扣至本年五月威遠營叅將出缺之日歷俸尚欠四箇月與例稍有未符但係員缺緊要謹遵人地相需之例專摺聲明請

旨定奪又滇省都司十六員内並無合例應升游擊之員惟查有雲南鶴麗鎮左營都司王濤年四十八歲雲南昆明縣人由武舉出師大姚閩浙節次打仗出力歷升今職道光二十三年八月内領劄歷俸已滿三年該員年壯才明熟悉營務現護武定營叅將辦理無悮以之升署臨元鎮中營游擊亦堪勝任惟已丁母憂應扣至二十九年四月内服制始滿第查武職丁憂服未屆滿疊經奏請升署有案合無仰懇

天恩俯念邊缺緊要准以游擊伊昌阿升署威遠營叅將都司王濤升署臨元鎮標中營游擊實於營伍地方均有裨益如蒙

俞允伊昌阿應俟部覆至日照例送部引
見王濤俟服闋後再行給咨仍各扣足升署日期另
請實授臣為邊缺需人起見謹會同雲南撫臣
程矞采提臣榮玉材合詞具
奏伏乞
皇上聖鑒訓示謹
奏
另有旨

道光二十七年九月　十八　日

雲貴總督林則徐奏摺　**遴選烏勒欣泰重綸為正陪接換雲南普洱鎮總兵淳慶員缺**

奏

二七 雲貴總督林則徐奏摺 遴選烏勒欣泰重綸為正陪接換雲南普洱鎮總兵淳慶員缺

道光二十七年九月十八日

雲貴總督臣林則徐跪
奏為滇省邊要總兵員缺照例遴選副將二員擬
定正陪恭摺奏祈
聖鑒事竊照雲南普洱鎮總兵淳慶邊疆任滿例應
揀員接換經前督臣照例揀得貴州松桃協副
將拴住擬正雲南曲尋協副將邵鶴齡擬陪嗣
因拴住已蒙
簡放雲南騰越鎮總兵邵鶴齡亦蒙
簡放湖北鄖陽鎮總兵例應另行揀選具
奏調任督臣未及辦理臣於本年六月抵任其時
營員賢否均未查知不敢冒昧具保當經
奏請酌展三箇月後揀選在案旋准部咨知上届

雲貴總督林則徐奏摺　遴選烏勒欣泰重綸為正陪接換雲南普洱鎮總兵淳慶員缺

道光二十七年九月十八日

保舉堪勝總兵並保列一等之貴州清江協副
將烏勒欣泰赴部引
見奉
旨烏勒欣泰著交軍機處記名欽此查烏勒欣泰年
四十七歲鑲白旗蒙古人由鳥槍護軍以叅將
揀發江南歷升今職臣雖未經接見而聞其為
人體面曾赴喀什噶爾出師旣於上屆保舉堪
勝總兵奉
旨記名應卽以之擬正其擬陪之員查有雲南永昌
協副將重綸年四十三歲鑲黃旗滿洲人由二
等侍衛以游擊揀發雲南洊升今職該員年壯
才明習諳邊務現署鶴麗鎮篆辦理有方堪以

擬陪該二員本應即行給咨送部惟查烏勒欣
泰保舉堪勝總兵案內係於本年五月甫經引
見重綸亦係上年十二月在京引
見應否仍令給咨赴部之處伏候
命下祇遵再淳慶係於二十五年五月間邊缺任滿
因接任之員未經揀定是以尚未交卸合併聲
明臣謹會同雲南撫臣程矞采提臣榮玉材貴
州撫臣喬用遷提臣王一鳳合詞具
奏伏乞
皇上聖鑒訓示謹
奏

另有旨
俱經簡放矣

雲貴總督林則徐奏摺　遴選烏勒欣泰重綸為正陪接換雲南普洱鎮總兵淳慶員缺

道光二十七年九月十八日

道光二十七年九月　十八　日

雲貴總督林則徐奏摺　查閱雲南省東南一帶營伍情形

雲貴總督林則徐奏摺　查閱雲南省東南一帶營伍情形
道光二十七年九月十八日

二七

雲貴總督林則徐奏摺　查閱雲南省東南一帶營伍情形
道光二十七年九月十八日

雲貴總督臣林則徐跪
奏為查閱雲南省東南一帶營伍情形恭摺具
奏仰祈
聖鑒事竊臣仰荷
恩施畀以滇黔重任應將上屆未閱之迤東迤南等
處營伍補行校閱業將起程日期附片奏
聞在案臣出省後先閱迤東之曲尋昭通東川鎮雄
尋霑五鎮協營繼歷迤南將臨元普洱開化威
遠元江廣南廣西新嶍八鎮協營次第操閱除
偏僻營分路程較為迂廻者循照往例將官弁
調來親校其兵丁各技分委別營鎮將前往操
閱仍報臣彙覈辦理統計閱過之處隊伍陣式

均尚整齊連環排槍聲勢聯絡刀矛雜技擊刺
跳舞亦俱熟習馬步箭中靶分數雖有參差各
在六七成以上自備弁以至兵丁皆令兼演鳥
槍有生疎者分別勒限再習緣火器最利行軍
而擡礟擡槍尤為制勝之具現閱各營施放頗
皆猛捷臣將技優之兵當場加賞遲鈍者立予
責革以示勸懲其員弁内有先據該管鎮將稟
明降補及勒習候驗者臣尤加意甄別查有署
開化鎮右營守備之中營千總胡炳步箭全空
臨元鎮右營千總木世良馬步僅中一矢惟年
力尚壯均應降為把總曲尋協把總陳鴻烈史
彰典外委曾廷琅宋名貴廣西營把總楊聯陞

臨元鎮降補把總楊萬春殷丕烈降補外委楊
逢春精力均已衰頹應俱勒令休致臨元鎮把
總李有漢步箭全空惟鳥槍三次俱中應降為
外委以觀後效又把總周文鑑汪永安楊連步
箭俱祇中一矢惟年力正強均即降為外委又
外委李思聰常顯仁舒聯芳步箭俱祇中一矢
均降為額外外委其額外外委朱雲王耀龍張
殿元步箭俱祇中一矢與步箭全空之外委馬
樑柱俱降為馬兵所遺各缺即以技藝優嫻之
弁兵當場遴行拔補此外尚無庸劣員弁亦無
老弱虛糧委驗軍械馬匹俱屬足額除諄飭各
鎮將再行申明紀律督率備弁認真訓練務使

官兵技藝益見精强以期仰副
聖主整飭戎行綏靖邊疆之至意謹將查閲迤東迤
南等處營伍情形恭摺具
奏伏乞
皇上聖鑒再臣經過地方正在秋收之際禾稼均稱
豐稔邊境亦各安恬藉足仰紓
宸注臣於閲竣後亦即回省辦事合併陳明謹
奏

依議

道光二十七年九月十八日

上諭　著林則徐親訊劉晸昌被控案定擬具奏

道光二十七年九月二十五日奉

旨前因喬用遷奏在籍道員劉晸昌被控各款當有

旨將該員革職交該撫秉公訊辦本日據都察院

奏該革員遣抱告赴京呈訴牽涉甚多此案著改

交林則徐親提人證卷宗秉公研訊按律定擬具

奏抱告楊升曾發該部照例解往備質欽此

上諭　著准林則徐等請吴銑黄受禄蕭雲鼇開復處分慶勳開復頂戴

道光二十七年九月二十七日内閣奉

上諭林則徐等奏請分别開復文武員弁等語雲南署鎮雄州知州吴銑署分防牛街知事黄受禄分駐大關把總蕭雲鼇前因疎防搶奪重案降旨革職留任並將署鎮雄營叅將慶勳摘去頂帶一併勒限嚴緝兹據奏稱該員弁等於被叅後獲犯多名兼獲盗首尚知愧奮吴銑黄受禄蕭雲鼇均著准其開復革職留任處分慶勳著准其開復頂帶餘著照所擬辦理該部知道欽此

上諭　著准林則徐等請陞任陝西督糧道黃德濂暫留滇省

道光二十七年九月二十七日內閣奉
上諭林則徐等奏請留升任道員辦理軍需報銷一摺雲南順寧府知府升任陝西督糧道黃德濂前於永昌等處軍需多係該員經手著准其暫留滇省俟報銷完竣再行前赴新任該部知道欽此

上諭　著照林則徐所奏貴州參將蕭廷玉楚雄協都司連恩均勒令休致

道光二十七年九月二十七日內閣奉
上諭林則徐奏甄別參將都司一摺貴州提標中營
參將蕭廷玉年力就衰雲南楚雄協都司連恩辦
公乖謬均著勒令休致蕭廷玉所襲世職該部照
例辦理欽此

上諭　著照林則徐所奏姚華注銷陞任遊擊仍留都司本任察看

道光二十七年九月二十七日内閣奉

上諭林則徐奏請將升任遊擊註銷仍留都司本任等語准升雲南督標左營遊擊姚華年已六十精力漸衰著註銷准升遊擊之案仍留開化營都司本任以觀後效該督仍隨時察看如不稱職即行劾參該部知道欽此

二七

雲貴總督林則徐奏摺　普洱鎮總兵淳慶因病出缺請旨簡放委重綸署理鎮篆

道光二十七年九月二十九日

雲貴總督林則徐奏摺　普洱鎮總兵淳慶因病出缺請旨簡放委重綸署理鎮篆

奏

二七

雲貴總督林則徐奏摺 普洱鎮總兵淳慶因病出缺請旨簡放委重綸署理鎮篆

道光二十七年九月二十九日

雲貴總督臣林則徐跪

奏為邊要總兵出缺請

旨簡放並委員先行署理循例由驛具

奏仰祈

聖鑒事竊臣接據署元江直隸州知州文定仲會同

署元江營叅將春普稟報普洱鎮總兵淳慶奉

委閱看元江營伍事畢偶染結胸之症於九月

二十日行抵三板橋土塘地方因病出缺該州

等親往查驗棺殮並將普洱鎮總兵關防會同

封貯元江營叅將銜署聽候委員接署等情前

來臣查普洱地方界連外域係三年俸滿邊缺

該總兵淳慶在任五年於營務邊防辦理均能

雲貴總督林則徐奏摺　普洱鎮總兵淳慶因病出缺請旨簡放委重綸署理鎮篆　道光二十七年九月二十九日

妥協因接任之員未經揀定是以尚未交卸臣
先於九月十八日專差齎遞
奏摺將揀選堪勝該鎮之貴州清江協副將烏勒
欣泰擬正雲南永昌協副將重綸擬陪恭候
欽定今總兵淳慶出缺應即委員接署適准部咨烏
勒欣泰已蒙
簡放山西太原鎮總兵自應即委重綸前往署理普
洱鎮篆惟查重綸先經委署鶴麗鎮總兵距普
洱二千二百餘里令赴新任署事行走不免需
時其重綸未到以前普洱鎮總兵應辦事務未
便曠悮應令現署該鎮標中軍游擊察興阿暫
行就近兼護至重綸原署之鶴麗鎮員缺已蒙

簡放音德布補授先因永昌一帶漢回仇隙未消尚
需防範曾委音德布前赴該處統帶畱防官兵
近因姚州與白鹽井相連地方漢回復有釁爭
燒殺之事臣與撫臣程矞采會商又調音德布
帶兵至彼業已彈壓解散惟尚須會同文員查
拏肇釁及逞兇各匪犯務獲懲辦是以音德布
尚駐姚州該處距鶴麗鎮不過數程臣已飛飭
重綸將鶴麗鎮總兵關防遣員齎送姚州交音
德布接受俾其帶兵緝匪呼應更靈除姚州辦
理漢回之案容臣另行縷析具
奏外所有普洱鎮總兵因病出缺及委署緣由理
合恭摺循例由驛具

奏伏乞
皇上聖鑒訓示謹
奏
另有旨
道光二十七年九月 廿九 日

雲貴總督林則徐等奏摺　請以余居寬陞補邱北縣知縣

雲貴總督林則徐等奏摺　請以余居寬陞補邱北縣知縣
道光二十七年十月初三日

二七

雲貴總督林則徐等奏摺　請以余居寬陞補邱北縣知縣
道光二十七年十月初三日

雲貴總督臣林則徐
雲南巡撫臣程矞采跪

奏為夷疆要缺知縣題補乏員仰懇
聖恩俯准陞補以重地方事竊照雲南邱北縣知縣
高鏝丁憂開缺所遺係夷疆題調要缺例應在
外揀員題補該縣地方遼濶諸夷雜處必須精
明幹練熟悉情形之員方足以資治理查定例
應題缺出俱先儘候補正途人員題補如候補
正途無人准以應陞人員題陞各等語今邱北
縣一缺臣等與藩臬兩司查滇省雖有候補即
用知縣而於夷疆人地生疎要缺難期得力惟
於應陞人員內查有
大計卓異候陞按察司經歷余居寬年四十歲江

蘇監生遵酌增常例捐納縣丞於籌備經費事
例加捐按察司經歷籤掣雲南試用道光十五
年十二月到滇委署黑鹽井大使江那縣丞諤
嘉州判咨署今職報請實授二十四年
大計卓異奉文准加一級註冊候陞現署南寧縣
知縣該員才具明敏辦事細心在滇年久熟悉
夷情歷署各任俱能辦理裕如且係
大計卓異候陞之員以之陞補邱北縣要缺實堪
勝任惟題缺請陞與例稍有未符第人地實在
相需據藩臬兩司會詳請
奏前來合無仰懇
天恩俯念員缺緊要題補乏人

俯准以按察司經歷余居寬陞補邱北縣知縣實於
要缺有裨該員係現任按經歷請陞知縣如蒙
俞允俟部覆至日照例給咨送部引
見恭候
欽定其歷署各任內一切因公處分毋庸覈計應繳
罰俸銀兩飭令完繳造冊送部所遺按察司經
歷係部選之缺滇省現有應補人員俟奉准部
覆開缺遴員請補臣等謹合詞恭摺具
奏伏乞
皇上聖鑒訓示謹
奏

另有旨

雲貴總督林則徐等奏摺　請以余居寬陞補邱北縣知縣
道光二十七年十月初三日

道光二十七年十月　初三　日

雲貴總督林則徐等奏摺　**奏報查明雲南抱香黑琅等井被水分別捐恤及籌辦情形**

奏

雲貴總督林則徐等奏摺　奏報查明雲南抱香黑琅等井被水分別捐恤及籌辦情形　道光二十七年十月初三日

雲貴總督臣林則徐
雲南巡撫臣程矞采跪

奏為查明抱香黑琅等井被水分別捐恤及籌辦
情形恭摺奏祈
聖鑒事竊查黑琅等井於本年六月二十一日被水
沖淹井口竈房運道並威遠同知亦於六月二
十三日被水沖淹衙署及抱母香鹽井口鹽倉
竈房前據各該提舉同知具報當即飭令藩司
鹽道分別委員馳往查勘業將委勘緣由經臣
程矞采於奏報六月分晴雨摺內陳明
聖鑒在案茲據該委員等陸續勘報飭據布政使趙
光祖糧儲道王貽桂鹽法道史致蕃會核議詳
前來臣等查黑鹽琅鹽等井被水較輕業經該

提舉蕭榕兼署提舉吳嘉思捐廉撫恤其沖淹
井口竈房亦已一律修復照常汲滷起煎毋庸
籌議外惟威遠同知衙署汛房及經管之抱母
香鹽等井俱係倚麓臨河竈户居民住亦比櫛
附近並無田畝因本年六月二十三日大雨如
注山水漲漫致抱母香鹽等井被沖淹塞並沖
坍同知衙署房屋四十五間漂失倉米二百九
十餘石汛署房屋十七間鹽店等房二十八間
居民瓦房十七間草房一百四十四間淹斃婦
女二口漂失底本器具其餘竈户居民均已遷
避並無傷損當經委員署普洱府辛本桊鎮沅
同知潘如棟會同該同知耿麟逐加查勘按户

撫恤給資苫葢並無一夫失所淹斃婦女二口
亦已捐資殮埋被淹各井督竈搶修復滷儹煎
所有用過賑恤銀五百六十六兩零及漂失倉
米二百九十五石零該同知耿麟情愿捐辦買
補其沖坍同知衙署汎署鹽店等房工程尚不
甚鉅應由本省籌議乘時修葺毋庸請款辦理
惟抱香二井沖失存倉鹽三十七萬一千八百
六十八觔零合課廉經費銀二千八百七十九
兩零薪本銀五千三百五十四兩零又自六月
二十三日被水停煎起抱母井於八月初一日
獲滷起煎計墮額鹽十五萬三千七百三十九
觔合缺課銀一千一百九十兩零香鹽井於七

月十四日獲滷起煎計隨額鹽九千三百觔合
缺課銀九十二兩零共沖失隨煎無著課薪等
銀九千五百十七兩零第係偶爾被水一隅偏
災未便援請
恩旨豁免而各該竈戶以井為田汲煎資養若責令
即時彌補亦屬力有未逮現在飭令該井員督
飭各竈實力償煎足額以副奏銷勿任隨誤如
果奏銷時實難全數償補再由臣等確切查明
將實在未完若干遵照
奏定鹽務章程在於各井徵解溢課項下酌量撥
補入冊造報斷不敢稍任飾延亦藉免竈民竭
蹶滋累現在井竈樂業趕行煎辦堪以仰慰

雲貴總督林則徐等奏摺　奏報查明雲南抱香黑琅等井被水分別捐恤及籌辦情形　道光二十七年十月初三日

聖廑謹將查勘籌議緣由合詞恭摺具
奏伏乞
皇上聖鑒訓示謹
奏
戶部知道
道光二十七年十月初三日

該部察核具奏

題

雲貴總督林則徐題本　**題銷黔省各標鎮協營道光十八年份支用公費部駁各款銀兩**

雲貴總督林則徐題本　題銷黔省各標鎮協營道光十八年份支用公費部駁各款銀兩

道光二十七年十月十三日

兵部尚書兼都察院右都御史總督雲貴二省等處地方軍務兼理糧餉臣林則徐謹
題爲奏明請
旨事據貴州布政使羅繞典詳稱案奉行准戶部咨
戶科抄出雲貴總督桂良題覆貴州省各標鎮
協營道光拾捌年分支用公費銀兩案內遵照
兵工貳部駁查各款刪減銀兩分晰另造清冊
報銷一案道光貳拾叁年捌月貳拾玖日題拾
壹月貳拾玖日奉
旨該部察核具奏欽此欽遵於本日抄出到部該臣
等會查得貴州省各標鎮協營道光拾捌年分
支用營中公費銀兩案內行查各款前經兵工
貳部駁令該督查明分晰刪減造報在案今據

雲貴總督林則徐題本　題銷黔省各標鎮協營道光十八年份支用公費部駁各款銀兩
道光二十七年十月十三日

雲貴總督桂良將前案奉駁各款銀兩逐案查
明分晰登覆會同貴州巡撫賀長齡合詞恭疏
具題前來據疏稱一奉部查開除支給各標鎮
協營道光拾捌年分配造火藥工料銀伍百柒
拾壹兩伍錢陸分叁釐領運硝磺鉛斤夫價及
目兵盤費銀陸百貳拾捌兩玖錢叁分玖釐操
演硝磺工本銀叁千柒百柒拾貳兩陸錢肆分
擔修堆卡及救火器具等項銀叁千柒百叁拾
叁兩玖錢壹分肆釐兵部查貴州省各營修製
救火器具等項換下舊鐵並未一律八折回火
舊料亦未一律變價殊難核准應令該督轉飭
各營另造刪減清冊送部題報核辦工部查此

案應令該督查照兵部原議辦理俟造報兵部
核准之日再將需用工料銀兩即行照例核實
分晰另造妥冊送部核辦等因當經轉移各營
查照辦理去後茲准各標鎮協營將配造火藥
工本並領運硝磺鉛斤及操演硝磺工本共原
報請銷銀肆千玖百柒拾叁兩壹錢肆分貳釐
咸稱俱係實用實銷並無浮冒又原報請銷攙
修堆卡及救火器具等項銀叁千柒百叁拾叁
兩玖錢壹分肆釐內除奉部駁刪換下舊料變
價銀貳拾肆兩捌錢陸分陸釐外實請銷銀叁
千柒百玖兩肆分捌釐請俟奉覆准銷後將前
項刪減銀兩照數著追報撥等語工部查此案

先據戶部送部會議當經工部將冊造製辦前項藥鉛軍裝等項數目是否相符應否准其照用製辦移查兵部今准覆稱查此案先據該督題報經兵部行令將舊鐵舊料分別回火變價另用核辦在案今據聲覆前來兵部按冊查核修製號衣木櫃鈎鐮鎗等換下各項舊料仍未一律變抵仍難核准應令該督轉飭各營遵照前指情節將換下各項舊料照例據實變抵另造删減工料清冊送部題報到日再行核辦等語應將原冊發還該督轉飭查照兵部原議辦理俟造報兵部核准之日再將用過工料銀兩即行照例核實分晰另造妥冊同原冊具題送

部核辦一實存項下道光拾捌年分合拱營請
製旂幟等項工料核減銀捌兩玖錢捌分請俟
造入道光貳拾肆年春季冊內報撥其閱洞營
請製籐牌等項核減銀伍兩貳錢陸分叁釐貳
毫並本案應存銀貳千壹百叁拾叁兩柒錢壹
分玖釐業已造入道光貳拾壹年春秋各季冊
內報撥等語查閱洞營請製籐牌核減並本案
應存銀兩戶部查與黔省送到道光貳拾壹年
春秋各季冊內入撥銀數相符其合拱營請製
旂幟核減銀捌兩玖錢捌分仍令該督即飭造
入道光貳拾肆年春季冊內報撥至撬修堆卡
及救火器具間減變價共銀貳拾肆兩捌錢陸

分晰註冊戶部照數登記應令該督即行追繳入
撥報部查核至查取此案造報遲延職名既據
該督疏稱於道光拾玖年玖拾月內各營陸續
造報送司因查冊內並未遵照奉駁當經隨案
移還另造往返駁換詳請題銷遲延尚屬有因
姑免置議仍令該督嗣後支用營中公費報銷
務須遵例按年造冊題銷毋得仍前遲延致干
查議此本係戶部主稿合併聲明等因道光貳
拾肆年玖月拾貳日題本月拾肆日奉
旨依議欽此相應移咨雲貴總督遵照可也等因咨
院行司奉此當經移行查照辦理去後茲陸續
准據各標鎮協營並都江下江貳廳標將道光

拾捌年分支用公費已未准銷各款銀兩數目
分晰造冊移呈請銷前來該布政司查貴州省
各標鎮協營道光拾捌年分原報請銷支用公
費銀壹萬伍千捌百貳拾陸兩捌錢叁分壹釐
內除奉部核覆准銷散餉鏨工包封春秋祭祀
津貼楚豫馬塘奏銷紙張請餉鹽菜夫價及目
兵盤費守卡兵丁巡夜燈油及禦寒皮棉衣價
共銀柒千壹百壹拾玖兩柒錢柒分伍釐外實
未准銷銀捌千柒百柒兩伍分陸釐內原報請
銷配造火藥工料銀伍百柒拾壹兩伍錢陸分
叁釐原報請銷領運硝磺鉛斤夫價及目兵盤
費銀[illegible]百貳拾捌兩玖錢叁分玖釐原報請銷

操演[illegible]礦工本銀叁千柒百柒拾貳兩陸錢肆
分叁共原報請銷銀肆千玖百柒拾叁兩壹錢
肆分貳釐准各營咸稱俱係照例實用實銷並
無浮冒應請俯照原冊核銷又原報請銷撥修
堆卡及救火器具等項銀叁千柒百叁拾叁兩
玖錢壹分肆釐內除前奉核駁提標上江松桃
都匀遵義平遠丹江荔波思南長寨普安仁懷
等拾叁標協營遵駁刪減舊料變價銀貳拾肆
兩捌錢陸分陸釐業已著追解繳咨造入道
光貳拾陸年春季冊內報撥在案又除此次奉
駁畢赤營刪減號衣舊料變價銀壹錢捌分外
實需[illegible]銀叁千柒百捌兩捌錢陸分捌釐總計

實其〔核〕銷銀捌千陸百捌拾貳兩壹分應請備
准核銷其此次删減銀壹錢捌分請俟奉覆准
銷後照數著追解繳報撥相應彙造司總清冊
冊各營繳冊並戶部副冊一併具文詳候察核
題銷等情前來臣覆查無異除冊送部外謹會同
貴州巡撫臣喬用遷合詞恭疏具
題伏乞
皇上聖鑒勅部議覆施行爲此具本謹
題請
旨

二七

雲貴總督林則徐題本　題銷黔省各標鎮協營道光十八年份支用公費部駁各款銀兩

道光二十七年十月十三日

道光[illegible]等處地方軍務兼理糧餉臣林則徐

兵部尚書兼都察院右都御史總督雲貴二省等處地方軍務兼理糧餉臣林則徐謹
題為奏明請
旨事據貴州布政使羅繞典詳稱奉部駁查黔省各
標鎮協營道光拾捌年分支用公費各款銀兩
內各營配造操演藥鉛工料等項查係實用無
浮請照原數核銷其修製推卡及救火器具等
項遵照部駁以換下舊料變抵刪減由司彙造
清冊詳請
題銷前來臣覆查無異除冊送部外謹會
題請
旨

雲貴總督林則徐題本

題銷滇省道光二十六年份各標鎮協營賞兵丁紅白各事銀兩

雲貴總督林則徐題本　題銷滇省道光二十六年份各標鎮協營賞兵丁紅白各事銀兩
道光二十七年十月十三日

兵部尚書兼都察院右副都御史總督雲貴二省等處地方軍務兼理糧餉臣林則徐謹
題為請銷恤賞兵丁銀兩事竊照滇省各營恤賞
兵丁紅白各事銀兩例應按年造冊
題銷茲據雲南布政使趙光祖詳稱准各標鎮協
營將道光貳拾陸年分賞過兵丁紅白各事銀
兩造具細冊到司並據各府廳州縣親詣盤查
俱係實領實支並無虛捏浮冒等弊出結申送
該布政使覆查各營恤賞兵丁道光貳拾伍年
分存銀無項新收道光貳拾陸年司庫徵獲民
屯條丁銀內撥收銀壹萬陸千壹百陸拾壹兩
內除賞給兵丁紅白事宜銀壹萬陸千壹百陸
拾壹兩外並無存銀理合照例造具管收除在

總冊加具總結同各營各屬細冊倂結詳請查
核
題銷等情前來臣覆核無異除冊結分送軍機處
及部科查核外臣謹會同雲南巡撫臣程矞采
合詞恭疏具
題伏乞
皇上聖鑒勅部核銷施行為此具本謹
題請
旨

二七

雲貴總督林則徐題本　題銷滇省道光二十六年份各標鎮協營賞兵丁紅白各事銀兩

道光二十七年十月十三日

道光貳拾柒年拾月拾叁日　兵部尚書兼都察院右都御史總督雲貴二省等處地方軍務兼理糧餉臣林則徐

兵部尚書兼都察院右都御史總督雲貴二省等處地方軍務兼理糧餉臣林則徐謹

題爲請銷恤賞兵丁銀兩事竊照滇省各營恤賞

兵丁紅白各事銀兩例應按年造冊

題銷茲據雲南布政使趙光祖查明道光貳拾陸

年分各標鎮協營賞給兵丁紅白各事銀兩於

司庫徵獲條丁銀內動支銀壹萬陸千壹百陸

拾壹兩造具總冊加具總結同各營各屬細冊

印結詳請

題銷前來臣覆核無異除冊結分送軍機處及部

科查核外謹會

題請

旨

雲貴總督林則徐等奏摺　**請以耿麟陞補順寧府知府**

奏

雲貴總督林則徐等奏摺　請以耿麟陞補順寧府知府
道光二十七年十月二十一日

雲貴總督臣林則徐
雲南巡撫臣程矞采跪
奏為極邊要缺知府遴調乏員仰懇
聖恩俯准陞補以裨地方事竊照雲南順寧府知府
黃德濂欽奉
諭旨補授陝西督糧道所遺順寧府係極邊要缺例
應在外揀員調補查該府與緬甸接壤漢夷雜
處並多回民一切控制撫綏均關緊要非熟悉
邊務夷情之員不足以資治理臣等與藩臬兩
司於實任知府內逐加遴選除現居要缺外查
無堪調之員其候補雖亦有人皆不宜極邊之
缺惟於應陞人員內查有威遠同知耿麟年五
十九歲直隸進士即用知縣籤掣湖北道光元

年補授漢川縣知縣歷調江陵漢陽等縣陞隨
州知州緣事降調引
見仍以知州用選授雲南路南州知州十二年到任
題陞今職送部引
見奉
旨耿麟准其陞補雲南普洱府威遠同知欽此十九
年二月到任業於初次夷疆三年俸滿
題請優敘准加一級在案若從到任年月計至此
時早應二次俸滿已符應陞之例因疊委署理
普洱臨安二府照例劃除離任日期是以二次
邊俸尚未報滿現在委署順寧府篆查該員穩
練樸誠循聲素著在滇年久熟諳邊地夷情以

之陞補順寧府知府實堪勝任惟夷疆同知例
應兩次實歷報滿即行陞用該員二次究未報
滿與例稍有未符第查道光十八年有永昌府
龍陵同知亦係夷疆二次俸滿應陞之缺該同
知徐金生初次俸未報滿因人地實在相需題
陞東川府要缺知府曾奉
旨准其陞補在案今同知耿麟二次俸尚未滿據藩
臬兩司會詳請
奏前來相應專摺奏懇
天恩俯念要缺需員
准以威遠同知耿麟陞補順寧府知府於極邊要缺
實有裨益如蒙

俞允照例給咨送部引
見恭候
欽定其所遺威遠同知係夷疆題調之缺遵照新例
俟部覆至日遴員請補再耿麟前後罰俸銀兩
均據完繳清楚咨請銷案合併陳明臣等謹合
詞恭摺具
奏伏乞
皇上聖鑒訓示謹
奏
另有旨

道光二十七年十月　二十一　日

雲貴總督林則徐等奏摺　甄別昏庸謬安及難勝民社各員請分別革职勒休改教

奏

雲貴總督林則徐等奏摺　甄別昏庸謬妄及難勝民社各員請分別革職勒休改教

道光二十七年十月二十一日

雲貴總督臣林則徐
雲南巡撫臣程矞采跪

奏為甄別昏庸謬妄及難勝民社各員請

旨分別革職勒休改教以飭官方恭摺奏祈

聖鑒事竊維立政之道察吏為先如其措理乖方識見適形其闇汶聰明誤用心術每中於回邪又或相率因循則公務必多廢弛臣等於接見屬員時無不畱心考察臣林則徐前於校閱營伍之便並經到處訪聞據該管府州宻禀前來臣等督同司道詳加體訪查有白鹽井提舉李承基人本平庸井地係其專管平時不理民事該民以煎鹽為業家多殷實回匪因而恐嚇詐財若井民喊告到官即為分別查拏剖斷曲直立

加懲創以儆其餘回匪定生畏懼乃聽井民膚
受之愬輒令以原執被遂至倚官勢而報私仇
迨回民益肆囂凌郎架以謀逆重情請兵救護
臣等就近發兵前往彈壓業經解散該提舉竟
欲將回民勦殺殆盡妄作條陳又復私雇外來
無業游民作為練丁幾至激成事變種種荒謬
罔知事體之重輕除案犯交府州拏解研審究
懲另摺奏
聞外應請將該提舉李承基先行革職如查有別項
情事及虧短經徵課項再行據實嚴叅又嵩明
州知州黄際昌在任有年性耽麴蘖平時專恃
官親辦事故人皆得分肥前次領運京銅竟至

短交十餘萬觔現在查照例限追繳若仍令其囘任勢必致虧倉庫錢糧應即勒令休致又署邱北縣知縣黎崇基才屬中平該縣盜賊滋多緝捕未能得力該署令性情疎懶難期振刷精神又署師宗縣知縣陳溶壤地與邱北毘連民夷雜處訟獄繁興該署令聽斷不勤捕務亦欠起色查黎崇基係進士出身現已准補麗江縣尚未令其赴任陳溶由拔貢教習期滿分發來滇補缺有需時日該二員年力強壯文理尚優應請均以教職改補又候補直隸州州判山毓柏向多嗜好心地不醇舉動尤為躁妄曾經署理廳縣不洽輿情實屬聲名狼籍未便既往不

咎稍事姑容應請即行革職謹就臣等見聞所
及覈實
奏參此外查有庸劣之員再行糾劾斷不敢自甘
徇隱見好屬員有負邊圻
委任所遺白鹽井提舉員缺例應在外升調麗江縣
缺滇省現有應補人員容臣等照例請補合併
陳明所有甄別緣由謹合詞恭摺具
奏伏祈
皇上聖鑒訓示謹
奏
所參甚是另有旨

道光二十七年十月　廿一　日

雲貴總督林則徐等奏摺

姚州白井漢回互鬥業已彈壓解散現獲犯審究查勘辦理情形

二七

雲貴總督林則徐等奏摺　姚州白井漢回互鬥業已彈壓解散現獲犯審究查勘辦理情形

道光二十七年十月二十一日

雲貴總督臣林則徐
雲南巡撫臣程矞采跪
奏為姚州與白鹽井相連地方漢回尋釁燒殺業
已彈壓解散現經獲犯審究並查勘辦理情形
恭摺奏祈
聖鑒事竊查姚州地方漢回雜處白鹽井在其境內
該州北界白塔街一帶係為赴井通衢本年八
月十九日據署楚雄府寶俊署楚雄協副將尚
宗慶轉據署姚州知州咸孚稟報八月十三日
漢民王開汶等因回民沙汶英家藏頓軍器盤
查爭鬧致有殺傷漢回因此搆釁於十五等日
在白塔街等村互相燒殺當經會汛親往查辦
稟請派調官兵彈壓並據白鹽井提舉李承基

二七

雲貴總督林則徐等奏摺　姚州白井漢回互鬥業已彈壓解散現獲犯審究查勘辦理情形

道光二十七年十月二十一日

稟報聞有回匪欲與井民尋釁該井為辦課重
地恐被騷擾請兵防堵各等情臣等當即檄飭
楚雄府協隨帶弁兵並飭甫經出省之委署麗
江府裴驄順道前赴該處並檄調新授鶴麗鎮
總兵音德布護武定營參將王濤就近酌帶弁
兵馳往會同彈壓去後嗣據稟稱先經府協前
往彈壓飭令各掌教頭人曉以利害徧為傳諭
並聞有官兵前來遂各息爭解散惟肇釁首要
及逞兇各匪俱已竄匿現在嚴密緝拏務獲究
辦臣林則徐當於
奏委重綸署理普洱鎮總兵摺內先將姚州漢回
釁爭已息鶴麗鎮總兵音德布應須會同緝犯

尚駐姚州緣由陳明
聖鑒一面飭令該鎮府等確查起釁根由並漢回被
燒房屋傷斃人數據實具報嚴拏首要各犯認
真審辦並將被害漢回妥為撫卹勿任失所茲
據該鎮府暨委員等稟稱查因姚州回民倮三
竅馬幗良倮伊麼等諗知白井竈長漢民羅晴
川家道殷實商謀糾搶私將器械藏寄素好之
張汝淮陳典家內因在倮小雙茶舖漏洩其事
被井民聞知報經該提舉僉差將倮三竅並張
汝淮陳典等拏獲起獲刀械等件送署馬幗良
逃逸起意向井民報復即令馬小班等運送器
械於八月十三日至白塔街回民沙汶英家藏

歇經該處漢民王開汶盤問爭鬧沙汶英之戚
偰小老將王開汶戳傷身死漢民高添佑馬致
禾等前往理論沙汶英恃強辱罵致相爭鬬高
添佑等將偰小老戳斃並傷斃沙汶英家男婦
九命及不識姓名回民二人將其房屋打毀回
民馬幗良等漢民高添佑等因此搆釁附近漢
回亦各隨聲附和於十五等日互相燒殺查勘
白塔街洋派北關官屯等村漢民被燒房屋共
二千六百八十餘間山腳官莊二村回民被燒
房屋共二百六十餘間漢民查報傷斃男女三
百二十七丁口内經獲屍驗明被殺被燒及跌
崖落水致斃者一百三十四丁口回民查報傷

雲貴總督林則徐等奏摺　姚州白井漢回互鬥業已彈壓解散現獲犯審究查勘辦理情形　道光二十七年十月二十一日

斃男女六十五丁口內經獲屍驗明被殺被燒
致斃者二十二丁口此外並無屍身是否尚有
逃亡抑係查報未實現復逐處清查俟得確數
再行具報並聞白井關外回民亦有被殺之事
該處僅住回民十餘户均已搬避未據親屬投
報究被何人殺害致死幾人屍棄何處現亦確
切查訪俟得有端倪起屍驗辦計白井姚州楚
雄縣先後拏獲滋事回漢各匪偰三窽張汝淮
陳典馬幗良偰有盈馬春漢偰金轟倫馬成名
偰汶盈偰老抓馬玉山蕭小定偰新成馬致禾
胡小萬着李映詳偰世滐偰世蔥偰有功楊旭
偰小雙等二十二名並案內要犯偰伊麼因措

拏黨匪俁有盈自圖減罪致被俁有盈砍戳斃
命驗明屬實惟各犯供多狡展逸匪尚未全獲
現仍上緊偵緝嚴審務得確情録供詳辦被害
者均已按户撫卹逃避者陸續招徠安集不致
失所等情前來臣等查該漢回等因口角釁爭
輒敢糾眾互相燒殺以致傷斃多命燒燬房屋
多間實屬逞兇不法現查漢民被傷人命多於
回民十分之八漢民被燒房屋亦多於回民十
分之九雖其中互有曲直而回民之強悍為尤
甚應將兩造首惡黨匪嚴行懲辦以昭炯戒不
敢稍任輕縱除飭將現獲各犯研審確供並上
緊嚴緝逸犯按名務獲歸案審辦另行按擬具

奏外現在姚州地方俱已安靜白井照常煎銷仍
飭該鎮府及委員等妥為查辦務使漢回日久
相安不得再滋釁隙所有武定營弁兵已撤歸
伍其音德布隨帶弁兵俟緝匪事竣亦即撤回
謹將查勘辦理大概情形先行合詞恭摺具
奏伏乞
皇上聖鑒訓示謹
奏

知道了

雲貴總督林則徐等奏摺　姚州白井漢回互鬥業已彈壓解散現獲犯審究查勘辦理情形
道光二十七年十月二十一日

道光二十七年十月二十一日

雲貴總督林則徐奏摺　已革雲南守備馬起鳳延不交代虧短公項請旨拏問究辦
道光二十七年十月二十一日

雲貴總督林則徐奏摺　已革雲南守備馬起鳳延不交代虧短公項請旨拏問究辦

雲貴總督林則徐奏摺 已革雲南守備馬起鳳延不交代虧短公項請旨拏問究辦
道光二十七年十月二十一日

雲貴總督臣林則徐跪
奏為已革守備延不交代並查有虧短公項請
旨拏問嚴追究辦以肅營政仰祈
聖鑒事竊查雲南提標左營守備馬起鳳因懶於公
事托病不出經前署提臣音德布咨會到臣查
明屬實當將該守備馬起鳳
題參革職並委提標右營千總羅忠孝接署在案
嗣羅忠孝前往任事詎馬起鳳原領
勅書鈐記劄付暨經管兵馬錢糧冊籍延不送交日
久屢催竟敢肆行抗匿稟經該管將領轉報當
經臣檄委大理府知府唐惇培提訊追取旋據
該府稟覆馬起鳳前因患病痰迷以致未能呈

繳現將
勅書鈐記劄付等項一併追出分別存繳轉發等情
復據該署備羅忠孝查明該署公櫃內尚有領
存調任守備陳鶴齡俸薪養廉暨紅白賞銀共
一百兩零馬起鳳業已虧短由提臣榮玉材咨
請查辦前來臣查馬起鳳於奉文叅革後接署
之員到任計已兩月尚不將經管各項交代後
任直至飭府訊追始行繳出明係有心抗違雖
稱因病痰迷豈能聽其狡飾臣自到滇以來訪
聞近日營中備弁有一種惡習每於離任時或
揹不交印或藏匿部劄意在與後任作難藉為
索借求幫地步此風斷不可長正在通行飭查

以憑懲一儆百如後任徇隱不揭察出一併參
辦且守備有經管錢糧之責造報文冊俱以鈐
記為憑馬起鳳於已革之後將鈐記私藏多日
更難保無盜用捏報情弊尤須澈底研究至虧
短陳鶴齡俸薪等銀雖與兵餉有間然經手應
存公項豈容短缺無交究竟是侵是挪均應確
切訊明勒追覈辦相應請
旨將已革守備馬起鳳拏問以便逐層嚴審究追按
律辦理以肅營政而儆效尤除行提該革備馬
起鳳來省審辦外謹會同提臣榮玉材合詞恭
摺具
奏伏乞

另有旨

皇上聖鑒謹

奏

道光二十七年十月 二十一 日

上諭　著照林則徐所請以伊昌阿王濤分別陞署參將遊擊

道光二十七年十月二十六日内閣奉

上諭林則徐奏遴員升署要缺參將遊擊一摺著照

所請雲南威遠營參將員缺准其以伊昌阿升署

臨元鎮標中營遊擊員缺准其以王濤升署伊昌

阿著照例送部引見王濤著俟服闋後再行給咨

仍各扣足升署日期另請實授該部知道欽此

雲貴總督林則徐等奏摺　拏獲鎮雄州越獄監犯鄭毛子審明定擬

奏

二七

雲貴總督林則徐等奏摺　拏獲鎮雄州越獄監犯鄭毛子審明定擬
道光二十七年十一月初二日

雲貴總督臣林則徐
雲南巡撫臣程矞采跪

奏為監犯越獄脫逃旋於五日限內拏獲審明定
擬恭摺奏祈
聖鑒事竊據署鎮雄州知州吳銑詳報監犯鄭毛子
於道光二十七年七月十九日四更後越獄脫
逃等情臣等查鄭毛子係糾竊同姓不宗之鄭
啓新牲畜錢物被事主事後邀人搜拏起意拒
捕喝令鄭新瀧等戳傷捕人查麻子身死訊供
詳報尚未定擬招解按律應行斬候重犯乃不
小心防範致被脫逃實屬疏忽尤恐有鬆刑賄
縱情弊當經批飭嚴緝並提審叅辦間即據該
州詳報督率營兵州役並吏目差役禁卒家屬

追至四川永宁县地方协同县役于七月二十四日清晨将郑毛子拏获行提该犯及刑禁人等至省饬委云南府桑春荣等审明由藩臬两司覆审招解前来臣等督同该司等亲提研鞫缘郑毛子籍隶镇雄州道光二十七年正月初九日夜间郑毛子纠同已获之郑大方郭楞呷魏在仲李老么在逃之王受儿郑开科郑潍潍并伊兄郑包兆窃获同姓不宗之郑启新家牛猪钱物经事主查知于十一日邀同邻人查麻子魏二萧登榔杨滐和杨思均杨滐俸刘士贤等前往搜拏郑毛子处被拏获起意纠允郑新潍刘三隻眼郭铁苗余老么并夥贼郑大方郭

楞呾魏在仲李老么王受兒幫同抵禦查麻子
等上前向捉鄭毛子喝令拒捕鄭新瀅用刀戳
傷查麻子右腿查麻子用矛回格鄭新瀅又連
戳傷其左腿王受兒亦用鐵尺毆傷其左右臂
膊查麻子仍向捕拏劉三隻眼用刀戳傷其左
右後脇倒地鄭毛子亦用刀戳傷魏二臍肚李
老么用刀戳傷蕭登榔肚腹當各跑走查麻子
傷重殞命報州勘驗獲犯訊詳收禁監內派撥
禁卒趙發看守尚未定擬招解鄭毛子自知罪
重起意越獄脫逃因防範嚴緊無隙可乘七月
十九日下晚吏目陳培榮帶同刑書楊謙進監
收封驗明刑具完固收入木籠並派更夫常有

得趙玉營兵周正興李發先在監支更值宿封
鎖監門回署是夜四更後風雨交作禁卒赴獄
神祠避雨更夫營兵亦往更房歇息均因困乏
睡熟鄭毛子乘間扭斷鐐鐐扳脫籠柵由水硐
挖開磚石逸出掀落荆茨越牆逃走經禁卒查
知喊同更夫人等找尋無獲禀經吏目進監看
明報州查勘訊詳飭緝叅辦該犯逃後揑稱久
病甫愈在不識姓名剃頭擔上將髮剃去日行
僻路夜宿巖硐不知經過地名是月二十四日
清晨逃至四川永寧縣地方即被鎮雄州兵役
及吏目差役禁卒家屬跟踪追至協同縣役獲
犯解回訊詳提省委員審明由司招解臣等督

同該司等親提研鞫據供前情不諱究係糾竊
得贓事後被拏喝令拒傷捕人身死畏罪越獄
脫逃逃後並無行兇為匪及知情容留之人禁
卒人等委係一時疎忽亦無鬆刑賄縱情弊嚴
詰不移案無遁飾查例載竊盜被事主事後搜
捕起意拒捕者仍依罪人拒捕本律分別殺傷
科斷又律載犯罪拒捕殺所捕人者斬監候又
例載罪囚在獄僅止一二人犯乘間穿穴踰牆
脫逃並無預謀糾夥情事者原犯斬監候應入
情實人犯改為立決又監犯越獄獄卒果係依
法看守一時疎忽偶致脫逃並無賄縱情弊審
有確據者限內能自捕得准其依律免罪各等

語此案鄭毛子糾竊得贓因被事主事後搜拏
起意拒捕喝令鄭新漨等將捕人查麻子蕭登
榔並自將捕人魏二一併拒傷內查麻子因傷
身死應以該犯為首論鄭毛子除糾竊計贓並
及傷捕人平復輕罪不議外應照犯罪拒捕殺
所捕人律擬斬監候核其情節秋審應入情實
今於未經招解之先越獄脫逃被獲原犯情罪
已確自應照例問擬鄭毛子合依罪囚在獄僅
止一二人犯乘間穿穴踰牆脫逃並無預謀糾
夥情事者原犯斬監候應入情實人犯改為立
決例擬斬立決照例先行刺字禁卒趙發派管
監犯致被越獄脫逃訊無鬆刑賄縱情弊查該

犯於七月十九日四更後越獄逃走即於二十四日清晨五日之內經該禁卒家屬協同兵役捕獲禁卒趙發律准免罪惟究屬疎忽應與刑書楊謙更夫常有得趙玉營兵周正興李發先均照不應重律杖八十分别折責革役革伍以示懲儆監獄已據修固所有失防罪應斬候尚未定擬招解人犯越獄脫逃之管獄官署鎮雄州吏目事安寧州吏目陳培榮有獄官署鎮雄州事試用直隸州知州吴銑雖於五日限内獲犯仍應照例議處除糾竊拒捕本案各犯另行

審擬具

題並此案供招咨部外所有拏獲越獄人犯審明

定擬緣由臣等謹合詞恭摺具
奏伏乞
皇上聖鑒敕部核覆施行謹
奏
刑部速議具奏
道光二十七年十一月　初二　日

雲貴總督林則徐題本　請以高魯調補寧洱縣知縣

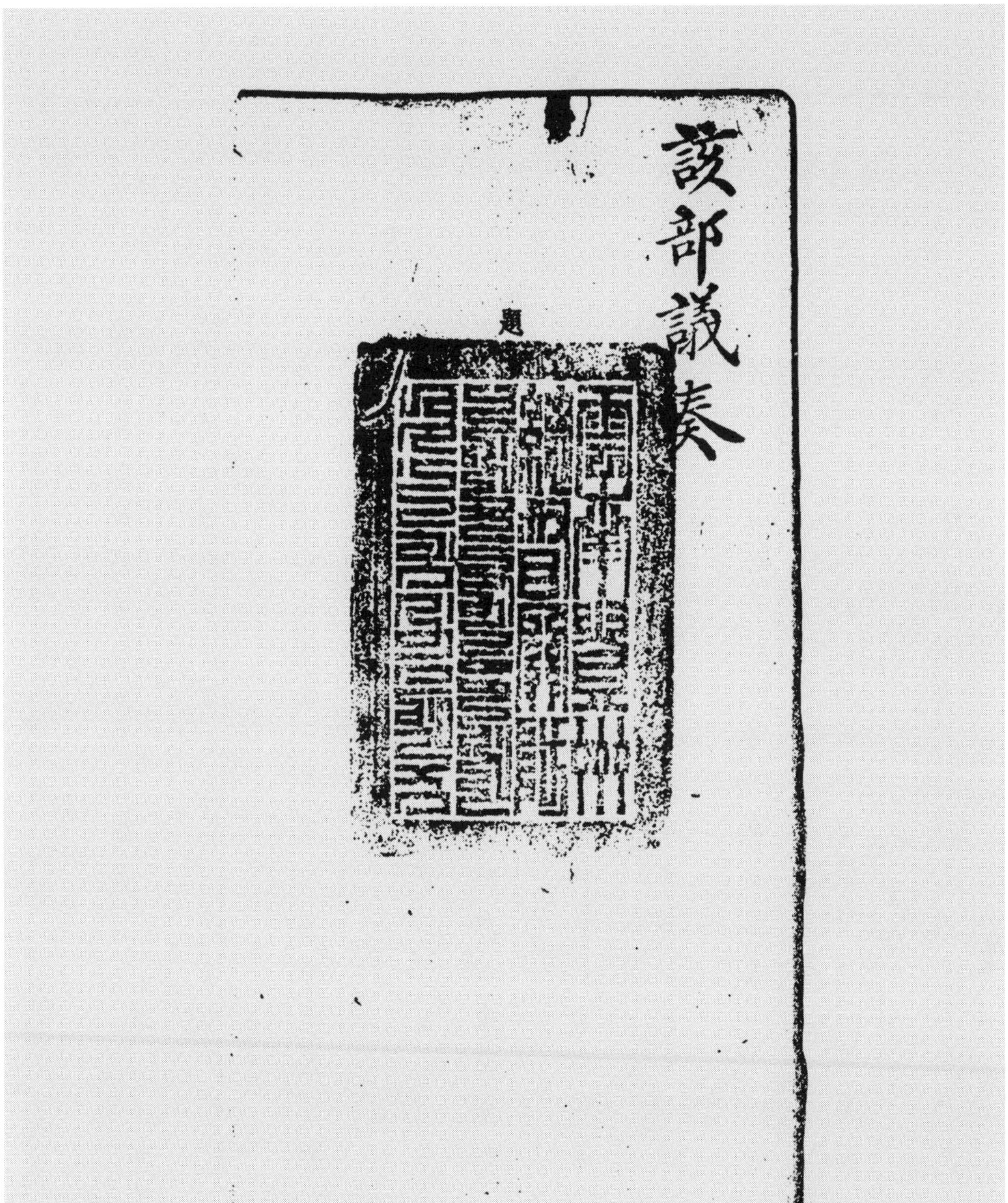
該部議奏

題

雲貴總督林則徐題本　請以高魯調補寧洱縣知縣
道光二十七年十一月初八日

二七

雲貴總督林則徐題本　請以高魯調補寧洱縣知縣

道光二十七年十一月初八日

兵部尚書兼都察院右都御史總督雲貴二省等處地方軍務兼理糧餉臣林則徐謹

題爲極邊烟瘴要缺知縣詳請具

題調補以裨地方事據雲南布政使趙光祖會同

按察使普泰詳稱竊照雲南准陞寧洱縣知縣

馬建勳丁憂業經詳請

題咨在案所遺寧洱縣知縣係極邊烟瘴要缺例

應在外揀選陞調查該縣幅幀遼濶漢夷雜處

且界連外域烟瘴最盛非精明幹練能耐烟瘴

之員不足以資治理隨於通省應調人員內遴

加遴選查有呈貢縣知縣高魯年肆拾肆歲順

天進士以知縣卽用籤掣雲南道光拾玖年貳

月到滇委署霑益州知州平彝縣知縣

題補今職奉文覆准貳拾壹年柒月到任委署馬
龍楚雄定遠新興河陽等州縣查該員安詳諳
達勤謹有為自到任以來每逢朔望率領教雜
等官恭詣約所宣講
聖諭廣訓化導漢夷咸知禮法徵收錢糧遵用滾單令
民自封投櫃民樂輸將審理詞訟虛衷剖斷隨
到隨結民無冤抑拖累城鄉義學延師教讀文
風日盛編立保甲稽查奸匪宵小潛蹤地方安
靜日用薪蔬出入夫馬俱發現錢照市買雇從
無賒欠派累歷俸已滿叁年熟悉邊地情形請
以調補寧洱縣知縣實屬人地相宜與例亦符
該員係現任知縣請調知縣銜缺相當毋庸送

部引
見所遺呈貢縣知縣係月選之缺滇省現有應補人
員應遵照新例俟奉准部覆至日另咨遴員請
補至該員任內罰俸各案共應完銀壹千叁百
肆拾壹兩柒錢陸分貳釐除遵例另行造冊送
部並飭令完繳外其詳參未奉覆准各案亦係
因公處分毋庸計算相應開列事實造具參罰
清冊詳請查核出考具
題再准陞寧洱縣知縣馬建勳於道光貳拾柒年
玖月貳拾日聞訃丁憂開缺今遴員請調於拾
月初拾日出詳合併聲明等情到臣該臣看得
雲南准陞寧洱縣知縣馬建勳丁憂業經詳請

具
題在案所遺寧洱縣知縣係極邊烟瘴要缺例應
在外揀選陞調茲據雲南布政使趙光祖等詳
稱於通省應調人員內逐加遴選查有呈貢縣
知縣高魯年肆拾肆歲順天進士以知縣即用
籤掣雲南道光拾玖年貳月到滇委署霑益州
知州平彝縣知縣
題補今職奉文覆准貳拾壹年柒月到任委署馬
龍楚雄定遠新興河陽等州縣查該員妥詳諳
達勤謹有為請以調補寧洱縣知縣實屬人地
相宜與例亦符開列事實造具參罰清冊詳請
具

題前來臣查該員高魯人品端方辦事穩實以之
調補寧洱縣知縣實堪勝任如蒙
俞允該員係現任知縣請調知縣銜缺相當毋庸送
部引
見所遺呈貢縣知縣係月選之缺滇省現有應補人
員遵照新例俟部覆至日另容遴員請補至該
員任内罰俸各案應完銀兩除遵例另行造冊
送部並飭令完繳外其詳參未奉覆准各案亦
係因公處分毋庸計算臣謹會同雲南巡撫臣
程矞采合詞恭疏具
題伏乞
皇上聖鑒勅部議覆施行爲此具本謹

二七

雲貴總督林則徐題本　請以高魯調補寧洱縣知縣
道光二十七年十一月初八日

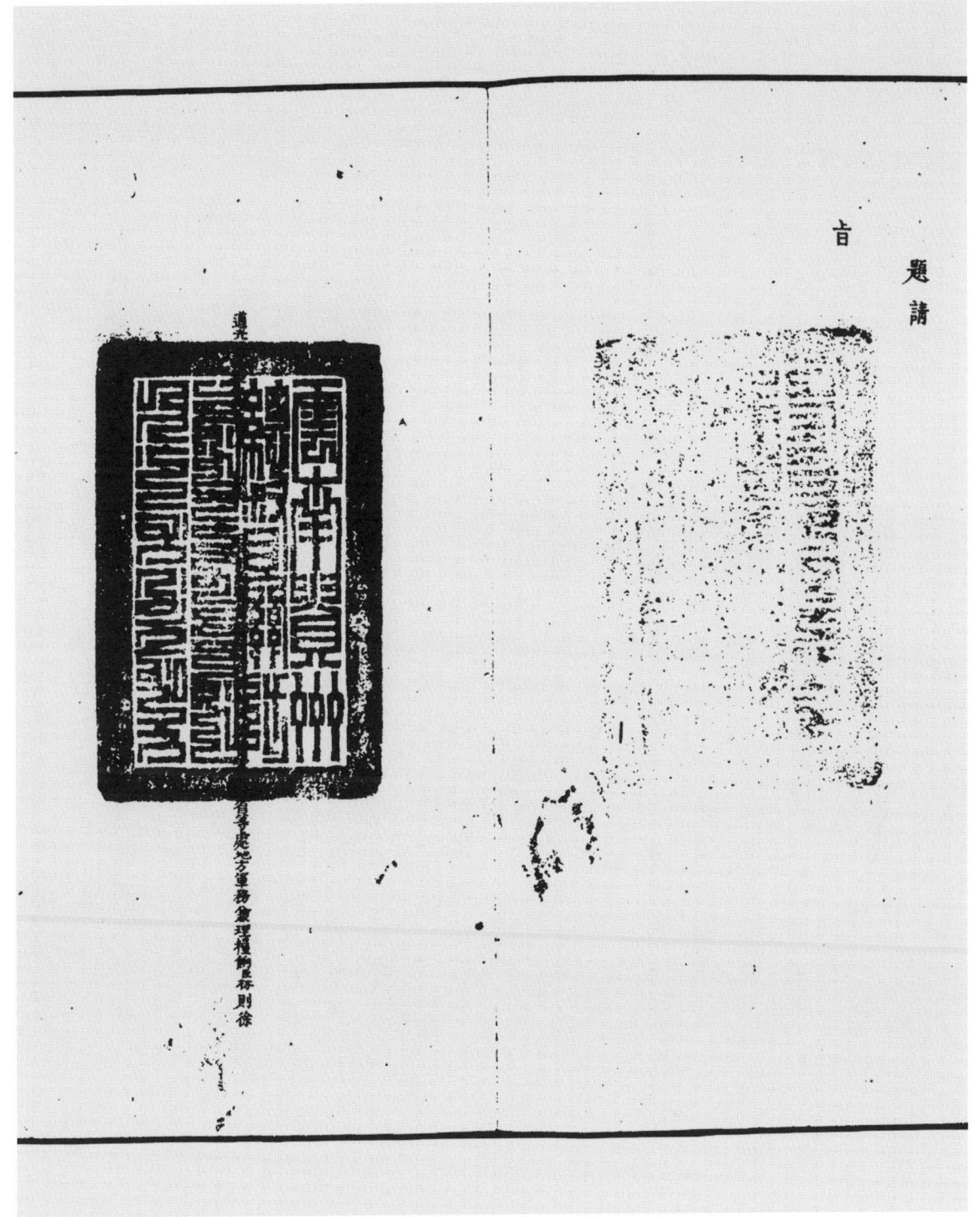

題請
旨

道光
省等處地方軍務兼理糧餉臣林則徐

二七

雲貴總督林則徐題本 請以高魯調補寧洱縣知縣

道光二十七年十一月初八日

兵部尚書兼都察院右都御史總督雲貴二省等處地方軍務兼理糧餉臣林則徐謹
題為極邊烟瘴要缺知縣詳請具
題調補以裨地方事。該臣看得雲南准陞寧洱縣
知縣馬建勳丁憂，業經詳請具
題在案。所遺寧洱縣知縣係極邊烟瘴要缺，例應
在外揀選陞調。茲據雲南布政使趙光祖等詳
稱，於通省應調人員內逐加遴選，查有呈貢縣
知縣高魯安詳諳達，勤謹有為，請以調補寧洱
縣知縣，實屬人地相宜，與例亦符，開列事實，造
具參罰清冊，詳請具
題前來。臣查該員高魯人品端方，辦事穩實，以之
調補寧洱縣知縣，實堪勝任。如蒙
俞允，該員係現任知縣，請調知縣，銜缺相當，毋庸送
部引
見。所遺呈貢縣知縣係月選之缺，滇省現有應補人
員，遵照新例，俟部覆至日另咨遴員請補。至該
員任內罰俸各案應完銀兩，除遵例另行造冊
送部並飭令完繳外，其詳參未奉覆准各案，亦
係因公處分，毋庸計算。臣謹會
題請
旨。

題請買備保山騰越龍陵等協道光二十八等三年不敷兵糧（首缺）

同永昌府道光貳拾柒年分應徵稅秋條改米
捌百叁拾叁石陸斗壹合陸勺照例每石壹兩
折銀解道存為發買各屬不敷兵糧之用其騰
越龍陵貳廳駐劄騰越鎮龍陵協兵丁應需兵
糧計道光戊申已酉庚戌叁年共不敷米捌千
貳百柒拾肆石壹斗肆升肆勺應照
題定支銷例案以每石壹兩叁錢發銀採買共該
銀壹萬柒百伍拾陸兩叁錢捌分貳釐伍毫貳
絲照例在於糧庫收存稅秋米折銀內如數動
支發給該貳廳於秋成後採買運供依限造具
冊收由府核盤詳報請銷倘有浮捏等弊查出
揭參等情詳請核

雲貴總督林則徐題本　題請買備保山騰越龍陵等協道光二十八等三年不敷兵糧　道光二十七年十一月初八日

題前來臣覆查無異謹會同雲南巡撫臣程矞采
合詞恭疏具
題伏乞
皇上聖鑒勅部核覆施行為此具本謹
題請
旨

道光[illegible]省等處地方軍務兼理糧餉臣林則徐

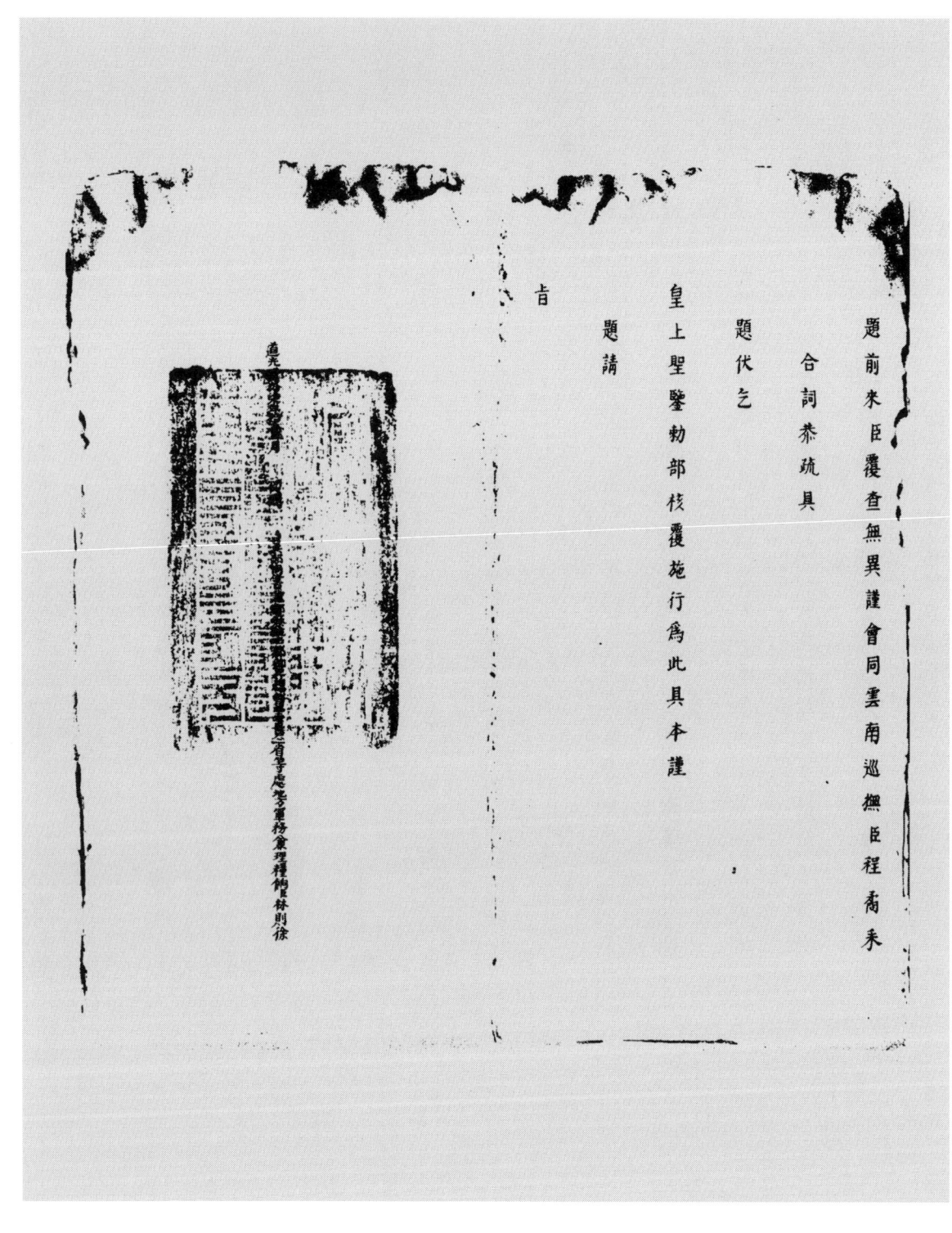

雲貴總督林則徐題本 題請買備保山騰越龍陵等協道光二十八等三年不敷兵糧
道光二十七年十一月初八日

兵部尚書兼都察院右副都御史總督雲貴二省等處地方軍務兼理糧餉臣林則徐謹

題爲循例採買不敷兵糧事該臣看得騰越龍陵

等鎮協制額官兵每年不敷糧米例應

題請發銀買備供支茲據雲南糧儲道王貽桂會

同布政使趙光祖查得保山縣駐劄永昌協兵

丁應需道光戊申己酉庚戌叁年兵米除該縣

倉存並額徵米石備供外尚餘米玖百柒拾肆

石零同永昌府應徵米捌百叁拾叁石零照例

每石壹兩折銀解道存爲發買各屬不敷兵糧

之用其騰越龍陵貳廳駐劄騰越鎮龍陵協兵

丁應需兵糧計道光戊申己酉庚戌叁年共不

敷米捌千貳百柒拾肆石零照例每石壹兩叁

錢發銀採買共該銀壹萬柒百伍拾陸兩零照

例在於道庫動支發給該廳等採買運供造冊

報銷等情詳請核

題前來臣覆查無異謹會

題請

旨

雲貴總督林則徐題本 題請以楊萬春補襲雲騎尉世職
道光二十七年十一月初八日

雲貴總督林則徐題本 題請以楊萬春補襲雲騎尉世職

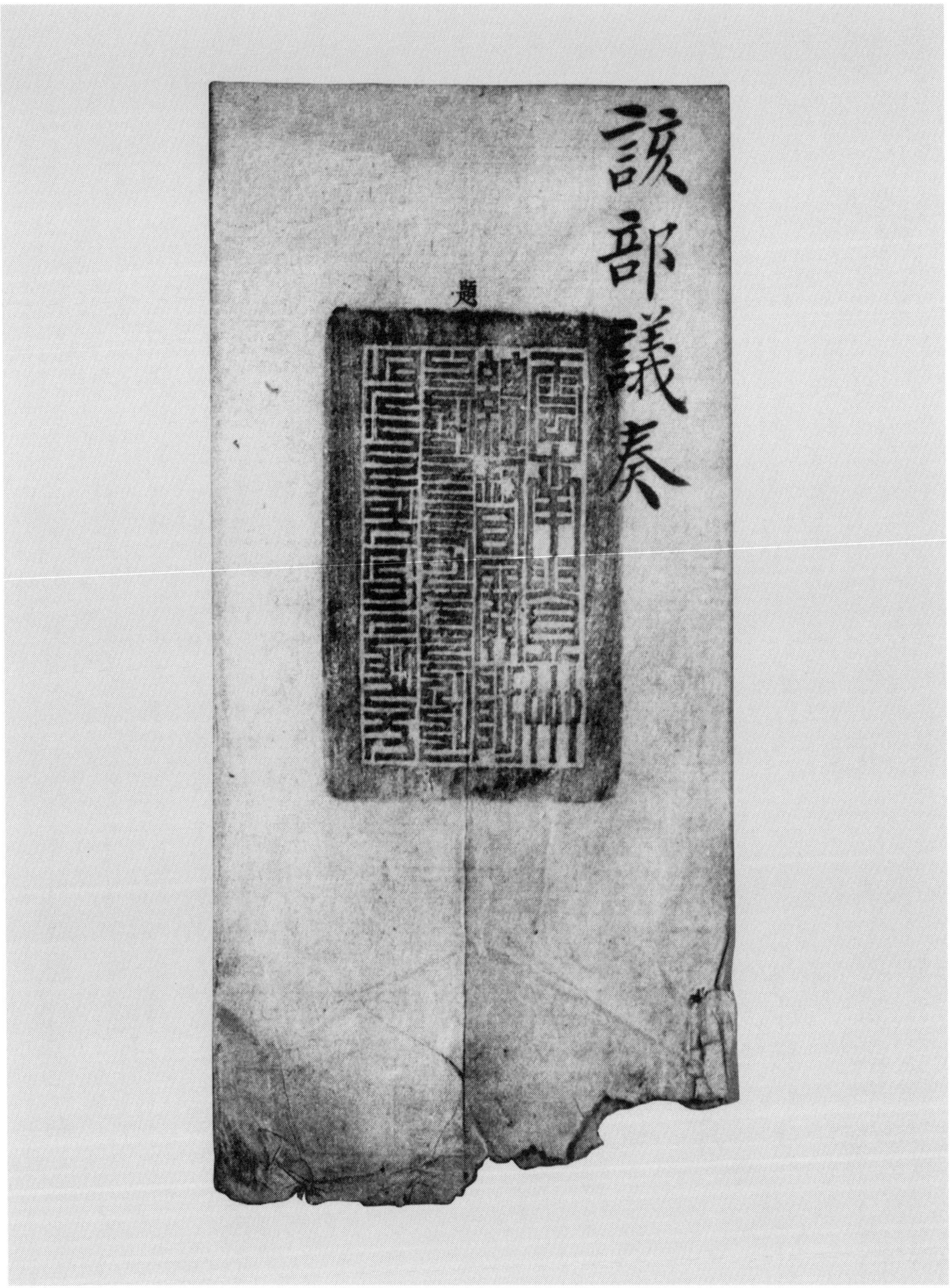
該部議奏
題

雲貴總督林則徐題本　題請以楊萬春補襲雲騎尉世職
道光二十七年十一月初八日

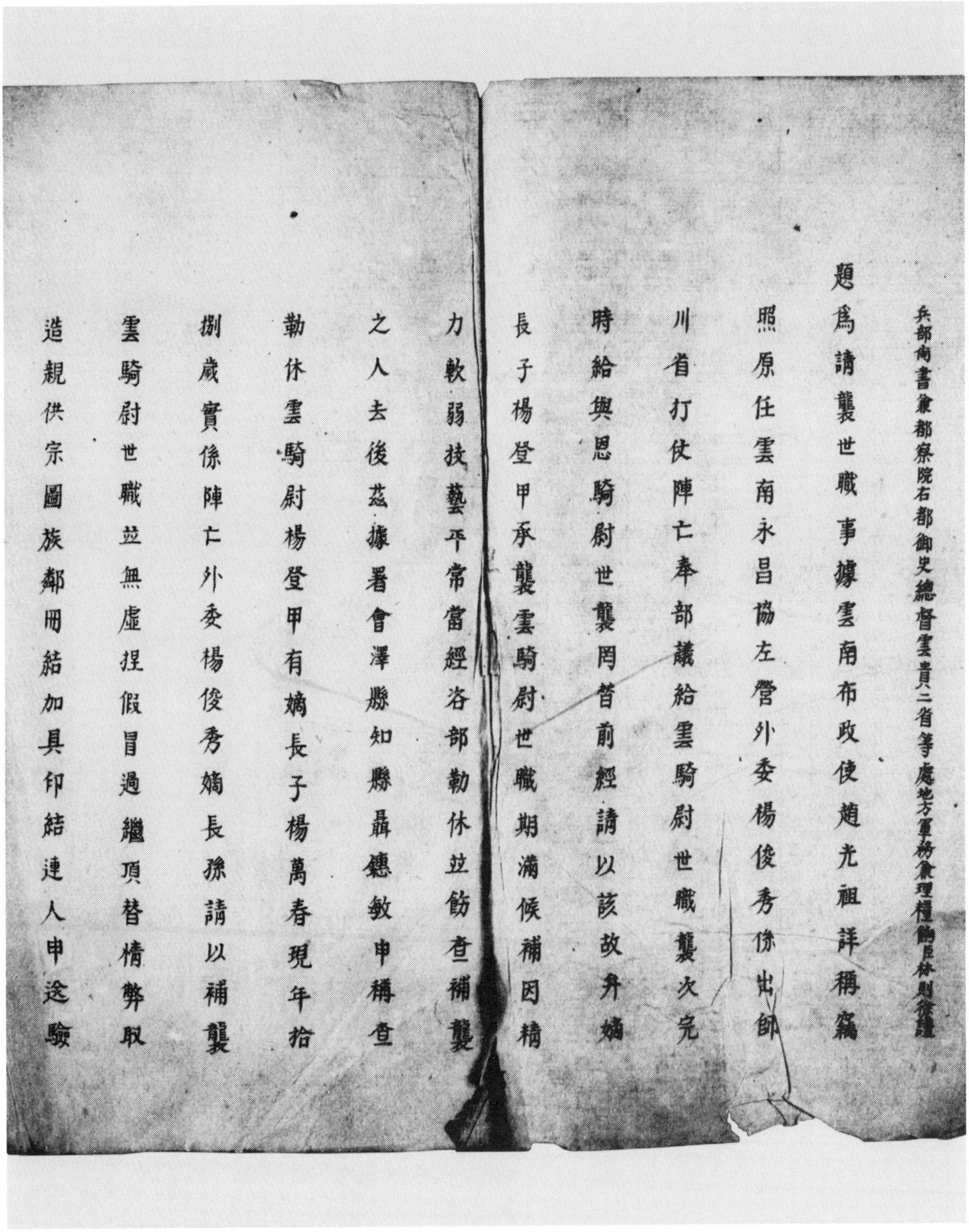
兵部尚書兼都察院右都御史總督雲貴二省等處地方軍務兼理糧餉臣林則徐謹
題爲請襲世職事據雲南布政使趙光祖詳稱竊
照原任雲南永昌協左營外委楊俊秀係出師
川省打仗陣亡奉部議給雲騎尉世職襲次完
時給與恩騎尉世襲罔替前經請以該故弁嫡
長子楊登甲承襲雲騎尉世職期滿候補因積
力軟弱技藝平常當經咨部勒休並飭查補襲
之人去後茲據署會澤縣知縣聶聰敏申稱查
勒休雲騎尉楊登甲有嫡長子楊萬春現年拾
捌歲實係陣亡外委楊俊秀嫡長孫請以補襲
雲騎尉世職並無虛捏假冒過繼頂替情弊取
造親供宗圖族鄰冊結加具印結連人申送驗

雲貴總督林則徐題本 題請以楊萬春補襲雲騎尉世職
道光二十七年十一月初八日

看等情到司查例載武官襲廕令嫡長子孫襲
廕又承襲世職人員年已及歲免其送部令該
督撫查核驗看具題請襲俟奉
旨准其承襲後分發就近標營學習給與全俸各等
語茲勘休雲騎尉世職楊登甲有親生長子楊
萬春現年拾捌歲旣據該管地方官查明實係
陣亡外委楊俊秀嫡親長孫並無過繼頂替等
弊核與承襲之例相符合將送到親供宗圖冊
結連人一併詳送驗看具
題請襲俟奉
旨准襲後就近發標學習支食全俸再楊登甲原領
勅書業經詳委解道光貳拾陸年分顏料官准陞安

雲貴總督林則徐題本　題請以楊萬春補襲雲騎尉世職
道光二十七年十一月初八日

平同知翁祖烈等帶繳在案合併聲明等情到
臣該臣看得原任雲南永昌協左營外委楊俊
秀出師川省打仗陣亡奉部議給雲騎尉世職
襲次完時給與恩騎尉世襲罔替前以伊嫡長
子楊登甲承襲雲騎尉世職期滿候補因精力
軟弱技藝平常當經咨部勒休並飭查補襲之
人去後茲據雲南布政使趙光祖行據該管地
方官查明勒休雲騎尉楊登甲有親生長子楊
萬春現年拾捌歲實係陣亡外委楊俊秀嫡長
孫並無虛捏假冒過繼頂替情弊核與承襲之
例相符取造親供宗圖冊結連人詳送驗看前
來臣隨驗看得補襲雲騎尉世職楊萬春年紀

長成堪以造就除俟部覆奉
旨後就近發標學習照例辦理竝將親供宗圖冊結
送部外臣謹會同雲南巡撫臣程矞采合詞恭
疏具
題伏乞
皇上聖鑒勅部議覆施行爲此具本謹
題請
旨

雲貴總督林則徐題本　題請以楊萬春補襲雲騎尉世職
道光二十七年十一月初八日

道光[illegible]二省等處地方軍務兼理糧餉臣林則徐

兵部尚書兼都察院右都御史總督雲貴二省等處地方軍務兼理糧餉臣林則徐謹
題為請襲世職事該臣看得原任雲南永昌協外
委楊俊秀出師川省打仗陣亡奉部議給雲騎
尉世職襲次完時給與恩騎尉世襲罔替前以
伊嫡長子楊登甲承襲雲騎尉世職期滿候補
因精力軟弱技藝平常當經咨部勒休並飭查
補襲之人去後茲據雲南布政使趙光祖行據
該管地方官查明勒休雲騎尉楊登甲有親生
長子楊萬春現年拾捌歲實係陣亡外委楊俊

秀嫡長孫並無虛捏假冒過繼頂替情弊核與
承襲之例相符取造親供宗圖冊結連人詳送
驗看前來臣隨驗看得補襲雲騎尉世職楊萬
春年紀長成堪以造就除俟部覆奉
旨後就近發標學習照例辦理並將親供宗圖冊結
送部外謹會
題請
旨

雲貴總督林則徐奏摺

雲南安平同知翁祖烈貴州普定縣知縣鄭尊仁請迴避改調

二七　雲貴總督林則徐奏摺　雲南安平同知翁祖烈貴州普定縣知縣鄭尊仁請迴避改調

道光二十七年十一月初十日

雲貴總督臣林則徐跪

奏為屬員分屬至親應請照例迴避恭摺具

奏仰祈

聖鑒事竊查例載外官有關刑錢考覈者若己之嫡甥妻之胞姪應令官小者迴避又凡迴避另補之員係有總督省分其所轄之鄰省亦准酌量改調若連界省分無相當之缺吏部掣定一省行令該督撫給咨該員前赴掣定省分遇有相當缺出先儘題補等語臣仰荷

聖恩補授雲貴總督查兩省屬員中有雲南安平同知翁祖烈係臣之嫡甥又貴州普定縣知縣鄭尊仁係臣妻之胞姪該二員於臣未到任之先

雲貴總督林則徐奏摺　雲南安平同知翁祖烈貴州普定縣知縣鄭尊仁請迴避改調　道光二十七年十一月初十日

均已請咨赴部引
見茲據雲南布政使趙光祖詳稱翁祖烈福建進士
改庶吉士散館選授雲南永善縣知縣
大計卓異准陞開化府安平同知因軍務出力奉
旨賞加知府銜前委該員管解顏料進京並給咨赴
部引
見現在尚未回滇又據貴州布政使羅繞典詳稱鄭
尊仁福建監生捐運庫大使分發河東借補中
場大使調東場大使
大計卓異丁憂服滿揀補貴州布政司庫大使
奏陞普定縣知縣赴部引
見奉

雲貴總督林則徐奏摺　雲南安平同知翁祖烈貴州普定縣知縣鄭尊仁請迴避改調
道光二十七年十一月初十日

旨鄭尊仁准其陞補貴州普定縣知縣欽此該員回
至黔省自行稟請迴避詳候覈辦並聲明如赴
鄰省另補所遺各缺請留本省揀調各等情臣
查雲南安平同知貴州普定縣均屬衝繁難題
調要缺該同知翁祖烈知縣鄭尊仁俱係實缺
人員今照例迴避應否由部酌量於臣所轄鄰
省相當之缺改調抑各掣定一省給咨前往遇
有相當缺出先儘題補之處相應
奏請
勅部照例辦理如該二員均應前赴鄰省先儘題補
其所遺雲南安平同知貴州普定縣二缺請各
留於本省揀員另補除俟准到部覆分飭遵照

外臣謹會同雲南巡撫臣程矞采貴州巡撫臣
喬用遷恭摺具
奏伏乞
皇上聖鑒謹
奏
吏部議奏
道光二十七年十一月　初十　日

雲貴總督林則徐等奏摺 **遵旨查明雲南黑鹽井琅鹽井等處來春毋庸接濟**

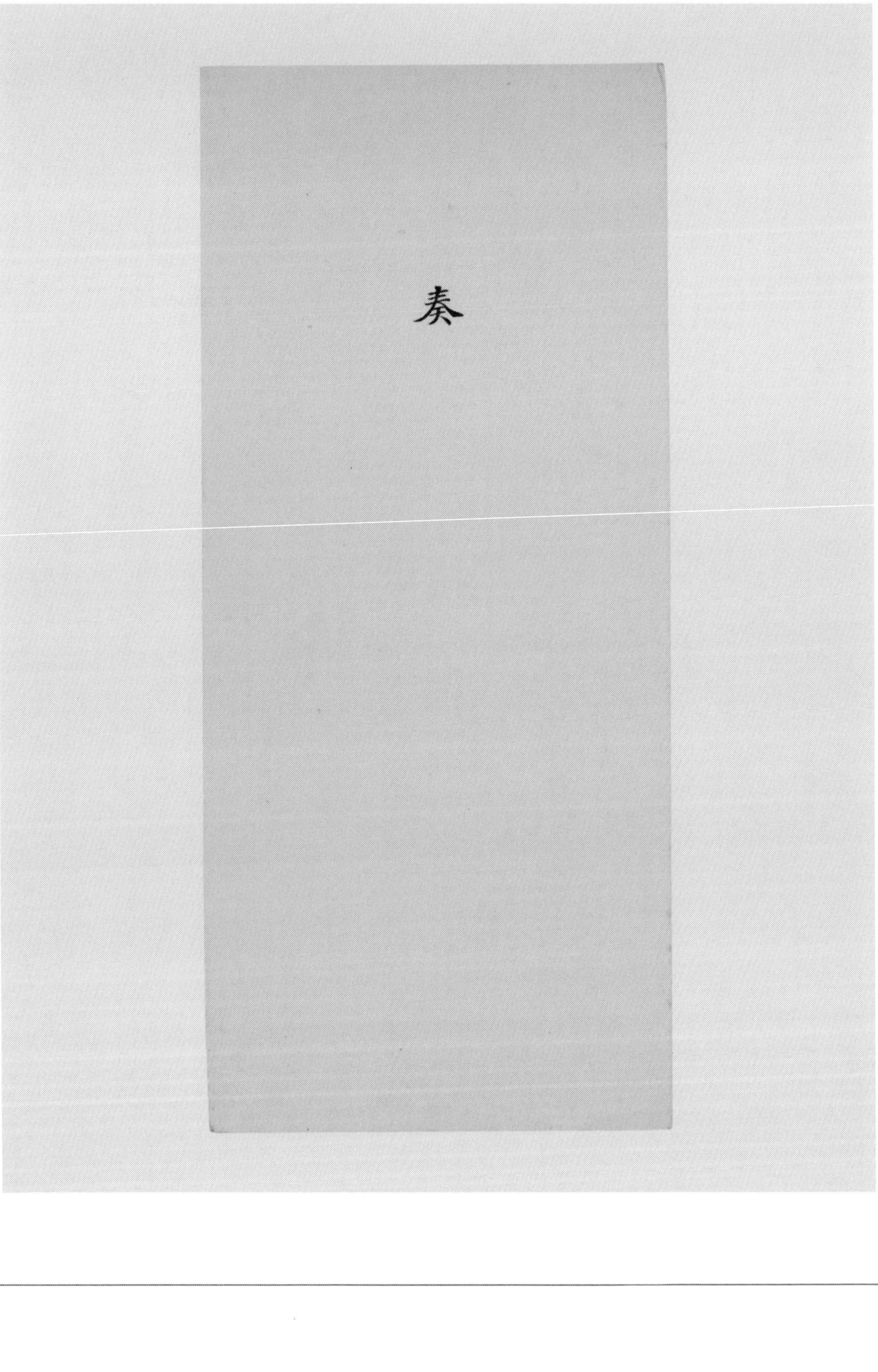
奏

雲貴總督林則徐等奏摺　遵旨查明雲南黑鹽井琅鹽井等處來春毋庸接濟
道光二十七年十一月初十日

雲貴總督臣林則徐
雲南巡撫臣程矞采跪

奏為遵
旨查明黑鹽井等處來春毋庸接濟恭摺覆
奏仰祈
聖鑒事竊臣等於本年十月二十三日承准軍機大
臣字寄奉
上諭本年雲南黑鹽井等處被淹已據該督撫等奏
明隨時撫卹及委員查勘均著迅速辦理並將來
春應否接濟之處一併查明於封印前奏到等因
欽此臣等跪讀之下仰見我
皇上軫念邊氓之至意曷勝欽感伏查黑鹽琅鹽抱
母香鹽等井本年六月間山水暴漲內黑鹽琅

鹽二井被淹較輕經各該井提舉捐廉撫恤其
沖淹井口竈房亦已一律修復照常汲滷煎鹽
至威遠同知所管之抱母香鹽二井被水沖坍
房屋淹斃婦女亦經委勘之普洱府知府辛本
棨會同該同知耿麟捐銀按戶撫恤並無一夫
失所被淹各井督竈搶修完固復滷起煎坍塌
衙署鹽店等房由本省籌議修葺沖失停墮鹽
斤及無著課薪銀兩飭令該井員督竈價煎如
奏銷時價補未能足額即當覈實查明遵照
奏定鹽務章程在於各鹽井徵解溢課項下酌量
撥補前將井竈安居樂業並趕行煎辦各情形
專摺奏

聞在案茲欽奉

諭旨遵即行據司道覆查黑井等處被水各戶經委員查勘撫恤之後均已得所來春俱可毋庸接濟等情具詳前來臣等覆加體察無異理合恭

摺覆

奏伏乞

皇上聖鑒謹

奏

知道了

雲貴總督林則徐等奏摺　遵旨查明雲南黑鹽井琅鹽井等處來春毋庸接濟

道光二十七年十一月初十日

道光二十七年十一月　初十　日

雲貴總督林則徐等奏摺

滇省四次捐輸及黔省初次捐輸請分別獎勵

雲貴總督林則徐等奏摺　滇省四次捐輸及黔省初次捐輸請分別獎勵　道光二十七年十一月初十日

雲南巡撫臣程矞采
雲貴總督臣林則徐
貴州巡撫臣喬用遷　跪

奏為滇省四次捐輸及黔省初次捐輸俱已收有
成數仰懇
天恩准將各捐員分別獎勵恭摺奏祈
聖鑒事竊照滇省捐輸軍需經費經前督臣李星沅
前撫臣陸建瀛
奏請展限至本年年底截止並援照陝甘分局收
捐之案於黔省藩庫一體上兌奉
旨依議欽此欽遵辦理在案計滇省自道光二十六
年五月十五日奉
旨起至本年八月十五日三次截數共收捐銀二十
二萬八千九百一十五兩疊經前督臣李星沅

及臣等先後具
奏請奬在案茲據雲南藩司趙光祖等詳稱自本
年八月十六日起至十一月初六日止滇省第
四次捐輸復收銀二萬七千二百二十八兩並
據貴州藩司羅繞典等詳稱自本年八月初三
日起至十一月初六日止黔省初次捐輸收銀
一萬六千五百六十三兩均各兑貯司庫並查
明各捐員履歷覈對例案造冊詳請
奏奬前來臣等查該捐員等或籍隸本省或由別
省前來滇黔報捐均屬踴躍急公情殷報效覆
查該司等所造清冊聲請議敘覈與豫工二卯
事例現行常例及順天府捐輸成案均屬相符

雲貴總督林則徐等奏摺　滇省四次捐輸及黔省初次捐輸請分別獎勵
道光二十七年十一月初十日

自應仰懇
天恩俯准分別獎勵以昭激勸除將清冊咨送軍機
處暨吏戶兵各部查覈外謹繕簡明清單恭呈
御覽此後如再捐有成數仍即隨時
奏報並撥還借動鹽課銀兩務期早為清款不敢
稍事虛懸所有滇省四次捐輸及黔省初次捐
輸請獎各緣由理合恭摺具
奏伏乞
皇上聖鑒訓示謹
奏
該部議奏單併發　一件

道光二十七年十一月　初十　日

上諭　著照林則徐所請以余居寬陞補雲南邱北知縣

道光二十七年十一月十三日内閣奉

上諭林則徐等奏請升補夷疆要缺知縣一摺著照所請雲南邱北縣知縣員缺准其以余居寬升補照例送部引見該部知道欽此

雲貴總督林則徐題本

題銷滇省各標鎮協營道光二十六年份動支公費銀兩

該部察核具奏

題

二七

雲貴總督林則徐題本 題銷滇省各標鎮協營道光二十六年份動支公費銀兩

道光二十七年十一月二十八日

兵部尚書兼都察院右都御史總督雲貴二省等處地方軍務兼理糧餉臣林則徐謹

題爲

奏銷道光貳拾陸年分公費銀兩事據雲南布政使趙光祖詳稱案查奉准戶部咨令將各營虛兵名糧剔除改設實兵應需公費銀兩作正估撥年終造冊報部核銷如有餘剩按年報撥又奉准工部咨公費報銷案內令將修建工程銀數在壹千兩以上者造冊題銷又奉准兵部咨直省額設軍械遇有損壞詳請督撫派委大員令其切實查明已逾應修應製年分實在損壞者准其動項修製工竣之日仍由委員查驗造具冊結報部核銷又道光伍年玖月內奉准戶

部洛嗣後凡報銷一切銀款將某任經收經支
各細數於文冊內詳悉聲註以便查核又於道
光貳拾叁年玖月內奉准户部議覆直隸天津
等處海口添兵駐防案内奉裁滇省兵丁除裁
減節省外核實估撥有定數公費銀捌千伍百
伍拾玖兩捌錢叁釐無定數銀壹萬柒千壹拾
兩叁錢肆分柒釐貳共銀貳萬伍千伍百柒拾
兩壹錢伍分准自道光貳拾叁年起每年照此
估撥支用年底據實報銷如有餘剩隨案報撥
又於道光貳拾伍年貳月內奉准户部洛令將
減平銀數於各報銷案内分晰聲叙以憑稽核
各等因遵奉在案茲准據各標鎮協營將道光

貳拾陸年分用過各款公費銀兩及修補軍械
等項竝減平銀數分造清冊取具領運硝磺鉛
斤經過程站里數與夫修製軍械文員查驗屬
實印結移送核彙請銷前來該布政使趙光祖
查得各標鎮協營道光貳拾陸年分應需公費
銀兩動支道光貳拾伍年分商稅銀貳萬伍千
伍百柒拾兩壹錢伍分查此項銀兩係布政使
趙光祖任內全數動撥供支各營內除應由戶
部核銷製辦祭祀牲醴報資津貼請餉馬脚盤
費鏨餉火工造冊紙張等項有定數銀捌千伍
百伍拾玖兩捌錢叁釐支給各堆卡燈油牛燭
燈籠等項無定數銀肆千壹百伍拾肆兩柒錢

兵工部核銷製造火藥鉛丸等項銀伍千伍拾
兩叁錢壹分柒釐又修補鳥鎗腰刀雙手帶
籐牌牌刀青衣虎衣帳房盔甲鳥鎗攢靶拉鎗
等項工料銀陸千壹百玖兩玖錢肆分貳釐以
上共放銀貳萬叁千捌百柒拾肆兩柒錢陸分
貳釐係布政使趙光祖任內全數動放茲按各
營細冊逐一核算總撒數目並無舛錯所有各
營道光貳拾陸年分支銷前項有定數公費銀
兩核與應支銀數相符並無浮冒應請於各彼
冊內查核其支給各堆卡油燭等項無定數公
費銀兩亦與各營現設堆卡及歷屆准銷價值
符合又製造年操藥鉛修製軍械等項俱與奉

頒成規例價准銷工料並修製年限扣算無浮
應請查核准銷至實存銀壹千陸百玖拾伍兩
叁錢捌分捌釐不遇軍需之年隨時入冊報撥
若遇辦理軍務之年先行聲請留存作爲各營
製辦槓架及動缺軍火之用今道光貳拾伍年
內永昌回匪滋事調派督標等拾伍標鎮協營
官兵配解軍火器械勦辦又道光貳拾陸年內
永昌回匪復行滋擾調派督標等貳拾肆標鎮
協營官兵配解軍火器械勦辦所有動缺軍火
以及製辦裝載器具槓架等項已准該標鎮協
營分年分次造冊詳報現經委員查驗應俟委
查確實另行分案取造製補工料冊結詳請

題銷至應需銀兩業經專案詳請咨部請照歷辦
四川維西威遠臨安永姚廣東軍務成案將各
營支銷餘剩公費銀兩留爲出師永昌製辦槓
架及製補動缺軍火工料銀兩之用詳咨在案
今前項實存銀兩應請查照詳咨之案留存支
發以實軍儲如有不敷仍於下屆接流動支應
俟修竣之日如有餘剩隨案報撥又各營公費
内實銷請餉馬脚盤費桶筐繩蓆鏨餉火工包
封造冊紙張燈籠領運硝磺鉛斤脚價筐繩盤
費修補軍械共銀壹萬貳千陸百伍拾兩玖錢
柒分捌釐應扣減平銀柒百伍拾玖兩伍分玖
釐除俟歸入造報道光貳拾柒年秋季分藩庫

補繳貳拾陸年減平司總冊內收造詳咨撥抵

滇餉外至公費內應扣減平及不應扣各情節

已據各該營於各款報銷冊內備細分晰聲叙

請於各彼冊內查核相應將各營送到報銷並

減平清冊及文員印結彙造總冊詳請查核具

題等情前來臣覆核無異除冊結送部外臣謹會

同雲南巡撫臣程矞采合詞恭疏具

題伏乞

皇上聖鑒勅部核覆施行爲此具本謹

題請

旨

雲貴總督林則徐題本 題銷滇省各標鎮協營道光二十六年份動支公費銀兩 道光二十七年十一月二十八日

一

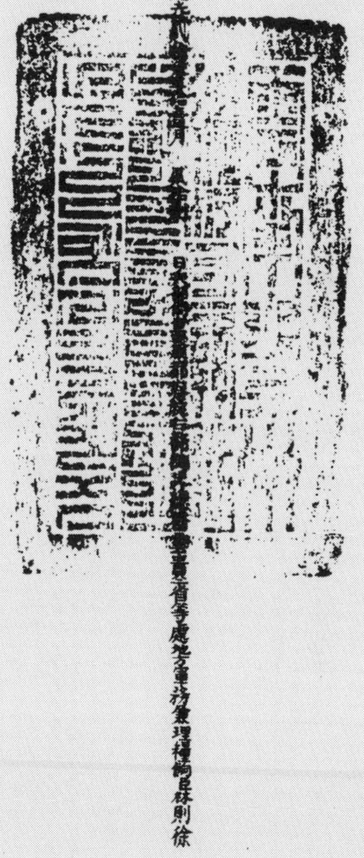

道光貳拾柒年拾壹月貳拾捌日兵部尚書兼都察院右都御史總督雲貴二省等處地方軍務兼理糧餉臣林則徐

兵部尚書兼都察院右都御史總督雲貴二省等處地方軍務兼理糧餉臣林則徐謹

題爲

奏銷道光貳拾陸年分公費銀兩事據雲南布政使趙光祖詳稱滇省道光貳拾陸年分各營應需公費動支道光貳拾伍年分商稅銀貳萬伍千伍百柒拾兩壹錢伍分內除支放各項銀貳萬叁千捌百柒拾肆兩柒錢陸分貳釐按冊核算俱無外錯浮冒應請准銷外至實存銀壹千陸百玖拾伍兩叁錢捌分捌釐另行分案報銷等情彙造總冊詳請具

題前來臣覆核無異除冊結送部外謹會

題請

旨

上諭　著照林則徐所請以耿麟陞補雲南順寧知府

道光二十七年十二月初一日内閣奉

上諭林則徐等奏請遴員升補極邊要缺知府一摺

著照所請雲南順寧府知府員缺准其以耿麟升補照例送部引見該部知道欽此

上諭　著林則徐拏問馬起鳳訊明勒追嚴辦

道光二十七年十二月初一日内閣奉

上諭林則徐奏已革守備延不交代並查有虧短公項請拏問嚴究一摺雲南提標左營已革守備馬起鳳於革職後將鈴記私藏多日難保無盜用揑報情弊其虧短調任守備陳鶴齡俸薪等銀均應澈底研究馬起鳳著即拏問交該督逐層確切訊明勒追嚴辦毋得任其狡飾欽此

上谕　著照林则徐所请分别处分李承基等各员

道光二十七年十二月初一日内阁奉

上谕林则徐等奏甄别盐提举等官请分别革职休致改教一摺云南白盐井提举李承基人甚平庸办事谬妄著即先行革职如查有别项情事及亏短课项再行据实严参候补直隶州州判山毓柏声名狼藉不洽舆情著即革职嵩明州知州黄际昌在任有年性耽麴蘖著即勒令休致署邱北县知县黎崇基性情疏懒难期振作署师宗县知县陈溶听断不勤捕务废弛该二员係进士拔贡出身文理尚优均著以教职改补馀著照所议办理该部知道钦此

大學士管理户部事務潘世恩等題本

題報林則徐到任盤查滇省司道各庫各款銀兩無虧缺等弊

依議
題

大學士管理户部事務潘世恩等題本　題報林則徐到任盤查滇省司道各庫各款銀兩無虧缺等弊　道光二十七年十二月初七日

太子太保大學士管理户部事務臣潘世恩等謹
題爲盤查等事户科抄出雲貴總督林則徐題到
任盤查司道各庫實存正雜各款銀兩並無虧
缺等弊一案道光貳拾柒年柒月拾壹日題拾
月初壹日奉
旨該部察核具奏欽此欽遵於本日抄出到部
該臣等查得雲貴總督林則徐疏稱竊照司道庫
貯銀兩督撫到任例應盤查具題等因兹臣欽奉
恩命補授雲貴總督於道光貳拾柒年陸月拾柒日
到任例應盤查行據雲南布政使趙光祖糧儲
道王貽桂署鹽法道淮陞迤南道蔣霨遠各將

庫貯銀兩按款造冊呈送前來臣隨會同撫臣
程矞采親赴該司道庫逐一盤查布政使庫截
至道光貳拾柒年陸月貳拾叁日止應存正雜
各款銀壹百捌拾萬伍千壹百叁兩捌錢陸釐
内除銅庫工本運脚借放銀捌拾玖萬伍千叁
拾肆兩柒錢貳分陸釐又除道光貳拾柒年兵
餉借放銀壹拾玖萬兩實存銀柒拾貳萬陸拾
玖兩捌分又另存封貯急需銀貳萬陸千柒百
貳拾兩籌邊備貯銀柒千兩三共實存銀柒拾
伍萬叁千柒百捌拾玖兩捌分又銅庫實存銀
壹拾捌萬玖千肆百叁拾貳兩壹釐陸毫壹絲
叁忽柒微以上共實存銀玖拾肆萬叁千貳百

貳拾壹兩捌分壹釐陸毫壹絲叁忽柒微撥儲
道庫截至道光貳拾柒年陸月貳拾肆日止實
存糧務各款銀壹拾柒萬捌千陸拾叁兩柒錢
捌分署鹽法道庫截至道光貳拾柒年陸月拾
玖日止實存各井新舊課款銀貳拾伍萬叁千
伍百陸拾兩陸錢陸分肆釐捌毫俱係實貯在
庫並無挪移虧缺情弊理合恭疏具題等因前
來 查定例督撫到任例應親赴司道各庫
逐一盤查將實貯錢糧有無挪移虧缺情事核
實具題等因今據雲貴總督林則徐疏稱親赴司道
庫逐一盤查布政使庫截至道光貳拾柒年陸
月貳拾貳日止應存正雜各款銀壹佰捌拾萬伍

千壹百叁兩捌錢陸釐內除銅庫工本運腳借
放銀捌拾玖萬伍千叁拾肆兩柒錢貳分陸釐
又除道光貳拾柒年兵餉借放銀壹拾玖萬兩
又實存銀柒拾貳萬陸拾玖兩捌分又另存封
貯急需銀貳萬陸千柒百貳拾兩籌邊備貯銀
柒千兩又銅庫實存銀壹拾捌萬玖千肆百叁
拾貳兩壹釐陸毫壹絲叁忽柒微糧道庫截
至道光貳拾柒年陸月貳拾肆日止實存糧務
各款銀壹拾柒萬捌千陸拾叁兩柒錢捌分鹽
法道庫截至道光貳拾柒年陸月貳拾玖日止
實存各井新舊課款銀貳拾伍萬叁千伍百陸
拾兩陸錢陸分肆釐捌毫俱係實貯並無虧缺

等語查雲貴總督林則徐到任盤查司道庫貯銀
兩既據疏稱親往盤查均係實貯並無虧缺應
毋庸議至司庫項下借放工本運腳銀捌拾玖
萬伍千叁拾肆兩柒錢貳分陸釐應令該督撫
查照臣部奏案辦理又司庫項下借放兵餉銀
壹拾玖萬兩並令一俟兵餉解到即行撥還歸
款報部查核毋任遲延此案於道光貳拾柒年
拾月初壹日科抄到部茲於拾貳月初柒日辦
理具
題合併聲明臣等未敢擅便謹
題請
旨

道光貳拾柒年拾貳月初柒日

經筵講官[illegible]翰林院掌院[illegible]管理戶部事務臣潘世恩

經筵講官[illegible]戶部尚書[illegible]兼管三庫事務臣賽尚阿

經筵講官[illegible]戶部尚書管理三庫事務[illegible]行走臣祁寯藻

左侍郎兼管三庫事務正白旗滿洲副都統總管內務府大臣鑲紅旗護軍統領臣柏葰

工部右侍郎兼管錢法堂事務署戶部左侍郎兼管三庫事務正黃旗蒙古副都統總管內務府大臣臣明訓

左侍郎兼管三庫事務臣李煌

吏部左侍郎署戶部左侍郎兼管三庫事務臣季芝昌

右侍郎兼管錢法堂事務文淵閣提舉閣事正黃旗滿洲副都統總管內務府大臣[illegible]總兵臣花沙納

右侍郎兼管錢法堂事務臣朱鳳標

雲南清吏司郎中臣康　昌
郎中臣陸以烜
員外郎臣熙　麟
員外郎臣德　啟
員外郎臣郭錫榮
主事臣富崇阿
主事臣單興詩
額外主事臣慶　和
額外主事臣董　醇
額外主事臣馬晉如
額外主事臣田　祥
額外主事臣饒應坤

雲貴總督林則徐奏摺 密陳滇黔兩省司道知府暨提鎮考語

奏

雲貴總督林則徐奏摺　密陳滇黔兩省司道知府暨提鎮考語

道光二十七年十二月十六日

雲貴總督臣林則徐跪

奏為密陳滇黔兩省司道知府暨提鎮切實考語

恭摺奏祈

聖鑒事竊照定例各省文職藩臬道府武職提鎮居

官賢否總督應於年終出具切實考語密奏一

次臣仰蒙

恩命統轄滇黔自本年六月抵任以來首以考察吏

治整頓營伍為切要之務文武中有未能稱職

者不敢稍事姑容已隨時分別

奏請降革勒休並於本年

大計軍政兩案內會同撫臣提臣另疏舉劾在案

至年終密考尤宜悉心覈實不敢視為故常查

兩司同駐省垣與在省道府本皆時常接見商
議公事於其才品心術較易周知而分駐各屬
之道府遠近不同或因公來省或巡閱過境始
能接見若隔省所屬覿面尤為非易要其稟詳
文牘在在可稽復於委辦事件批審詞訟覘其
才具短長並採輿論官聲以相印證自可知其
梗概大抵傑出者原難多得闒茸者本不容留
惟循分供職之中才總須隨時激勵不敢謂既
經考覈遂可以既往者信其將來臣每以此意
與兩省屬員互相儆勉至營伍尤臣專責敢不
加倍留心現在滇黔兩提督似皆得人總兵十
員中除新任普洱鎮楊青鶴尚未到滇此外概

能勝任惟年力精神仍當隨時察看如先後互
異即應據實奏
聞總不敢稍事瞻徇以期仰副
聖主整肅邊疆責成職守之至意謹密具各員切實
考語手繕清單四件恭呈
御覽伏乞
皇上聖鑒謹
奏
單四件存一件留中

雲貴總督林則徐奏摺 密陳滇黔兩省司道知府暨提鎮考語
道光二十七年十二月十六日

道光二十七年十二月 十六 日

雲貴總督林則徐奏片　**密奏雲南學政孫毓溎貴州學政丁嘉葆聲名**

二十七年
林則徐

再學政聲名例應年終密奏又本年五月内奉
上諭各該督撫等務宜破除情面認真訪察不得以
空言塞責等因欽此仰蒙
訓誨嚴明倍深欽懔兹查雲南學政孫毓溎於臣到
任之前已考過雲南武定東川三府州訪其聲
名已孚士論迨秋間該學政按試曲靖昭通廣
南臨安開化五府及廣西元江兩直隸州適臣
亦校閲東南兩路營伍該學政考過之處臣每
接踵經臨當復細加詢訪僉言考試之日學政
自早至晚坐在堂上士子俱不敢出號又連獲
頂替槍冒發審懲辦故作弊不成而真才獲取
此係出自士人之口自非飾辭至貴州學政丁

雲貴總督林則徐奏片　密奏雲南學政孫毓溎貴州學政丁嘉葆聲名
道光二十七年十二月十六日

嘉葆考試情形因隔省未能盡悉惟向黔中紳
衿及各屬員訪問咸云去取公明似屬可信至
該學政等所延閱卷幕友均無籍隸本省之人
業經雲貴兩撫臣
奏明在案臣覆查無異除再隨時訪察外謹手繕
密片奏
聞伏乞
聖鑒謹
奏

雲貴總督林則徐清單　**雲南省道光二十七年份司道知府考語清單**

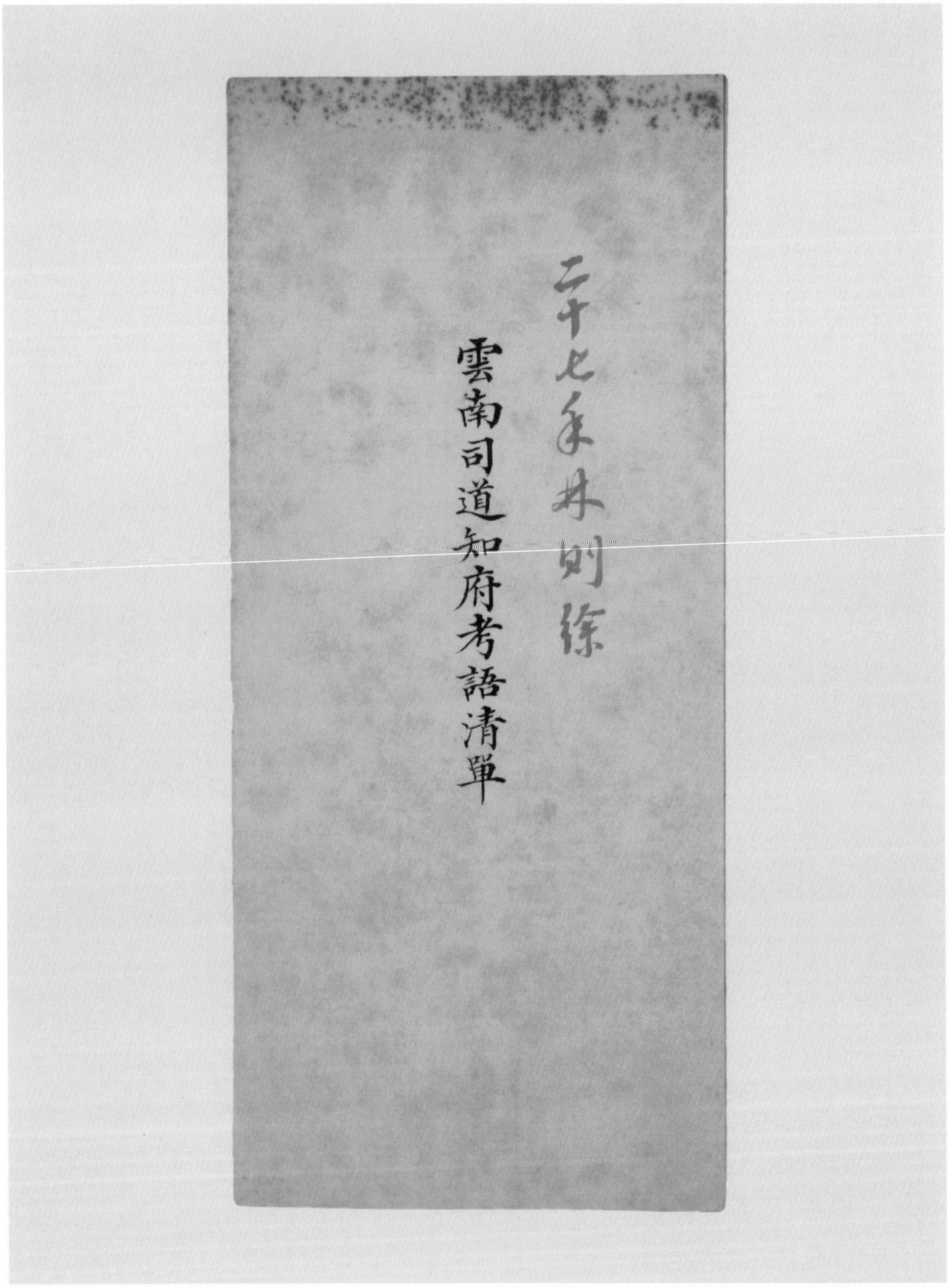
二十七年林則徐
雲南司道知府考語清單

謹將雲南司道知府密加考語手繕清單恭呈
御覽
布政使趙光祖 年五十八歲直隸進士
該司在滇省藩臬兩任已越四年於地方邊務及籌辦銅運情形均經諳熟居心醇厚諸事多近於寬臣與撫臣每濟以嚴該司亦奉行維謹
按察使普泰 年六十歲正黄旗滿洲官學生
為人正派遇事謹守成規雖識見尚未甚充閱歷似亦較淺而循塗守轍定獄却甚持平
糧儲道王貽桂 年六十四歲順天進士
該員曾任廣東惠潮嘉道臣在粵時知其明

練不浮滇省糧儲事尚易辦現將迤西軍需
報銷款項委令綜覈鈎稽
鹽法道史致蕃年五十二歲順天進士
由刑部司員屢次出差知其刑名熟練現司
鹺務無非循照舊章因其同駐省城遇有要
讞亦每與之酌商頗有見解
迤東道潘楷年四十六歲廣東進士
該道亦由刑部出身素能審案屢將該屬上
控詞訟批令提訊均能剖斷公平
迤西道王發越年五十四歲山西進士
由黔省貴西道奏准調任今職因永昌漢回
須時常彈壓派令親駐其地臣尚未經接見

察其辦事似能矢慎矢勤

迤南道蔣霨遠年四十七歲鑲藍旗漢軍進士

年力富强才具開展係有志向上之員前由

雲南府奏陞今職已給咨赴部引

見此時計可到京

雲南府知府桑春榮年四十六歲順天進士

該員由翰林御史特蒙

簡放臨安府在任三年奏調首郡學優品粹庶務綜

理裕如

曲靖府知府胡文栢年五十歲安徽進士

老成樸直悃愊無華該屬詞訟最繁聽斷殆

無虛日

臨安府知府張亮基年三十九歲江蘇舉人
到任甫及數月辦事甚屬認真如能歷久不
渝地方可資振頓
澂江府知府李熙齡年五十二歲江西進士
查該員前為御史稽查銀庫勺水不沾是以
於庫案内特蒙
恩旨仍以知府起用現居簡缺最能刻苦自持而於
地方利弊加意興除洵為實心實力
廣南府知府梁金詔年五十歲浙江舉人
該員甫經准陞先赴署任臣尚未接見訪其
平日官聲似足勝方面之任
開化府知府寶俊年四十三歲正紅旗滿洲監生

該員調署楚雄府適有姚州漢回互鬬之案
責令督拏餘匪尚未接見察其辦理諸務均
能措置周詳

普洱府知府辛本棨 年四十二歲 山東進士
該員甫經准陞亦未接見訪知才具幹練熟
悉邊地夷情

東川府知府黃中位 年六十七歲 貴州進士
在滇垂三十年資深識練雖七旬將近而精
力仍强現護迤南道篆

昭通府知府胡長庚 年五十二歲 安徽進士
該員因上屆卓異送部引
見起身在 臣到任之前俟回任再加察看

大理府知府唐惇培年五十三歲江蘇進士
由御史選授今職在任年餘未經接見察其
尋常公事亦屬按部就班
麗江府知府嚴廷珏年四十五歲浙江貢生
該員先已派運京銅未經接見俟回滇再加
察看
永昌府知府李恒謙年五十九歲廣東監生
該員甫經准陞先赴署任尚未接見而在滇
年久歷辦邊務似俱曉暢情形
請陞順寧府知府耿麟年五十九歲直隸進士
該員曾為湖北州縣臣在楚時知其循聲卓
著其在滇省亦歷十六年之久已請陞補今

職先委前往署事仍當隨時察看

楚雄府知府裴驄年六十歲山西監生

該員自道光六年選授楚雄知府歷俸已深

近因終養事畢甫經坐補原缺尚未到任委

攝白鹽井提舉為人循謹辦事大致安詳

雲貴總督林則徐清單 **貴州省道光二十七年份司道知府考語清單**

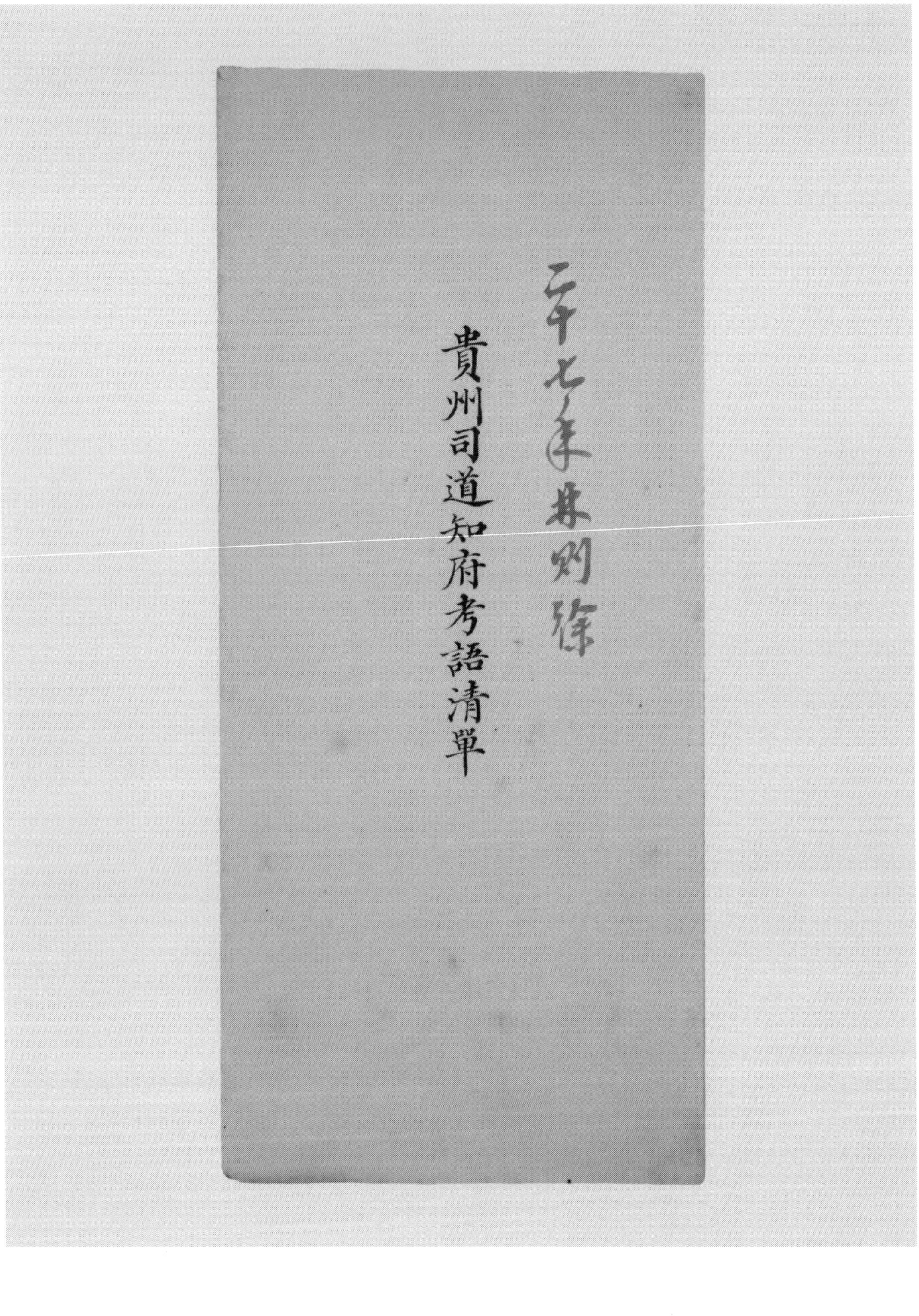
廿七年林則徐
貴州司道知府考語清單

謹將貴州司道知府密加考語手繕清單恭呈
御覽
布政使羅繞典年四十六歲湖南進士
隔省尚未接見而素聞其在翰林即甚出色
現覈所辦公事俱屬妥協周詳
按察使吳振棫年五十六歲浙江進士
昔與同官翰林知其品端學粹自放外任歷
今二十六年黔臬任內亦閱五年公事甚為
諳練苗疆盜風久熾經該司設法督緝近來
報案漸稀是其明效
糧儲道孫起端年五十七歲安徽進士
學問素優現任公事不多所辦俱有條理

貴西道福連年五十歲正藍旗滿洲監生
由池西道調補今職所轄滇黔交界知其無
懈巡防
貴東道現係空缺
貴陽府知府周作楫年五十八歲江西進士
曾為兩任學政出守又及十年閱歷頗深辦
公諳練堪資表率
安順府知府常恩年四十一歲鑲白旗滿洲人
到任未及一年公事查無懈弛
都匀府知府鹿丕宗年五十五歲直隸拔貢
人頗歷練辦事謹守成規
鎮遠府知府廖惟勲年四十四歲江蘇進士

年力富强才具明敏兩次苗疆俸滿平時頗
洽輿情
思南府知府左遜 年四十七歲山西舉人
在任兩年有餘辦公尚無貽悞
石阡府知府福奎 年五十九歲鑲黃旗滿洲舉人
在任亦逾兩載公牘頗覺詳明
思州府知府祝祐 年四十歲河南進士
在任一年官聲頗好仍須察看
銅仁府知府王成璐 年四十六歲湖北進士
前為安徽知縣頗屬能事捐陞今職在任一
年大致似亦穩妥
黎平府知府朱德璲 年五十五歲廣西進士

查該員自嘉慶十九年到黔歷任既多地方
盡熟曾經該省保舉現護貴東道篆臣雖未
接見察其辦事似屬老練之才
大定府知府黄宅中年五十一歲山西進士
查該員在知縣同知任内曾經兩次保舉游
陞今職覈其辦事果能實心實力不避怨嫌
興義府知府張鍈年五十五歲直隸舉人
在黔多年曾任興義府事茲復補授是缺自
屬人地相宜
遵義府知府陳光蘭年四十九歲浙江監生
由甘肅州縣保舉擢授今職在任四年諸事
似俱平穩

雲貴總督林則徐清單

雲南省道光二十七年份提鎮各員考語清單

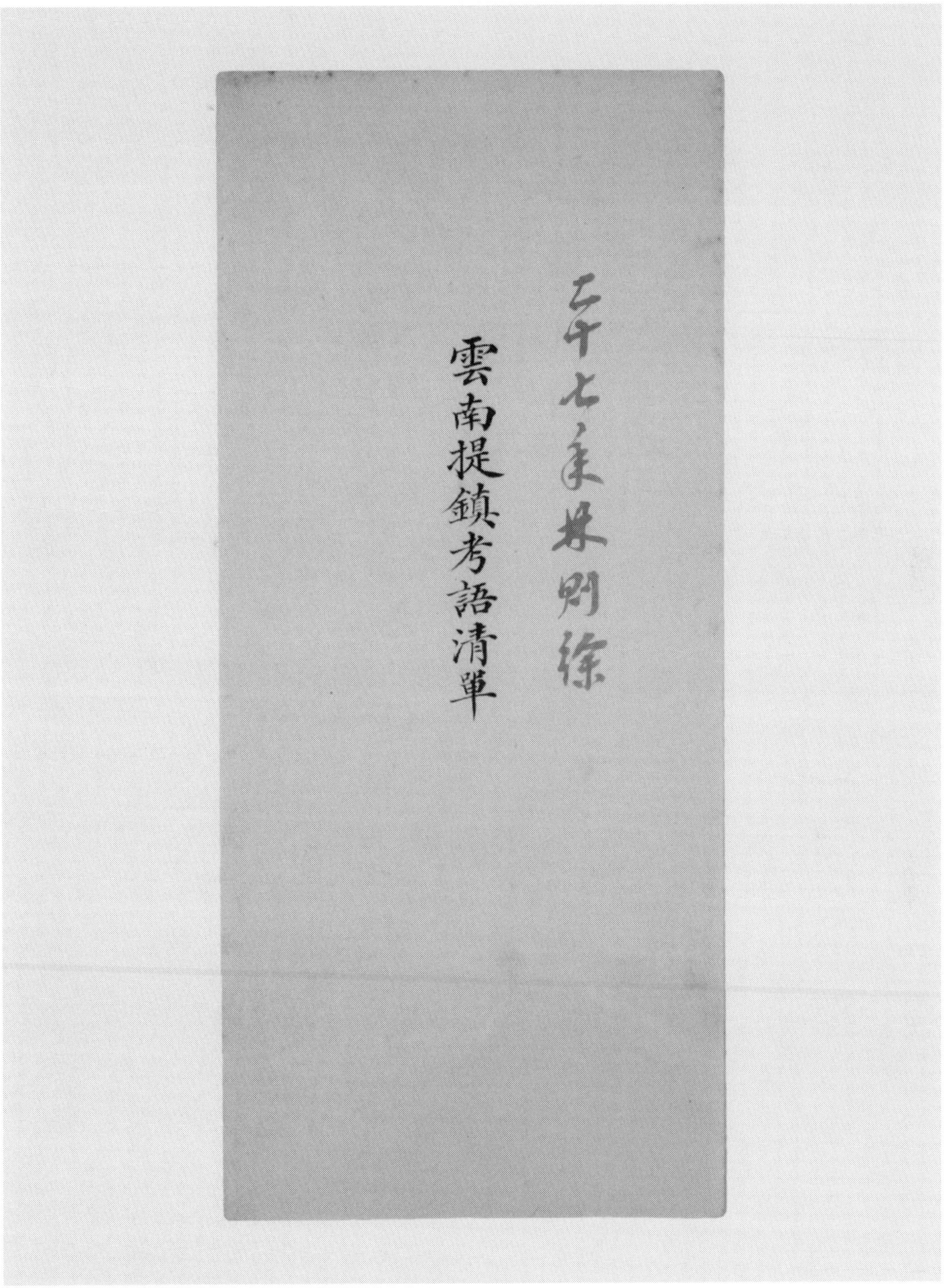

謹將雲南提督總兵密加考語手繕清單恭呈

御覽

雲南提督榮玉材年六十八歲正紅旗漢軍人

查該提督為總兵二十餘年聲名甚好此次

在滇始見果係公正廉明且能作養人材盡

心訓練雖年將七十而精力未衰邊疆堪資

保障

臨元鎮總兵李能臣年四十七歲山西人

該鎮尚在迤西督防未經接見而連年軍務

叢其勞績較多

騰越鎮總兵拴住年五十五歲正紅旗蒙古人

前在廣東頗稱勇往此次到任半載於營務

邊務亦俱加意講求
開化鎮總兵塔清阿年五十九歲正紅旗蒙古人
樸直精强勤於訓練開廣一帶向為盜藪經
該鎮認真督緝近來破案較多
鶴麗鎮總兵音德布年四十一歲正黄旗蒙古人
該鎮亦未接見而連年在迤西辦理回務近
又久駐姚州督緝漢回匪犯實已備歷辛勞
昭通鎮總兵劉定選年五十五歲四川人
查昭通處處與川省接壤盜賊出没最多該
鎮籍隸川南地形本熟聞其親巡各要隘人
地甚屬相宜
普洱鎮總兵楊清鶴尚未到任

雲貴總督林則徐清單 **貴州省道光二十七年份提鎮各員考語清單**

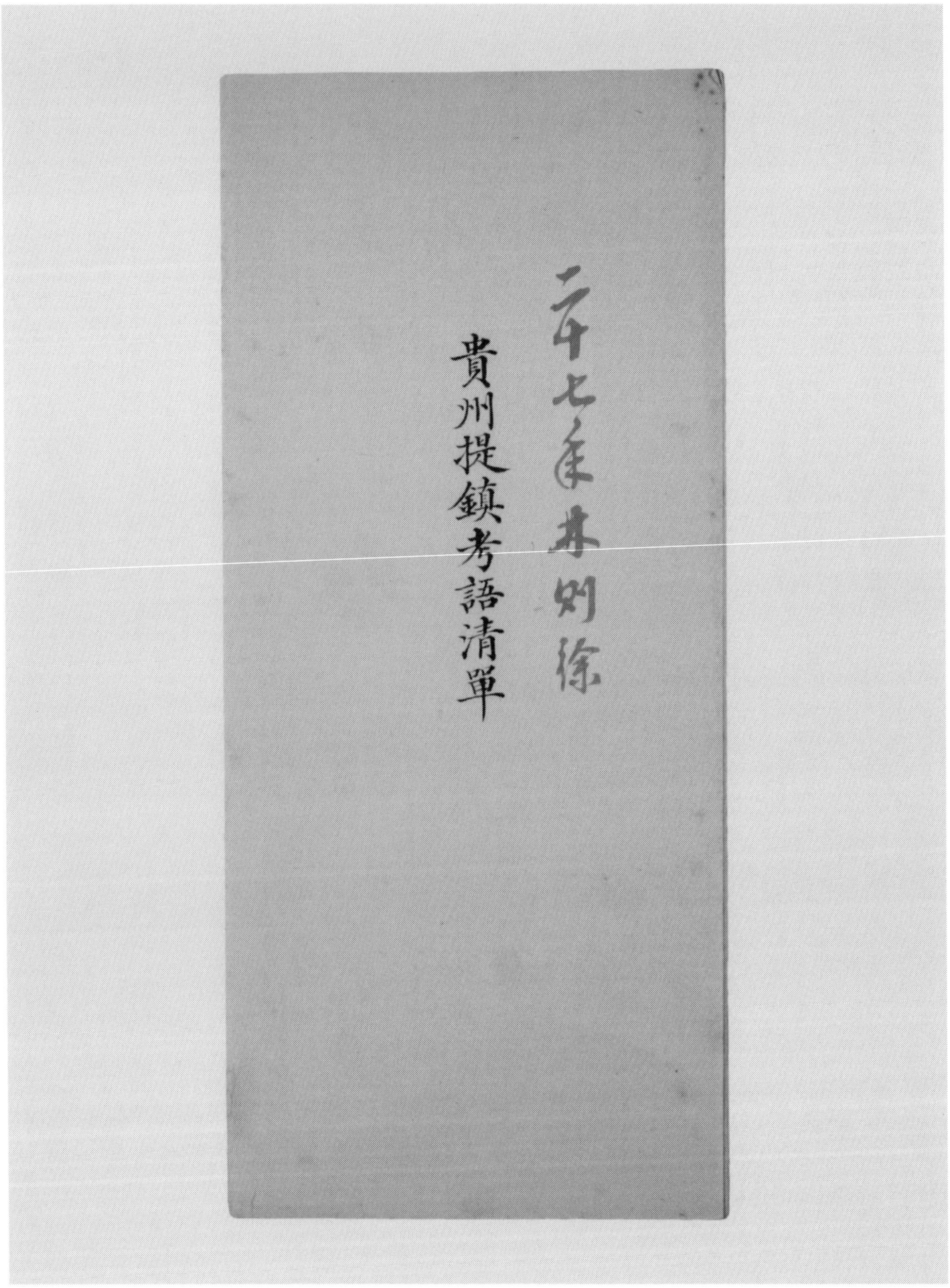

謹將貴州提督總兵密加考語手繕清單恭呈

御覽

貴州提督王一鳳 年六十歲 甘肅人

該提督前為廣西副將經 臣保舉堪勝總兵

知其樸實奮勤無綠營習氣今統轄黔省營

伍已閱一年諸務俱無鬆勁

安義鎮總兵秦鍾英 年五十九歲 陝西人

本有過人之勇遇事又肯認真在鎮已越五

年營伍頗稱有效

鎮遠鎮總兵秦定三 年五十一歲 湖北人

前為廣西參將知其技熟才優今專閫已越

半年操閱認真似屬可靠

威寧鎮總兵善祥年五十六歲鑲紅旗滿洲人
自嘉慶二十一年揀發至滇歷今三十餘年情
形極熟威寧為滇黔交界坐鎮裕如惟精力
恐不甚充尚須隨時察看
古州鎮總兵崇福年六十四歲正白旗蒙古人
該總兵前鎮永州臣在楚時知其能事兹古
州亦經七載於邊防甚屬留心惟精神能否
如前仍須隨時察看

雲貴總督林則徐奏摺

遵旨保舉滇黔副將重綸福炘德恒趙萬春俱堪勝陸路總兵

奏

二七

雲貴總督林則徐奏摺　遵旨保舉滇黔副將重綸福炘德恒趙萬春俱堪勝陸路總兵

道光二十七年十二月十六日

雲貴總督臣林則徐跪

奏為遵

旨保舉堪勝陸路總兵之副將仰祈

聖鑒事竊臣接管卷内准兵部咨欽奉

上諭現在各省保舉堪勝陸路總兵人員將次用竣

著各督撫於副將内遴選曉暢營務堪勝總兵者

保奏數員送部引見候朕記名以備簡用欽此臣

抵任後因兩省副將賢否未及周知當經

奏請展限奉

硃批依議欽此茲數月以來隨時留心揀選查滇省

額設副將六員除隆順一員尚未到滇外查有

永昌協副將重綸年四十三歲鑲黃旗滿洲人

由二等侍衛於道光十四年以游擊揀發雲南
洊升今職該員年壯才明習諳邊務前於揀選
普洱鎮總兵員缺曾經
奏請擬陪又龍陵協副將福炘年五十二歲鑲紅
旗漢軍人由鑾儀衛雲麾使於道光十六年以
叅將揀發雲南二十五年准升龍陵協副將二
十七年二月引
見後回滇供職該員人材倜儻訓練有方以上滇省
副將二員俱堪勝陸路總兵之任復查黔省副
將額設十員除平遠清江兩協尚在懸缺外查
有都匀協副將德恒年五十四歲正藍旗蒙古
人由護軍叅領出師喀什噶爾揀補甘肅游擊

二七 雲貴總督林則徐奏摺 遵旨保舉滇黔副將重綸福炘德恒趙萬春俱堪勝陸路總兵

道光二十七年十二月十六日

洊升今職該員才優守潔營伍認真又永安協
副將趙萬春年四十三歲雲南新興州人由武
進士挑選三等侍衛揀補貴州都司洊升今職
該員曉暢營務紀律嚴明以上黔省副將二員
亦堪勝陸路總兵之任敬俟奉到
硃批再行分別給咨赴部引
見恭候
簡用所有保舉堪勝總兵緣由理合恭摺具
奏伏乞
皇上聖鑒訓示謹
奏
俱著送部引見該部知道

雲貴總督林則徐奏摺 遵旨保舉滇黔副將重綸福炘德恒趙萬春俱堪勝陸路總兵

道光二十七年十二月十六日

道光二十七年十二月 十六 日

雲貴總督林則徐奏摺

黔省武職委用需員請敕部揀發副將參將都司

奏

二七　雲貴總督林則徐奏摺　黔省武職委用需員請敕部揀發副將參將都司　道光二十七年十二月十六日

雲貴總督臣林則徐跪
奏為黔省武職委用需員請
旨勅部揀發以資差遣恭摺奏祈
聖鑒事竊照武職人員如遇差委不敷例應隨時
奏請揀發茲查黔省自道光二十三年經前督臣
奏請揀發副參游都等員均已陸續補用完竣現
在並無候補人員遇有缺出及緊要差使殊覺
不敷委用相應
奏懇
聖恩俯准勅部於曾任綠營候補候選人員內揀選
副將參將各一員都司二員候引
見後分發來黔以資委用於營伍實有裨益理合恭

摺具

奏伏乞

皇上聖鑒謹

奏

另有旨

道光二十七年十二月 十六 日

雲貴總督林則徐等奏摺　滇省道光二十六年各銅廠民欠工本銀兩有著勒追無著請豁

奏

雲貴總督林則徐等奏摺　滇省道光二十六年各銅廠民欠工本銀兩有著勒追無著請豁

道光二十七年十二月十六日

雲貴總督臣林則徐
雲南巡撫臣程矞采跪

奏為查明道光二十六年分各銅廠民欠工本銀
兩分別有著無著恭摺具
奏仰祈
聖鑒事竊照滇省各銅廠預發工本銀兩採辦銅斤
歷年俱有廠欠嘉慶六年前督臣琅玕等
奏准每年查奏一次將有著者催追完繳無著者
道府確查具結由藩司彙報在於司庫扣存平
餘項下撥補如有不敷於摺內聲明應否豁免
聽候部議又嘉慶十一年前督臣伯麟等查奏
嘉慶十年各廠民欠欽奉
上諭此項無著銀兩該督等奏稱委係各銅廠硐老礦

薄欠戶亦係赤貧故絕所有嘉慶十年廠欠無著銀
一萬二千二百餘兩著加恩豁免欽此嗣後每年無
著廠欠俱經按年奏准豁免在案茲據藩司趙
光祖詳報道光二十六年分各廠員造報經放
領欠銀兩逐一確查加以分別覈減統計各廠
有著民欠銀六千二十一兩零無著民欠銀一
萬五百五兩零復經委員分查前項無著廠欠
實因礦硐開採年久所出礦砂微薄廠民虧折
停歇先後逃逸輾轉緝追俱已赤貧故絕成為
無著並無濫放捏飾情弊除將司庫扣存平餘
銀五千三百六十兩零儘數撥補外實不敷銀
五千一百四十四兩零取具各廠員及該管道

府印結由司加結造册詳請具

奏前來臣等覆查嘉慶十年起節年請豁無著廠

欠自一萬兩内外至一萬四千兩以上不等今

道光二十六年分各廠無著廠欠除撥補外實

僅不敷銀五千一百四十四兩零較歷年為最

少查明實無揑飾情弊應請將有著廠欠銀六

千二十一兩零責成現管各廠員勒限追繳倘

限滿追不足數照例歸經放之員賠補並將欠

户治以應得之罪其無著廠欠撥補不敷銀五

千一百四十四兩零臣等謹查照舊案

奏懇

天恩俯准豁免除印結另行咨部外所有查明道光

二十六年分廠欠銀兩理合恭摺具
奏並繕清單恭呈
御覽伏乞
皇上聖鑒訓示謹
奏
另有旨
道光二十七年十二月　十六　日

雲貴總督林則徐等奏片　**奏報丁燦廷杜文秀兩起回民京控案提解未能就緒情形**

再臣等因永昌漢回久挾夙讐互相殘殺終非
了局要在彈壓之使不妄動化導之使不互疑
是以仍畱鎮將大員帶領未撤官兵駐彼防範
並飭迆西道親歷永順一帶督同府縣曉諭紳
衿掌教務敦和睦永禁侵陵疊次刋發告示諄
諄開導令其各具切結以漢保回以回保漢又
為之清釐田產招復流亡使知相安則樂利有
餘相讐則身家兩失其紳衿掌教等亦即轉相
勸戒議立條規不獨具結呈官且各書和約同
誓於神以明其無反覆臣等接據文武稟報亦
即優加奬賞以誘其悔過遷善之誠竊冀自茲
以後兵革可以不興即畱防各兵亦惟盡此殘

冬皆可撤回歸伍惟先有兩起回民京控欽奉
諭旨交臣等審辦其原告丁燦廷等一起於十月十
七日由部咨解到滇又杜文秀等一起亦於十
一月初三日咨到應即飭提被告人証解省以
憑質訊惟查原呈所列被証自百餘名至二百
餘名不等人數太多勢難盡行提解當經札飭
該道府等分别首要次要其於控案情節無甚
關係者祇須就地取供彙送覈辦惟被回民呈
内指係香匪串謀滅殺無辜者不能不提至省
城與原告質對虛實乃歷今多日總未解到雖
因永昌距省窵遠難免遷延而訪聞該處漢民
業已糾聚匪徒將應解之人意圖抗匿藉稱本

年正月內該處有問擬軍罪之張杰萬重二名
由官起解被回匪攔路殺死此次若解赴省亦
必在途被害不敢起身該道等諭以揀派文武
幹員多帶兵役沿途護送務保無虞開導再三
而啃民總不願解查該處為保山縣所轄地分
七啃南三啃尚可理喻其北四啃强悍成風就
中金雞板橋二啃尤多匪徒燒香結會風聞十
餘年來往往挾讐擅殺平民匿不報官若官為
查問則沿村吹號糾人每欲恃衆困辱官長地
方官恐急則生變致蹈辦理不善之愆因而隱
忍彌縫但冀事端寢息養癰本非一日積習殊
可深憂前者漢回搆釁猶止民與民為讐今明

知京控兩案奉
旨交審而膽敢糾約庇匿意欲抗官此風實不可長
惟該道府均未將情形具稟臣等馳系轉深現
又諄飭妥為曉諭設法提解固不可操之過促
致滋決裂之虞亦不得匿不稟聞轉釀邊隅之
患所有提解控案未能就緒情形臣等謹據實
附片奏
聞伏乞
聖鑒謹
奏

另有旨

雲貴總督林則徐題本　**題參署永平縣知縣沈保恒等疏防解犯被劫殺限滿兇犯未獲**

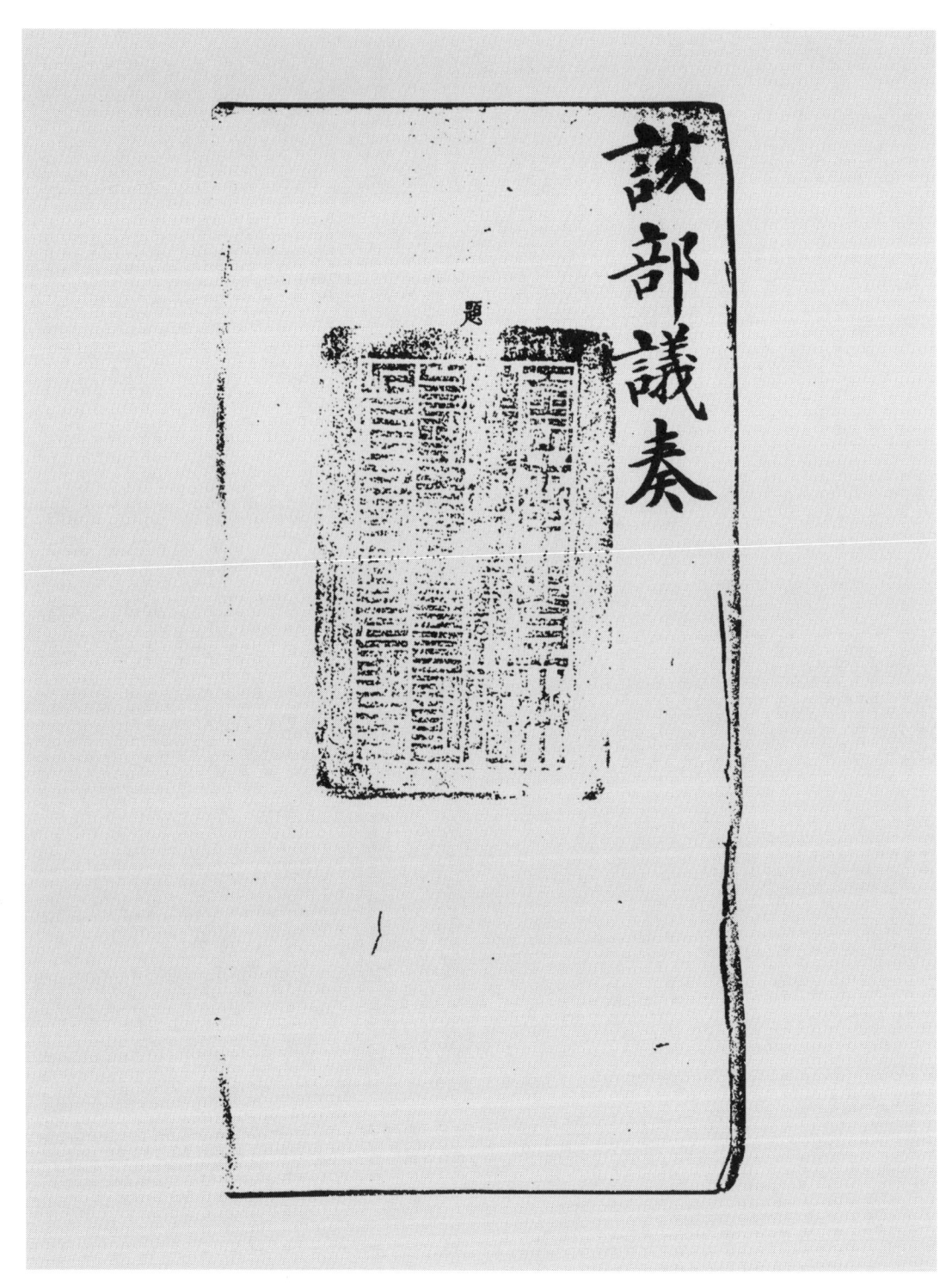

雲貴總督林則徐題本　題參署永平縣知縣沈保恒等疎防解犯被劫殺限滿兇犯未獲　道光二十七年十二月二十日

兵部尚書兼都察院右都御史總督雲貴二省等處地方軍務兼理糧餉臣林則徐謹
題爲
題參疎防職名事據雲南按察使晉泰詳稱案據
代理永平縣知縣沈保恒詳道光貳拾柒年正
月貳拾捌日據兵役徐倖起歐世濼等稟稱本
月貳拾陸日役等奉派押解保山縣解配軍犯
張杰萬重赴漾濞巡檢衙門交替貳拾柒日行
至永定站地方被不識姓名回匪多人劫奪殺
斃張杰萬重竝將役歐世濼等拒傷理合報請
勘驗緝究等情據此卷查該犯張杰萬重均係
保山縣人因聽從萬林桂結盟滋事案内審依
異姓人歃血訂盟結拜弟兄聚衆至貳拾人以

上為從例均發雲貴兩廣極邊烟瘴充軍照例
剌字奉准部覆訊明該犯張杰有子張景旭情
願隨帶赴配詳奉發給咨牌與萬重均發廣東
省安置於道光貳拾柒年正月貳拾伍日准杉
木和巡檢將該犯等押解至縣聲明該犯張杰
之子張景旭因起解時患病未能隨帶經卑職
驗明杻鎖於貳拾陸日僉差徐倖起歐世溁蔣
芳余應珍移營撥兵段發祥余倖甲穆正倫李
發祥押解前進在案茲據稟前情查該處距城
玖拾里隨飭差嚴緝一面會營帶領刑仵馳詣
勘得該處係荒僻山區附近並無居民亦無塘
汛墩臺勘畢復詣屍所飭令將屍移放平地卸

去刑具如法相驗據仵作羅桐喝報已死張杰
查年叁拾陸歲驗得左面刺拜盟匪犯右面刺
烟瘴改發各肆字仰面致命咽喉接連合面項
頸俱斷圍圓陸寸伍分骨凸筋縮兩肩聳皺不
致命右胳膊右手胐脉各壹傷俱横長壹寸寬
貳分深抵骨致命臍肚壹傷横長陸寸寬壹寸
深透内腸出均皮捲血污係刀傷餘俱無故委
係受傷身死又據喝報已死萬重查年伍拾陸
歲驗得左面刺拜盟匪犯右面刺烟瘴改發各
肆字仰面不致命右口角接連領頦壹傷斜長
壹寸伍分寬貳分深抵齒上齒砍落壹個致命
咽喉接連合面項頸俱斷圍圓柒寸骨凸筋縮

兩肩聳皺肚腹壹傷斜長捌寸寬貳寸伍分深
透內腸出均皮捲血污係刀傷餘俱無故委係
受傷身死報畢遂加親驗無異兇犯在逃無憑
查起兇器比對傷痕當場分別填格取結屍飭
棺殮又驗得差役歐世潔左顋頰有石傷壹處
兵丁段發祥右肩甲有鐵器傷壹處余倖甲左
腿左膝各有木器傷壹處分別填單飭醫除選
差幹役關移營汛鄰封一體嚴緝各犯務獲究
報外合將驗訊緣由錄供通報等情詳奉批司
飭緝查案去後茲准迤西道王發越移稱此案
押解差役徐倖起歐世潔蔣芳余應珍兵丁段
發祥余倖甲穆正倫李發祥業經訊明係屬依

法管解猝被刼奪力不能敵照例免其置議由
府司議擬詳請核咨在案茲查此案自道光貳
拾柒年正月貳拾柒人犯被刼之日起扣至伍
月貳拾柒日肆個月疎防限滿犯未弋獲所有
應叅承緝不力捕官職名係兼攝典史事代理
永平縣知縣沈保恒該員已於肆月拾叁日卸
事計承緝兩個月拾陸日接署典史邵全森卽
於是日到任應俟接緝壹年限滿有無獲犯再
行查叅印官職名係代理永平縣知縣沈保恒
兼轄知府職名係不同城永昌府知府李恆謙
統轄道員職名係不同城前署迤西道黃德濂
該員已於叁月拾捌日卸事計督緝壹個月貳

拾壹日業經陞任陝西糧道不復回任應請議
結接任道王發越即於是日到任係接督緝之
員例無處分職名邀免開送再失事地方並無
塘汛墩臺合併聲明等情移司覆查無異除仍
移飭嚴緝逃兇務獲究報並查取開揭遲延職
名另文詳叅外理合詳請查核
題叅等情到臣該臣看得雲南永平縣接遞保山
縣解配軍犯張杰等中途被回匪劫奪殺斃一
案先據代理永平縣知縣沈保恒會營勘驗詳
報當經批司飭緝查叅去後茲據雲南按察使
普泰查明此案自道光貳拾柒年正月貳拾柒
人犯被劫之日起扣至伍月貳拾柒日肆個月

疎防限滿犯未弋獲所有疎防文職捕官職名
係兼攝典史事代理永平縣知縣沈保恒該員
已於肆月拾叁日卸事計承緝兩個月拾陸日
接署典史邵金森即於是日到任應俟接緝壹
年限滿有無獲犯再行查參印官職名係代理
永平縣知縣沈保恒兼轄官職名係不同城永
昌府知府李恒謙統轄官職名係不同城前署
迤西道黃德濂該員已於叁月拾捌日卸事計
督緝壹個月貳拾壹日業經陞任陝西糧道不
復回任應請議結接督緝統轄官係接任道王
發越即於是日到任係接督緝之員例無處分
邀免開送並聲明失事地方並無塘汛墩臺等

情詳請

題參前來臣覆查無異除飭嚴緝逃兇務獲究報

外臣謹會同雲南廵撫臣程矞采恭疏具

題伏乞

皇上聖鑒勅部議覆施行爲此具本謹

題請

旨

雲貴總督林則徐題本　題參署永平縣知縣沈保恒等疏防解犯被劫殺限滿兇犯未獲

道光二十七年十二月二十日

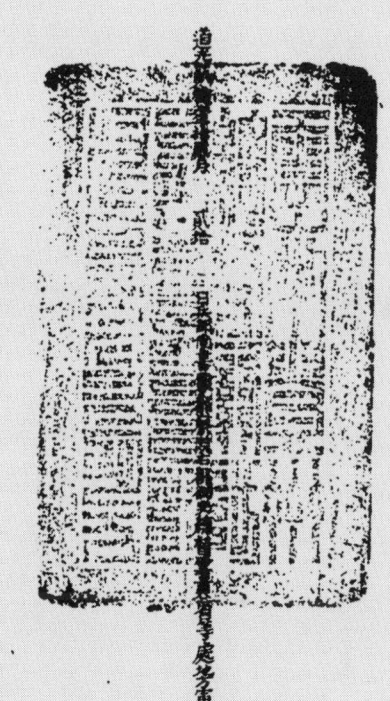

道[illegible]貳拾[illegible]處地方軍務兼理糧餉臣林則徐

兵部尚書兼都察院右都御史總督雲貴二省等處地方軍務兼理糧餉臣林則徐謹

題為

題參疏防職名事該臣看得雲南永平縣接遞保

山縣解配軍犯張杰等中途被回匪劫奪殺斃

一案先據代理永平縣知縣沈保恒會營勘驗

詳報當經批司飭緝查參去後茲據雲南按察

使晋泰查明此案肆個月疏防限滿犯未弋獲

所有疏防文職捕官職名係兼攝典史事代理

永平縣知縣沈保恒接署典史鄧全森印官職

名係代理永平縣知縣沈保恒兼轄官職名係

永昌府知府李恒謙統轄官職名係前署迤西

道黄德濂等情詳請

題參前來臣覆查無異謹會

題請

旨

雲貴總督林則徐題本　**題銷採買普洱鎮道光二十七等三年不敷兵米支用銀兩**（首缺）

毫貳絲較原經
題請動支道庫米折應發米價運腳銀壹萬伍千
陸百伍拾玖兩叁錢伍分肆釐捌絲又思茅廳
屬之攸樂等處寧洱縣屬之普藤等處秋糧照
例折徵採買銀壹千柒百伍拾伍兩玖錢叁分
貳共銀壹萬柒千肆百壹拾伍兩貳錢捌分肆
釐捌絲之數節省銀肆拾肆兩陸錢捌分伍毫
陸絲已據完解所有該廳縣採買米石及用過
價腳並節省銀兩業經入於道光貳拾陸年民
屯錢糧收支糧米銀款奏銷各冊內分別收除
造報在案查各廳縣採買站數遠近各限於地
勢處於無可如何應請仍照向例核數准銷免

其再行撙節合將遵奉查明近年實在情形同
奉發冊結倉收詳請查核具
題再此案報銷例限陸個月係邊地兵糧展限兩
個月定例年底買運完倉自次年正月初壹日
起限造冊報銷扣至道光貳拾柒年捌月底限
滿今於拾貳月初玖日具詳係因奉部駁查撙
節價腳銀兩反查近年實在情形往返查議以
致稍遲合併聲明等情到臣該臣看得雲南普
洱鎮兵丁應需丁未等年不敷兵糧先經具
題動銀分發採買在案茲據雲南糧儲道玉貽桂
會同布政使趙光祖詳稱除支給折色銀兩另
於兵馬奏銷案內開造請銷外查鎮沅思茅寧

洱威遠等廳縣共採買兵糧米玖千玖百陸拾
叁石貳斗壹升陸合捌勺該米價運腳銀壹萬
柒千叁百柒拾兩陸錢叁釐伍毫貳絲較原
題動支道庫米折並思茅廳寧洱縣之攸樂普藤
等處秋糧折徵共銀壹萬柒千肆百壹拾伍兩
貳錢捌分肆釐捌絲之數計節省銀肆拾肆兩
陸錢捌分伍毫陸絲已據完解入於道光貳拾
陸年民屯奏銷冊內收造並無浮冒將報到冊
結倉收詳請
題銷前來臣覆查無異除冊結倉收分送部科查
核外臣謹會同雲南巡撫臣程矞采合詞恭疏
具

雲貴總督林則徐題本　題銷採買普洱鎮道光二十七等三年不敷兵米支用銀兩
道光二十七年十二月二十日

題伏乞
皇上聖鑒勅部核覆施行爲此具本謹
題請
旨

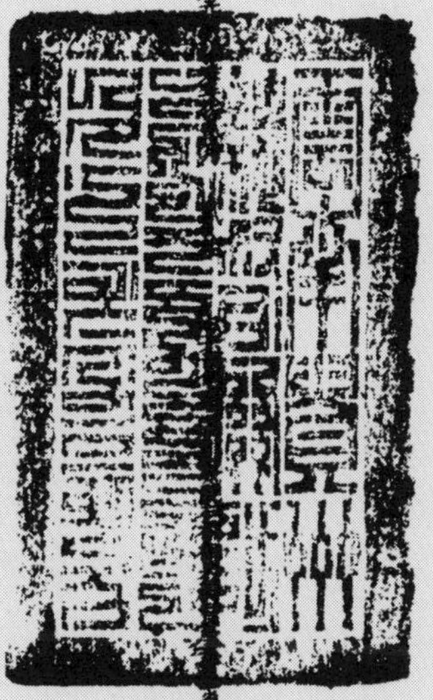

道[illegible]省等處地方軍務兼理糧餉臣林則徐

二七 雲貴總督林則徐題本 題銷採買普洱鎮道光二十七等三年不敷兵米支用銀兩
道光二十七年十二月二十日

兵部尚書兼都察院右都御史總督雲貴二省等處地方軍務兼理糧餉臣林則徐謹

題爲詳請等事該臣看得雲南普洱鎮兵丁應需丁未等年不敷兵米先經具

題動銀分發採買在案茲據雲南糧儲道王貽桂會同布政使趙光祖詳稱查鎮沅思茅寧洱威遠等廳縣共採買兵糧米玖千玖百陸拾叁石零該米價運腳銀壹萬柒千叁百柒拾兩零較原

題動支銀壹萬柒千肆百壹拾伍兩零之數計節省銀肆拾肆兩零已據完解並無浮冒將送到冊結倉收詳請

題銷前來臣覆查無異除冊結倉收分送部科查核外謹會

題請

旨

雲貴總督林則徐題本

題銷騰越龍陵二鎮協採買道光二十七等三年不敷兵米價銀

該部察核具奏

題

道光二十七年十二月二十日

兵部尚書兼都察院右都御史總督雲貴二省等處地方軍務兼理糧餉臣林則徐謹

題爲循例等事據雲南糧儲道王貽桂會同布政
使趙光祖詳稱案奉行准戶部咨雲南司案呈
戶科抄出雲貴總督賀長齡題滇省騰越龍陵
貳鎮協應需道光丁未等叁年備貯不敷兵米
動項採買一案道光貳拾陸年玖月貳拾貳日
題拾貳月初伍日奉
旨該部議奏欽此欽遵於本日抄出到部該臣等查
滇省騰越龍陵貳鎮協應需兵米向係備貯叁
年其不敷米石按照每石壹兩叁錢給價採買
又永昌協額駐兵丁前據該督奏明裁減其歲
需兵米於保山縣額徵稅秋米內徵收備供外

尚有餘剩米石聲請折銀解道經臣部覆准節
年辦理在案今據雲貴總督賀長齡疏稱保山
縣駐劄永昌協兵丁應需道光丁未等叁年兵
米接照倉存並額徵道光貳拾陸年稅秋米石
徵收備供外尚有餘米陸百貳拾玖石玖斗伍
升伍合並永昌府道光貳拾陸年分應徵稅秋
條改米捌百叁拾叁石陸斗壹合陸勺一併照
例以每石折銀壹兩徵收解道又騰越龍陵貳
鎮協兵丁應需道光丁未等叁年兵米按照倉
存並道光貳拾陸年額徵稅秋條改糧米數目
核算共不敷米玖千肆百叁拾肆石柒斗伍升
肆勺以每石壹兩叁錢發銀採買共該銀壹萬

貳千貳百陸拾伍兩壹錢柒分伍釐伍毫貳絲

照例在於糧庫米折銀內如數動支發給該貳

廳採買運供依限造具冊結倉收題請核銷等

語查前項採買備貯不敷兵米動支價銀既據

該督題請動項採買臣部按照倉存並額徵之

數核算與應買米數相符其用過米價銀兩經

臣部節次於題請採買兵米案內行令該督撫

轉飭將前項採買米石係備貯之米於附近糧

價平減地方採買現當節省經費何得逐年每

石仍按壹兩叁錢發銀採買致滋浮費至疏稱

保山縣駐劄永昌協兵丁不敷米石在於保山

縣額徵稅秋米內徵收備供外尚餘米石同永

昌府額徵稅秋共米壹千肆百陸拾叁石伍斗
伍升陸合陸勺以每石折銀壹兩徵收解道存
留各屬不敷兵糧之用應令雲貴總督雲南巡
撫轉飭照數解道造入道光貳拾陸年地丁奏
銷冊内新收項下題報查核等因道光貳拾柒
年伍月初壹日題本月初叁日奉
旨依議欽此相應行文雲貴總督遵照可也等因咨
行下道奉此查保山縣永昌府應解米折銀兩
均已據該府縣照數批解糧庫兑收業經入於
道光貳拾陸年民屯錢糧奏銷銀款冊内收造
詳咨在案至騰越龍陵貳廳採買不敷兵糧米
石前奉部文行令轉飭將前項採買米石係備

貯之米於附近糧價平減地方採買現當節省
經費何得逐年每石仍按壹兩叁錢發銀採買
致滋浮費等因當經飭行永昌府轉飭該貳廳
遵照部指情節於附近糧價平減地方採買現
當節省經費不得米價仍按壹兩叁錢之數採
買致滋浮費並復節次札催去後茲據永昌府
知府李恆謙詳准騰越同知彭松毓署龍陵同
知汪之旭牒均稱騰越龍陵地處極邊山多田
少產米無幾不敷民食是以採買兵米向在附
近之各土司地方採買運倉收貯以供支放自
各土司地方運倉其間道路相距貳叁肆站不
等每米壹石每站需運脚銀壹錢按市賣中紅

米每石價銀壹兩叁錢再加運腳銀貳叁肆錢
不等是每米壹石價腳共計銀壹兩伍陸柒錢
不等因向例止准報銷銀壹兩叁錢不敢請加
不數之數均係自行賠墊仍照例價領買造冊
報銷今若再減窮黎領運苦於不數口食勢必
裹足不前有悞兵糈此係近年實在情形委無
捏飾情事應請仍照題定章程辦理等語卑府
再叁詳加查核均係實在情形應請仍照舊例
遵辦飭令按年趕緊採買不准藉詞推諉以備
供支緣奉札飭查議合將查過情形確議申詳
等因前來該司道覆查騰越龍陵貳廳每年採
買不數兵糧米石既據該府查明歷係在於附

近各土司地方採買其間道路相距貳叁肆站不等每米壹石照市賣中紅米價該價銀壹兩叁錢又每站給運脚銀壹錢是每米壹石價脚牽算合銀壹兩伍陸柒錢不等因向例止准報銷銀壹兩叁錢是以仍照向例價買造冊報銷其每石不敷銀貳叁肆錢不等均係自行賠墊委屬實在情形應請仍照舊章每石給米本脚價共銀壹兩叁錢之數採買邀免核減所有騰越同知冊載採買丁未年不敷兵糧米肆千玖百壹拾叁石陸斗柒升伍合陸勺每石價銀壹兩叁錢用銀陸千叁百捌拾柒兩柒錢柒分捌釐貳毫捌絲龍陵同知冊載採買丁未年不敷

兵糧米肆千伍百貳拾壹石柒升肆合捌勺每
石價銀壹兩叁錢用銀伍千捌百柒拾柒兩叁
錢玖分柒釐貳毫肆絲貳共買備不敷米玖千
肆百叁拾肆石柒斗伍升肆勺共用過銀壹萬
貳千貳百陸拾伍兩壹錢柒分伍釐伍毫貳絲
逐一核算俱屬相符所用銀兩亦與
題定價值並無浮冒應請照例准銷除將所買米
石及動用銀兩入於道光貳拾陸年民屯錢糧
節年收支糧米銀款奏銷各冊內分別收除造
報在案應請照數准銷免其節減合將奉發冊
結倉收詳請查核具
題再此案例限陸個月係邊地兵糧展限兩個月

雲貴總督林則徐題本　題銷騰越龍陵二鎮協採買道光二十七等三年不敷兵米價銀
道光二十七年十二月二十日

定限年底採買完倉自次年正月初壹日起限
造冊報銷扣至道光貳拾柒年捌月底限滿今
於拾貳月拾叁日具詳係應奉部行令於附近
糧價平減地方採買之案駁查往返以致稍遲
合併聲明等情到臣該臣看得騰越龍陵貳廳
採買騰越龍陵貳鎮協不敷兵米例應造冊取
收
題銷茲據雲南糧儲道王貽桂會同布政使趙光
祖查明騰越龍陵貳廳採買備貯丁未等叁年
不敷兵米玖千肆百叁拾肆石柒斗伍升肆勺
每石價銀壹兩叁錢共用過銀壹萬貳千貳百
陸拾伍兩壹錢柒分伍釐伍毫貳絲均各照數

採買完倉造冊出收由府盤明加結申送該司
覆核算並無浮冒與例相符詳請
題銷前來臣覆查無異除冊結倉收分送部科查
核外臣謹會同雲南巡撫臣程矞采合詞恭疏
具
題伏乞
皇上聖鑒勅部核覆施行為此具本謹
題請
旨

雲貴總督林則徐題本 題銷騰越龍陵二鎮協採買道光二十七等三年不敷兵米價銀 道光二十七年十二月二十日

雲貴總督林則徐題本　題銷騰越龍陵二鎮協採買道光二十七等三年不敷兵米價銀
道光二十七年十二月二十日

道光貳拾柒年拾貳月　貳拾　日兵部尚書兼都察院右都御史總督雲貴二省等處地方軍務兼理糧餉臣林則徐

兵部尚書兼都察院右都御史總督雲貴二省等處地方軍務兼理糧餉臣林則徐謹
題為循例等事該臣看得騰越龍陵貳廳採買騰
越龍陵貳鎮協不敷兵米例應
題銷茲據雲南糧儲道王贻桂會同布政使趙光
祖查明騰越龍陵貳廳採買備貯丁未等叁年
不敷兵米玖千肆百叁拾肆石零每石價銀壹
兩叁錢共用過銀壹萬貳千貳百陸拾伍兩零
均各照數採買完倉造冊出收由府盤明加結
申送該司道核算無浮詳請
題銷前來臣覆查無異除冊結會收分送部科外
題謹會
題請
旨

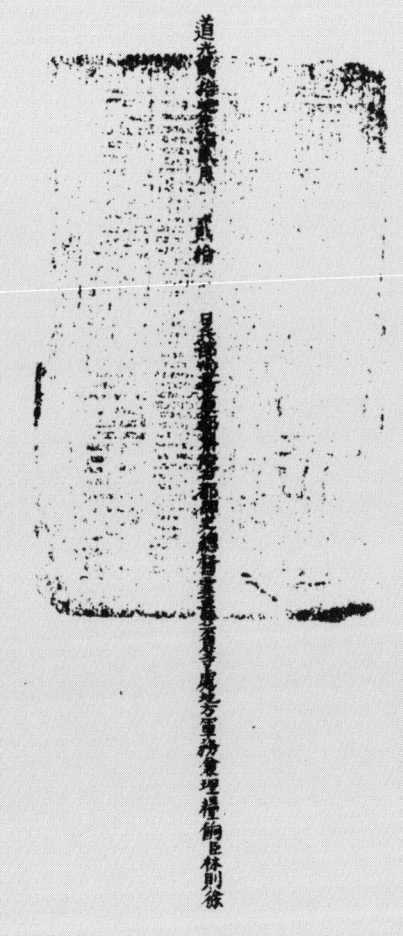

題銷黔省各標鎮協營道光二十六年份賞過紅白二事銀兩

雲貴總督林則徐題本　題銷黔省各標鎮協營道光二十六年份賞過紅白二事銀兩
道光二十七年十二月二十日

兵部尚書兼都察院右都御史總督雲貴二省等處地方軍務兼理糧餉臣林則徐謹
題爲
題銷事竊查黔省兵丁歲需紅白貳事賞號銀兩
例應按年
題銷茲據貴州布政使羅繞典詳稱案查乾隆叁
拾陸年捌月内奉准戶部咨開内閣抄出雲貴
總督德福
奏貴州省綠營凡遇紅事賞銀貳兩伍錢白事賞
銀叁兩伍錢年底核實造冊報銷如有盈餘留
爲下年備用等因奉
硃批知道了欽此又乾隆肆拾陸年陸月内欽奉
上諭各營賞恤兵丁紅白銀兩自乾隆肆拾柒年爲始

雲貴總督林則徐題本 題銷黔省各標鎮協營道光二十六年份賞過紅白二事銀兩 道光二十七年十二月二十日

俱各動支正項等因欽此歷經欽遵辦理在案今道
光貳拾陸年分准據黔省各標鎮協營將估撥
銀兩賞給紅白貳事兵丁花名月日銀數開造
四柱清冊出具並無浮冒印結移送到司該布
政使查得道光貳拾陸年分各營通共額估兵
丁紅白賞恤銀壹萬貳千玖百壹拾叁兩肆錢
陸分玖釐舊管道光貳拾伍年分存剩銀陸百
伍兩陸錢玖分肆釐已造入道光貳拾柒年秋
季冊內報撥新收道光貳拾陸年分請領賞恤
銀壹萬貳千玖百壹拾叁兩肆錢陸分玖釐開
除項下道光貳拾陸年分按依額估照例賞過
紅白貳事兵丁銀壹萬貳千捌拾壹兩伍錢在

於新收銀壹萬貳千玖百壹拾叁兩肆錢陸分
玖釐數內動支外實在存剩銀捌百叁拾壹兩
玖錢陸分玖釐俱經解繳司庫存貯俟造入道
光貳拾捌年秋季冊內報撥所有各營造報賞
過紅白貳事銀兩按冊覆核無異理合彙造簡
明清冊同各營冊結一併詳請查核
題銷等情前來臣覆查無異除冊結分送部科外
理合恭疏具
題伏乞
皇上聖鑒勅部議覆施行爲此具本謹
題請
旨

道光貳拾柒年拾貳月貳拾日兵部尚書兼都察院右副都御史總督雲貴等處地方軍務兼理糧餉臣林則徐

兵部尚書兼都察院右副都御史總督雲貴等處地方軍務兼理糧餉臣林則徐謹

題爲

題銷事案照黔省兵丁歲需紅白貳事賞號銀兩

例應按年

題銷茲據貴州布政使羅繞典詳稱查得道光貳拾陸年分各營通共額估兵丁紅白賞䘏銀壹萬貳千玖百壹拾叁兩肆錢陸分玖釐除貳拾陸年分照例賞過紅白貳事兵丁銀壹萬貳千捌拾壹兩伍錢外實在存剩銀捌百叁拾壹兩玖錢陸分玖釐俱經解繳司庫存貯報撥彙造清冊同各營冊結詳請

題銷前來臣覆查無異除冊結分送部科外謹

題請

旨

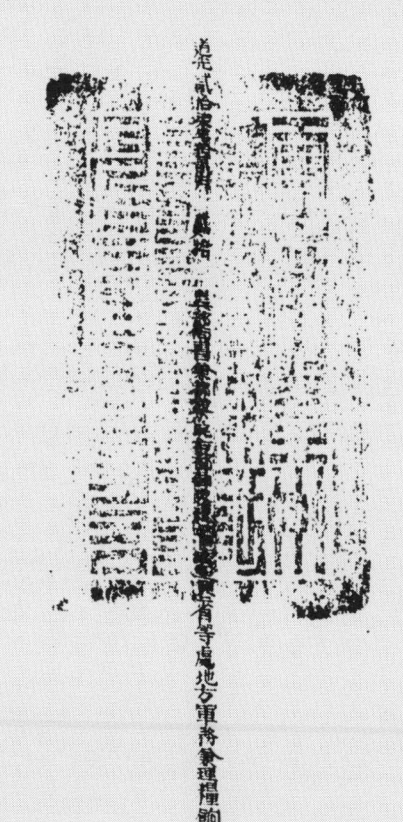

二七

雲貴總督林則徐題本　題請以德齡署理貴州松桃協副將印務

道光二十七年十二月二十日

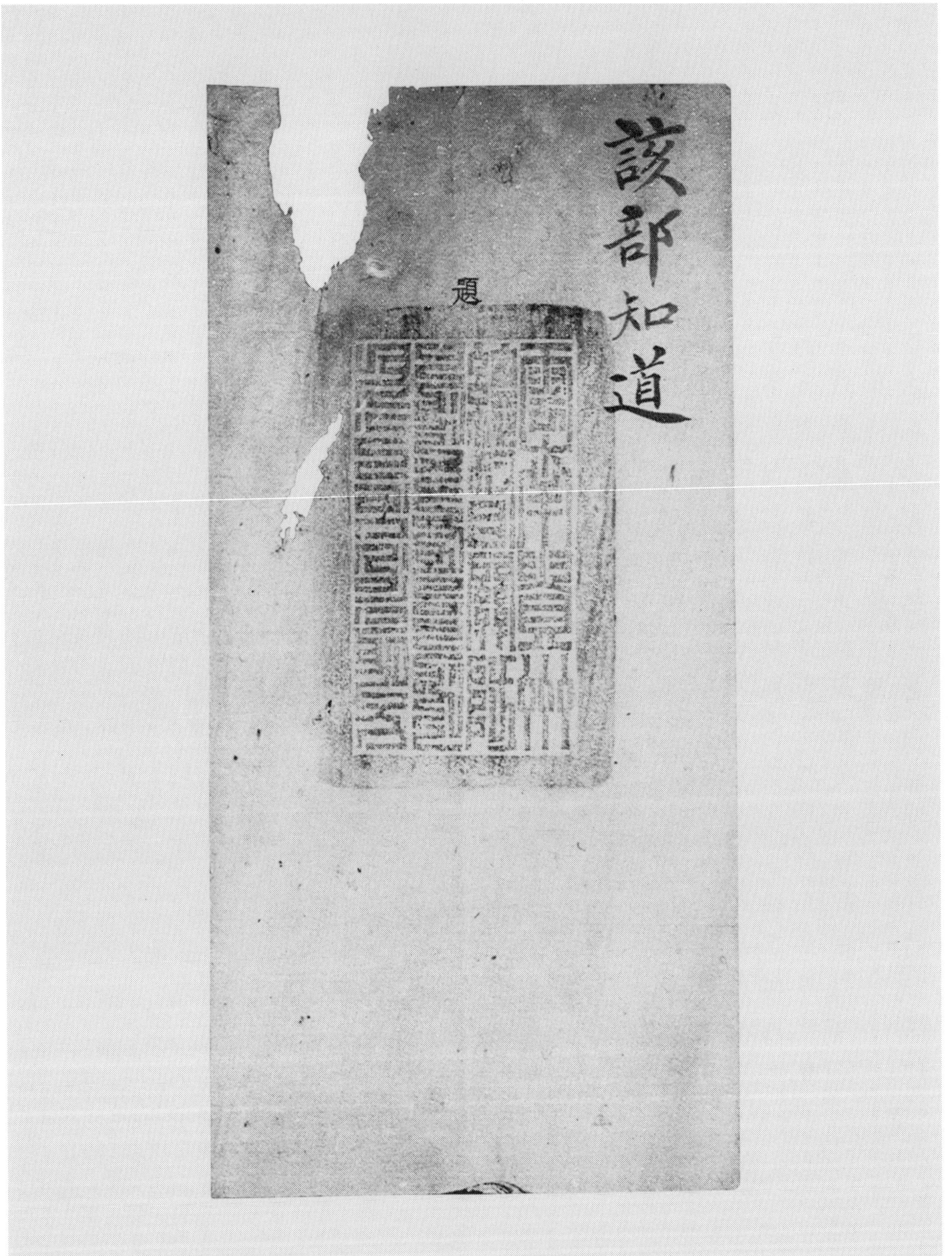

雲貴總督林則徐題本　**題請以德齡署理貴州松桃協副將印務**

雲貴總督林則徐題本 題請以德齡署理貴州松桃協副將印務
道光二十七年十二月二十日

兵部尚書兼都察院右副都御史總督雲貴等處地方軍務兼理糧餉臣林則徐謹
題爲委署副將循例具
題事竊查定例副將遇有陞遷事故懸缺需員署
理如委署在壹年以内者該督撫恭疏具題等
語今查現護貴州松桃協副將古州鎮標中軍
遊擊王夢麟應行飭回本任所遺松桃協副將
印務應即委員接署查有都勻協右營遊擊德
齡年強才裕訓練勤明堪以署理除檄飭遵照
外所有委署副將緣由理合恭疏具
題伏乞
皇上聖鑒敕部查照施行爲此具本謹具
題

雲貴總督林則徐題本　題請以德齡署理貴州松桃協副將印務
道光二十七年十二月二十日

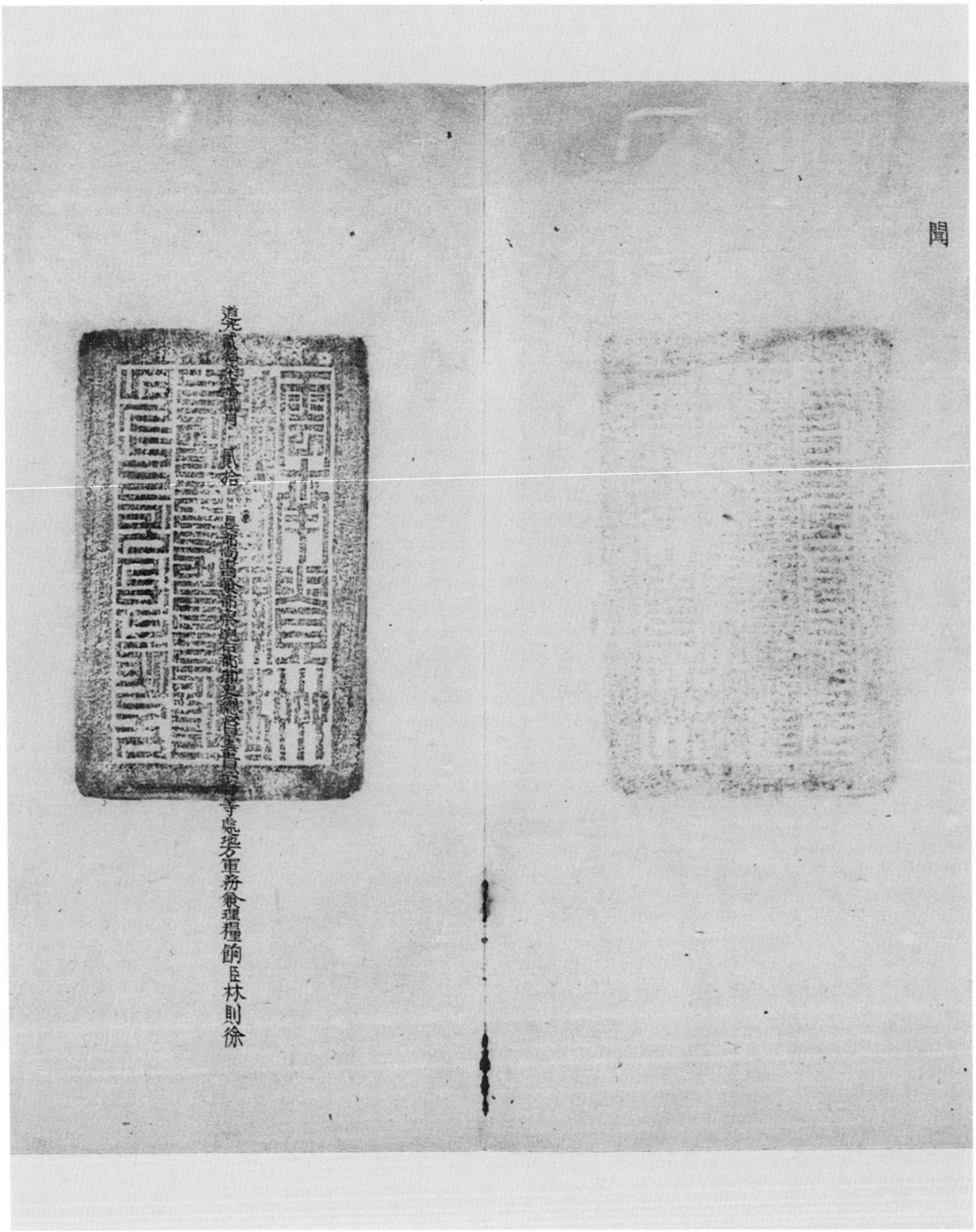
聞

道光貳拾柒年拾貳月　貳拾　日兵部尚書兼都察院右副都御史總督雲南貴州等處地方軍務兼理糧餉臣林則徐

二七

雲貴總督林則徐題本　題請以德齡署理貴州松桃協副將印務
道光二十七年十二月二十日

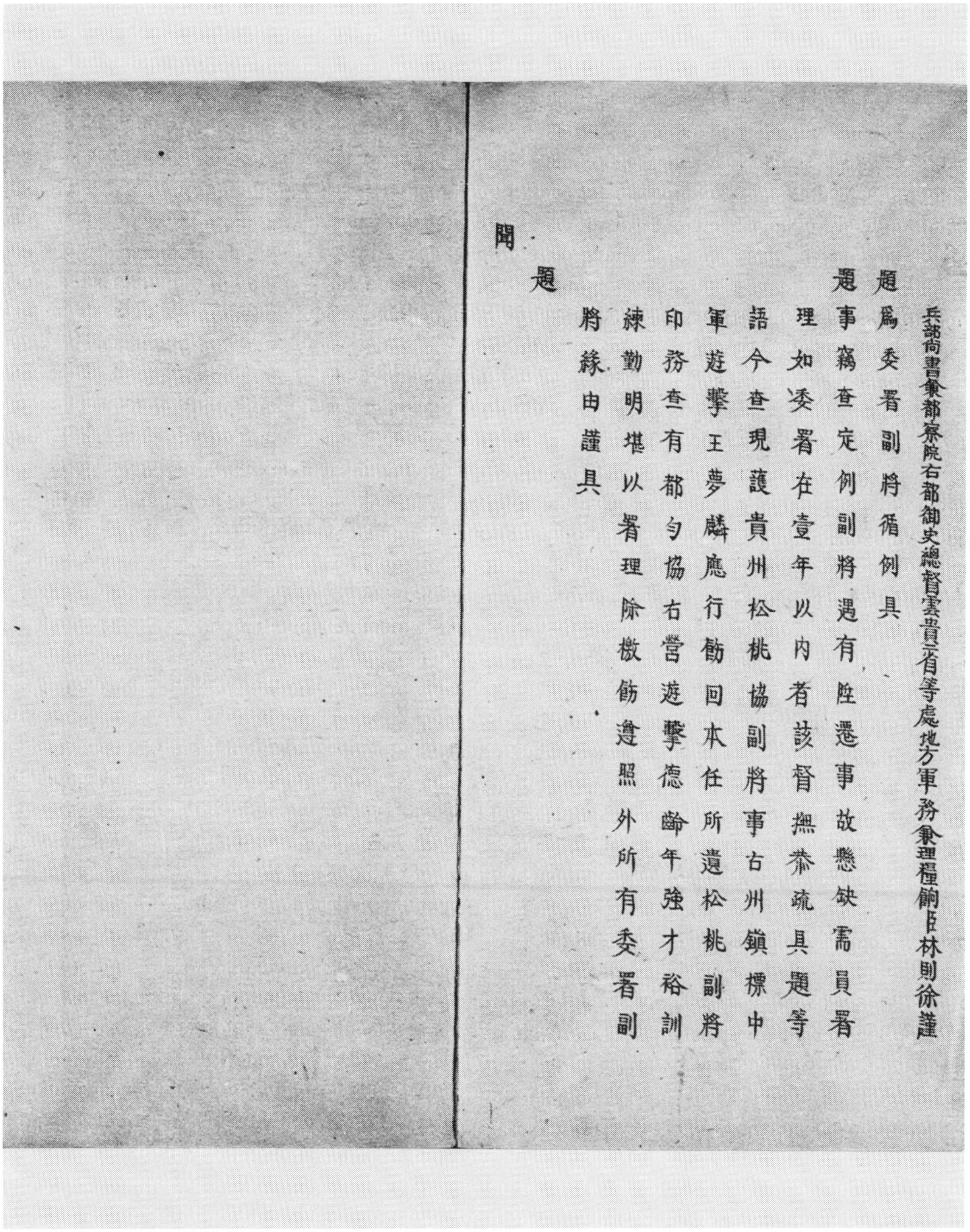

兵部尚書兼都察院右都御史總督雲貴二省等處地方軍務兼理糧餉臣林則徐謹
題為委署副將循例具
題事竊查定例副將遇有陞遷事故懸缺需員署
理如委署在壹年以内者該督撫恭疏具題等
語今查現護貴州松桃協副將事古州鎮標中
軍遊擊王夢麟應行飭回本任所遺松桃副將
印務查有都匀協右營遊擊德齡年強才裕訓
練勤明堪以署理除檄飭遵照外所有委署副
將緣由謹具
題
聞

雲貴總督林則徐等奏摺　**遵旨查明滇省道光二十七年無私鑄錢文及行使小錢**

雲貴總督林則徐等奏摺　遵旨查明滇省道光二十七年無私鑄錢文及行使小錢
道光二十七年十二月二十一日

雲貴總督臣林則徐
雲南巡撫臣程矞采跪

奏為遵
旨查禁私鑄仰祈
聖鑒事竊照道光十年欽奉
上諭御史徐培深奏請飭禁私錢一摺著各直省督
撫一體飭屬查禁毋得稍有懈弛責成各州縣隨
時訪拏究辦並於年終出具境内並無私鑄及行
使小錢印結詳報督撫督撫於年終具奏一次毋
得視為具文以肅錢法欽此臣等伏查私鑄小錢
最為圜法之害滇省山深箐密素產銅鉛誠恐
稽察稍疎奸徒潛匿私鑄致有民間行使小錢
之弊均經前督撫臣札飭各廠員及地方官嚴

密訪拏究辦歷屆年底取具各屬印結
奏報在案本年據各廳州縣詳報民間行使俱係
局鑄制錢並無小錢攙雜等情出具印結經該
管道府州等查明加結由藩臬兩司詳請具
奏前來臣等覆加訪查無異除仍飭司道嚴檄各
屬認真查禁並於深山僻壤會同營員隨時巡
拏有犯必獲務期私鑄絕跡官錢流通不得稍
有懈弛致干叅究外臣等謹合詞具
奏伏乞
皇上聖鑒謹
奏
覽

雲貴總督林則徐等奏摺　遵旨查明滇省道光二十七年無私鑄錢文及行使小錢

道光二十七年十二月二十一日

道光二十七年十二月　二十一　日

雲貴總督林則徐等奏摺　萬寶廠辦運銅觔造報數目疎漏請更正並自請處分

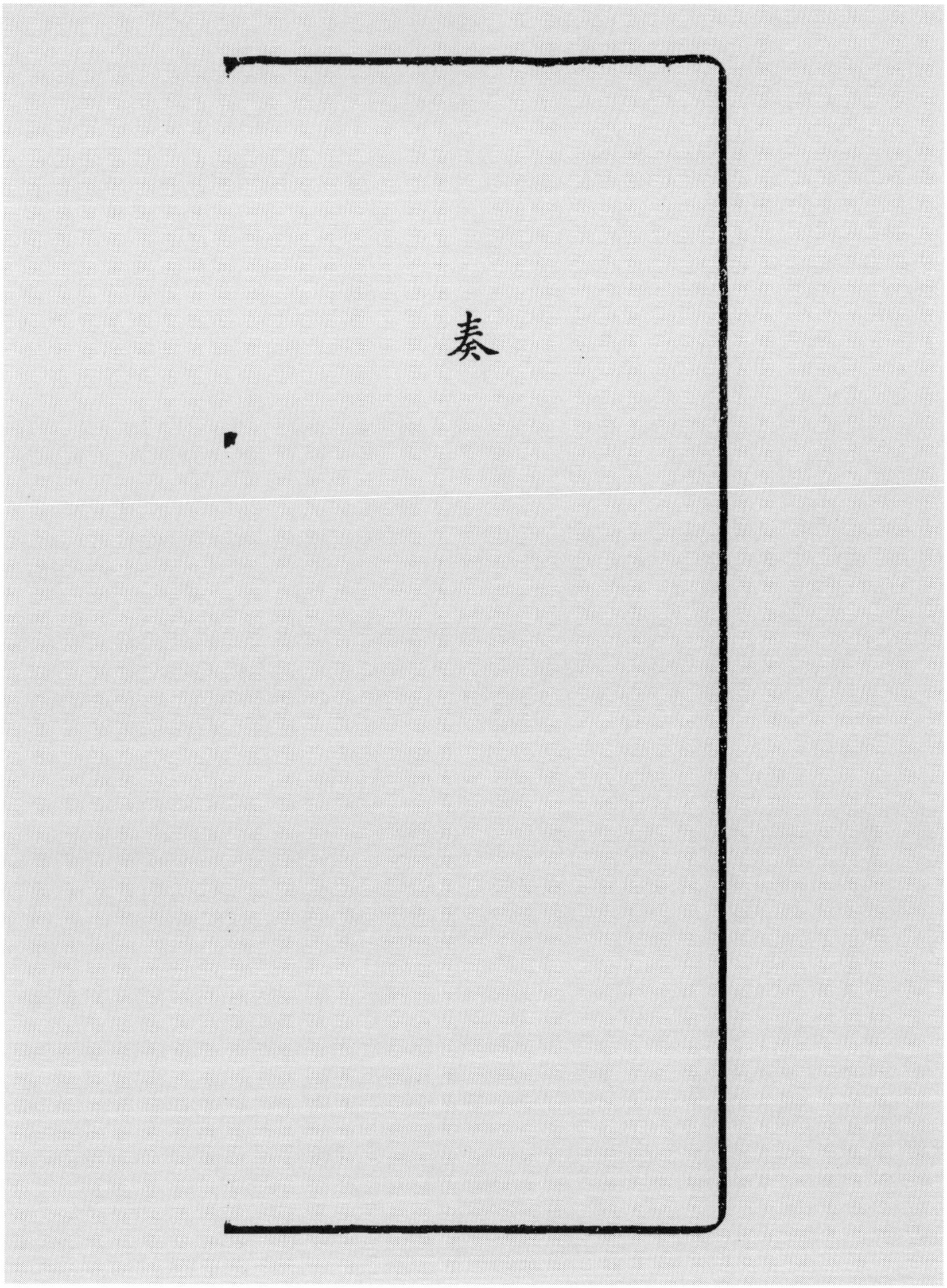
奏

雲貴總督臣林則徐
雲南巡撫臣程矞采跪

奏為續經查明歷年奏銷漏收萬寶廠辦運銅觔致存除數目不符請更正補收以歸核實恭摺

奏祈

聖鑒事竊查臣等前次具奏清查銅款一摺欽奉

硃批交部核議應俟部覆遵辦外因積年銅務款目紛繁恐尚有遺漏仍督飭藩司詳細稽查兹據藩司趙光祖詳稱查有易門縣經管之萬寶廠年辦額銅三十萬觔以前由司按年詳撥省局鼓鑄及各省採買迨嘉慶十七年改議滇銅粤鹽互易章程酌定萬寶廠於年辦額銅内專撥粤東省易鹽正耗餘銅十萬七千三百觔零運

交广南府收贮洛粤委员接运馀铜由司详拨
局採入册奏销自嘉庆十八年为始补运粤东
省十三年分铸铜递年儧运至道光二十五年
计该三十八运内除粤东省咨停五年又滇省
已运尚未准粤东省咨销开除者三年按奏销
册报计三十运与粤盐互易年分係属符合而
滇省二十五年分奏销册造开除该厂办运过
二十二年分粤铜十万七千三百觔外仅存厂
铜十七万五千二百六十九觔此项存铜係前
厂员李耀瑚改煎亏折归於叅追案内计价作
抵并无实铜存厂而该厂二十五年分册报除
办运过二十三年分粤铜及局铸採买外尚存

廠銅四十六萬八千六十一觔零較該年司冊
奏銷多運一年粵銅十萬七千三百觔零並多
出存廠銅二十九萬二千七百九十二觔㳂查
嘉慶九年以前冊卷多有殘缺其自嘉慶九年
起司冊奏銷與該廠冊報存除數目多寡已屬
不符以後接流造報歷年蹖誤實緣從前各廠
辦運局鑄採買豐嗇不等多有通融借撥其辦
運及實存銅觔奏銷冊内係籠統登列並無分
廠細數嗣嘉慶七年奉部咨令分晰開造始行
分廠造報該廠長存銅數奏銷漏未收造誤於
何年無從追㳂第此項存銅二十九萬二千七
百九十二觔雖司冊漏入奏銷而銅觔已運廣

南存貯款係長餘並無弊竇復督同委員查核該廠撥運粵銅係按年辦存陸續發運俟粵省接運咨銷始入開除項下其已辦運未准粵省接運咨銷者仍列作存廠該廠冊報辦運及存廠銅數按年滾算均與撥額相符因該廠員嚴廷珏項瀛辦運二十三四兩年分粵銅共二十一萬四千六百觔零未據運竣廣南府尚未報收當經飭查今據廣南府具報前項銅觔業已收竣並陸續收到該廠員孔昭鈖運交二十五年分粵銅七萬八千一百九十二觔係符該廠報存原數尚應運交尾數銅二萬九千一百八觔零亦據該廠員具報發運前於詳

奏清查銅款案內未將此款查明實屬疎漏惟此
項銅觔既係漏造於前不敢踵誤於後理合據
實詳請具
奏更正於下屆奏銷册內補收造報按照開除其
已經辦運未准粤省接運咨銷銅觔仍於該廠
實存項下登明以歸核實等情臣等查萬寶廠
撥辦粤銅及局採銅觔係按年照額辦運該廠
册報存除數目並無錯誤因從前司册奏銷漏
收銅二十九萬二千七百九十二觔以致遞年
踵誤今此項粤銅已如數運交廣南府存貯出
有實收係屬實銅實運委無弊混臣等不敢因
清查銅款

奏報於前銷存廻護理合據實檢舉請
旨勅部更正俾於下屆奏銷冊内補收造報庶數十
年轇轕之款全數清釐銅銀冊報亦昭確實嗣
後如再有通融借撥務即隨時照數補還免滋
牽混所有從前歷任藩司奏銷舛錯尚非虧短
銅觔且事遠年湮應請免其查議至此次清查
摺内未經查明聲叙臣等暨藩司趙光祖疎忽
之咎均屬難辭應請
旨一併交部議處再前項辦運粵銅工本脚費業經
按年墊發應俟粵東省接運咨銷在於應給粵
鹽價值水脚銀内報撥歸款合併陳明謹合詞
恭摺具

奏伏乞
皇上聖鑒訓示謹
奏
另有旨

道光二十七年十二月 二十一 日

雲貴總督林則徐等奏摺　請撥補滇銅改煎炭工折耗銀並請毋庸改煎仍發黔省委運

道光二十七年十二月二十一日

雲貴總督林則徐等奏摺　請撥補滇銅改煎炭工折耗銀並請毋庸改煎仍發黔省委運

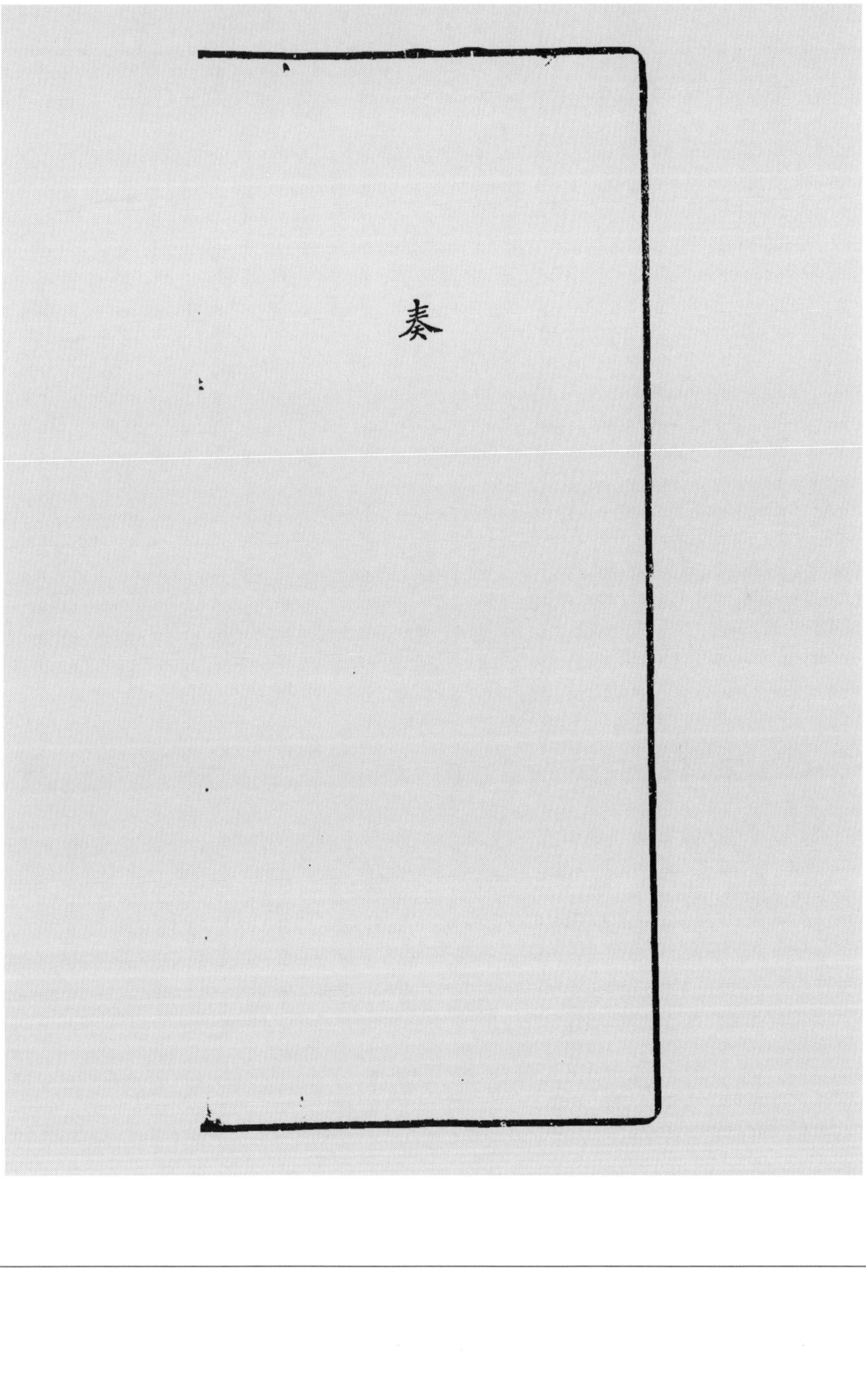
奏

二七

雲貴總督林則徐等奏摺　請撥補滇銅改煎炭工折耗銀並請毋庸改煎仍發黔省委運

道光二十七年十二月二十一日

雲貴總督臣林則徐
雲南巡撫臣程矞采跪

奏為萬寶等廠採銅改煎京運成色不敷仰懇

天恩俯准仍照原議以寧台得寶二廠例價貼補炭工折耗並各省現復採買滇銅舊存白羊等廠銅觔請毋庸改煎仍撥採買仰祈

聖鑒事竊查滇省每年額辦京銅六百三十三萬餘觔以前年有長辦得資挹注嗣因寧台得寶二廠硐被水淹每年約短辦銅二百餘萬湯碌等廠亦因硐深礦薄僅辦七成上下計乙丙二年尚有舊銅朘湊以後恐瀘兌不敷經前督臣賀長齡撫臣鄭祖琛奏請將向辦局採之萬寶義都大寶鳳凰坡紅石巖紅坡大興發古迴龍馬

二七　雲貴總督林則徐等奏摺　請撥補滇銅改煎炭工折耗銀並請毋庸改煎仍發黔省委運　道光二十七年十二月二十一日

龍寨子箐亞基老硐坪等廠年辦正額局採並
加辦銅内除留運粵省易鹽銅觔外餘銅一百
二十二萬餘觔改辦京銅抵補寧台等廠短額
惟炭工折耗資本不敷請以寧台得寶二廠例
價牽合攤算按其多寡分貼萬寶等廠炭工折
耗又下關店及雲南府倉舊存白羊等廠採銅
一百七十餘萬因各省停辦採買積壓京銅工
本請核明成色改煎備抵京運奉
旨戶部議奏嗣經部議覆應如所奏辦理惟萬寶等
廠改辦京銅並改煎白羊等廠採銅仍俱照各
該年奏銷原案止准開銷銅價不得於例價之
外復添火工折耗名目另行請銷以節經費而

杜浮支等因咨滇飭行遵辦茲據藩司趙光祖
詳據萬寶等廠員稟稱各該廠礦不純淨難供
京銅是以向撥局採今改辦京運須倍加工火
始足八五以上成色每改煎一爐較原銷例價
不敷銀八九錢至二兩三四錢虧折過多爐戶
力難承辦各廠員恐誤京運自行設爐改煎核
計炭工折耗亦如前數開摺由司詳核前來臣
等伏查萬寶等廠原定成色係辦供局採今改
煎京銅必須加工煅煉炭工折耗浮於例價係
屬實在情形不惟爐戶難以賠貼即廠員添貲
煎辦亦難歲以為常前請將寧台得寶二廠減
辦額銅之鎔煉折耗原銷價值勻撥貼補藉以

酌盈劑虛免致煎辦竭蹶今部議照各該年奏銷原案止准開銷銅價不得復銷火工折耗係為慎重經費如果成本足敷自應力為撙節惟京採銅觔原有區別例定價值亦判低昂茲以採銅改辦京銅工火折耗較多需費若止銷本廠例價則賠貼不支誠虞束手遷延缺誤京運合無仰懇

天恩俯准仍照原議以寧台得寶坪廠減辦銅一百二十萬觔之鎔煉折耗節省例銷價值按現在改辦京銅各廠之原定銅色高低勻算貼補以資改煎工火折耗如有不敷由各廠自行籌補似此量為裒益以本款之盈餘補代辦之支絀

於經費無所加增而辦理不致掣肘實於京運有裨其寧台等廠仍飭設法調劑俟有起色或得豐旺新廠仍照舊章原額分廠採辦以免分歧至奏准改煎下關店及雲南府倉舊存白羊等廠採銅一百七十餘萬業經藩司趙光祖飭委試用州判李熙募匠試煎嗣據報白羊等廠採銅原定係七三八一等成色今改煎八五京銅當即酌提試改白羊廠銅每百觔須折耗二十八觔馬龍寨子箐廠銅每百觔須折耗二十二三觔蠻浪迴龍亞基廠銅每百觔須折耗十五六觔約共須折耗銅三十五萬數千觔並須煅煉三次方成八五銅色每百觔需炭工銀六

錢餘分約共需炭工銀一萬數百兩臣等查此
項採銅原辦廠員係照原定成色煎辦並無偷
減而改煎京銅工火折耗為數既鉅且前擬改
煎原因各省俱停採買積壓京銅工本是以變
通辦理今貴州浙江陝西等省均委員赴滇採
買正值需銅撥兑查乙巳丙午兩年京銅已先
後兑撥輓運該二年銅廠奏銷亦皆報辦足額
寧台湯丹等廠雖屬衰疲而大功萬寶等廠尚
能加辦所有丁未年京銅現經督飭各該廠員
上緊辦運以後接年儹辦不敢怠延前項白羊
等廠採銅若仍改煎京運不特折耗工火為數
較繁且令各省採買委員頻年守候另辦撥給

尤滋輾轉臣等再三籌酌所有白羊等廠採銅
現在各省均復採買應請毋庸改煎仍以原銅
撥給貴州等省委員領運俾各省不致久候誤
鑄而於京銅工本亦不致日久積壓似屬兩有
裨益是否有當謹合詞恭摺具
奏伏乞
皇上聖鑒訓示謹
奏
户部再行覈議具奏

道光二十七年十二月 廿一 日

遵

旨查開王大臣年歲生日單

惠親王綿愉年三十五歲二月二十七日生日

禮親王全齡年三十二歲十一月初八日生日

睿親王仁壽年三十九歲三月初六日生日

鄭親王端華年四十二歲十月初十日生日

豫親王義道年三十歲三月十一日生日

肅親王敬敏年七十六歲十二月二十三日生日

莊親王奕仁年二十六歲十月十三日生日

怡親王載垣年三十三歲八月二十六日生日

瑞郡王奕誌年二十二歲九月十一月生日

克勤郡王慶惠年三十歲十月初六日生日

順承郡王春山年四十九歲四月初一日生日
定郡王載銓年五十五歲八月二十二日生日
成郡王載銳年四十四歲正月二十一日生日
大學士穆彰阿年六十七歲十二月二十九日生日
大學士潘世恩年八十歲十二月二十一日生日
大學士寶興年七十二歲十一月二十一日生日
大學士卓秉恬年六十六歲四月二十四日生日
協辦大學士總督耆英年六十二歲二月初二日生日
協辦大學士尚書陳官俊年六十七歲四月二十二日生日
尚書恩桂年四十九歲八月二十日生日
尚書賽尚阿年五十一歲五月二十日生日
尚書祁寯藻年五十六歲六月初四日生日

尚書保昌年七十五歲八月十七日生日

尚書賈楨年五十一歲九月二十二日生日

尚書文慶年五十三歲三月二十三日生日

尚書魏元烺年七十歲十二月二十二日生日

尚書阿勒清阿年七十三歲十二月二十七日生日

尚書李振祜年七十二歲五月十一日生日

尚書特登額年七十歲二月初六日生日

尚書杜受田年六十二歲九月初三日生日

尚書吉倫泰年五十六歲正月十九日生日

左都御史成剛年七十五歲九月初十日生日

左都御史孫瑞珍年六十六歲二月初六日生日

都統將軍薩迎阿年六十八歲五月二十四日生日

清單　林則徐等王大臣年歲生日單
道光二十八年正月初二日

都統那遜巴圖年三十三歲十一月初五日生日
都統中山年七十二歲正月初三日生日
都統僧格林沁年三十八歲六月初五日生日
都統綿岫年六十八歲十二月二十日生日
都統車登巴咱爾年三十二歲七月十四日生日
都統祿普年六十五歲四月二十日生日
都統綿偲年七十三歲二月二十九日生日
總督訥爾經額年六十六歲七月十七日生日
總督李星沅年五十二歲六月十四日生日
總督布彥泰年五十八歲五月二十八日生日
總督劉韻珂年五十九歲十二月十九日生日
總督裕泰年六十一歲十一月十二日生日

清單　林則徐等王大臣年歲生日單
道光二十八年正月初二日

總督琦善年六十二歲十二月十九日生日
總督林則徐年六十四歲七月二十六日生日
將軍奕興年三十六歲二月初二日生日
將軍經額布年七十四歲十月初九日生日
將軍英隆年五十六歲七月十三日生日
將軍札勒罕泰年五十九歲八月初五日生日
將軍舒倫保年六十四歲二月初二日生日
將軍裕瑞年四十五歲十月二十五日生日
將軍奕湘年五十三歲五月十九日生日
將軍賡福年六十一歲二月初十日生日
將軍穆特恩年六十六歲八月十六日生日
將軍壁昌年七十一歲四月初五日生日

將軍廉敬年七十二歲四月初五日生日
將軍成王年六十八歲六月初一日生日
將軍特依順年六十四歲六月初六日生日
察哈爾都統裕誠年五十八歲六月二十六日生日
熱河都統桂良年六十四歲八月初六日生日
烏嚕木齊都統惟勤年六十一歲六月初七日生日
致仕大學士阮元年八十五歲正月二十日生日

雲貴總督林則徐奏摺　請以伊克坦布陞署貴州清江協副將

奏

雲貴總督臣林則徐跪

奏為苗疆要缺副將題補乏員恭懇

聖恩俯准先行升署以裨地方事竊照貴州清江協

副將烏勒欣泰奉

旨簡放山西太原鎮總兵所遺清江協副將員缺接

准部咨行令於應升人員內揀選題補查該協

地方遼闊民苗雜處營汛較多係苗疆要缺非

老成歷練之員不足以資統率臣逐加揀選黔

省叅將七員內除歷俸未滿及懸缺未補共五

員其歷俸已滿者僅止丹江營叅將周鳳岐朗

洞營叅將伊克坦布二員查周鳳岐於清江苗

疆之缺人地未見相宜惟伊克坦布年五十九

歲正藍旗滿洲人由烏鎗護軍揀發閩浙以都
司差遣委用題補象山協左營都司推升雲南
景蒙營游擊出師廣東打仗奮勇奉
旨賞戴花翎嗣准兵部掣補提標中軍參將調補貴
州朗洞營參將該員歷練勤明出師著績在參
將中洵為出色且係歷俸已滿之員請以升補
清江協副將於苗疆營伍可期辦理裕如惟該
員前丁母憂服尚未滿與升轉之例不符但一
時揀選乏員人地實在相需合無仰懇
皇上天恩俯念苗疆副將員缺緊要准以伊克坦布
先行升署清江協副將實於地方有裨仍俟服
滿後另請實授臣因苗疆要缺需員起見謹會

同貴州撫臣喬用遷提臣王一鳳恭摺具

奏伏乞

皇上聖鑒訓示謹

奏

另有旨

道光二十八年正月　十三　日

雲貴總督林則徐等奏摺

查明保山縣七哨滋事調兵辦理起程日期

雲貴總督林則徐等奏摺　查明保山縣七哨滋事調兵辦理起程日期
道光二十八年正月十三日

雲貴總督臣林則徐
雲南巡撫臣程矞采跪

奏為保山縣七哨匪徒打奪解省人證隨又焚燒縣署刦放獄囚殘殺城内回民及在官丁役鎮道府縣現俱被困在城道路梗塞文報沉滯不得不調兵勦辦臣林則徐擬赴大理府就近調度仍先出示散其黨羽以冀首要各犯作速就擒地方仍歸綏靜謹將籌辦情形恭摺奏祈

聖鑒事竊臣等前因永昌回民兩起京控欽奉

諭旨交審飭提被告人證解省日久未見解到訪聞該處漢民欲將應解之人抗匿不解而未據該道府具稟永昌距省十九站當又疊札飭查並將所訪大略情形於上年十二月十六日合詞

附片具

奏在案嗣經查據保山鄰境各文武先後探報十一月二十九日永昌府縣會營帶兵押解京控案内被證至離城四十里之官坡被保山哨民刦去次日又擁入城内焚燒保山縣署監犯盡行放出先經招復之回民現被搜殺無存沿途哨民聚集阻塞道路搜檢公文凡有關係之件均不能遞送江橋板片已被拆去各等情迨十二月二十五日始接據該處鎮道及府縣營員會禀則稱十二月初一日起解京控人證周曰庠等九名行至官坡因聞前途有回匪聚衆圖搶該被證等恐被殺害哭求緩解是日街期衆

民紛紛跪求因人多擁擠周曰庠等走散旋報
城内回民放火延燒縣署監獄漢民救火匪回
齊出搶殺被兵練格殺多命監犯亦乘間逸出
等語臣等查保山城内文報業已多日不通而
此次鎮道府縣等會稟忽然同日遞到其詞又
皆畫一而覈與隣境文武所報情節大相懸殊
此中愈多疑竇當復疊遣弁兵差役分投飛探
並查有由保山逃出之脚夫數人陸續傳訊始
知該處七哨匪徒不下數十萬人每聚衆時用
牛角一吹無不蜂擁而至此次打奪京控人證
實係十一月二十九日之事其時文武帶領兵
役雖有數百名無如哨匪纍萬趕來槍礮亂放

有騰越鎮標外委胡恩榮左臂被礮子打穿存亡未卜各文員乘坐之轎俱被打碎武員軍械馬匹被奪一空其次日即係十二月初一日各文武正在會議辦理此案未開城門忽有無數哨匪越城擁進聲稱搜殺回匪查保山城内有甫經由官招復之回民百餘人逃赴縣署聲喊救命該哨匪遂追趕至縣一齊放火將縣署全行燒燬回民盡行殺斃並有騰越廳回民來府應試亦被殺斃多名又以各衙門及公館有回子藏匿恃衆搜殺並將迤西道之家丁誤認為回人殺死二名其赴縣監放囚之時有縣役張五攔阻亦被殺害所有在城文武隨帶丁役無

多其永昌協兵丁亦係該處之人勢難恃其捍
衛自鎮道府縣以及各委員皆被困窘在城每
日市糧限數出糶該處有瀾滄江一道為省城
及東路各屬赴永必由之路該哨匪將江橋板
片折斷並聚多人把守如有公文遞過哨匪即
攔截拆看立時撕毀永平縣遣遞公文差役亦
被殺死二人其餘各處隘口均被匪黨把守無
人得入是以臣等節次飭查各文件俱無下落
其忽然遞省之會稟即係哨匪揑就情詞逼令
書吏繕寫勒官用印發申而其實在真情除隣
境探報及臣等查訊之外全不得信查該處哨
匪如此不法雖尚未聞戕害各官而抗拒勒逼

情形即與反叛何異推其藐法之由聞自道光十三年間該處設立牛叢挾讎擅殺經署永昌府陳錫熊署保山縣吳繩先後親往查禁均被圍困窘辱勒令寫立不辦字據用印給付為憑始行放出其事竟已寢息嗣後該處之民直皆目無官長前兩年該哨與回結釁互相焚殺厥罪惟均祇因回匪有拒敵大兵戕官劫囚等事是以用兵專為剿回而設其哨民尚無抗官情罪故未加兵今逆情如此昭彰直欲負嵎梗化若再化大為小不獨永昌竟成域外而凡漢回匪類孰不恃居邊遠羣起效尤臣等與司道各員再三商酌並查知回民現亦四處糾黨各圖

二七　雲貴總督林則徐等奏摺　查明保山縣七哨滋事調兵辦理起程日期　道光二十八年正月十三日

報復若再互相讎殺禍患更必蔓延須得多調重兵方足以示彈壓而資勦辦查七哨有數十萬之眾若兵力單弱深恐損威其永昌順雲一帶之兵既因要隘甚多難以分撥且須防其勾結必得另調他處之兵是以札商提臣榮玉材先於提標及維西永北鶴麗劍川景蒙等營調兵約二千餘名為前隊一起交榮玉材帶領先赴永平駐劄相機前進又調省標六營及曲尋開化各兵約二千名為中隊一起赴大理聽候調遣又調昭通東川兵七百名令昭通鎮總兵劉定選統帶並調貴州提標及威寧安義二鎮兵共一千二百名交安義鎮總兵秦鍾英統帶

為後路一起陸續進發以上約調兵六千名皆由東路前往其永昌以西有騰越龍陵一鎮一協之兵亦經酌調二千名由西路前進以期夾擊復查歷次廸西用兵無不添雇練勇緣該處山川險阻箐密林深客兵路徑生疎易滋迷悞須用慣習山路之土民夷練或指引嚮導或分截要隘兼杜匪徒竄伏以防意外之虞臣等亦已分飭各土司雇備精練並札該管府營認真挑選以資應用但查永昌之瀾滄江兩岸皆依山為險路極彎曲江橋一座為往來咽喉要路今經該匪拆去橋板聚眾防守恐此路未易進兵若不得已則各處官兵均須繞道順寧府前

二七　雲貴總督林則徐等奏摺　查明保山縣七哨滋事調兵辦理起程日期

道光二十八年正月十三日

進臣等分檄經過各地方豫為佈置已有眉目計各路官兵正月底可以到齊臣林則徐擬於十九日由省起身赴大理府駐劄督辦該處距省城十三站距永昌六站自可隨時相度機宜分別調度臣程矞采仍在省城督催各路官兵籌辦糧餉接濟所有總督衙門日行事件暫委藩司趙光祖代拆代行其緊要事宜仍包封寄至行次由臣覈辦至軍需應用經費查滇省別無間款可籌祇得於鹽課項下借動銀十萬兩先行濟用惟目前哨匪聯為一氣良莠不分若概予征勦恐脅從者自知不免亦復相率抵敵礙難辦理是以臣等先行剴切出示遍貼曉諭

以附近各村漢民如不敢隨同附和定不概予株連即先已被脅勉從者但能悔罪輸誠亦可量邀末減果其心存畏懼不敢始終怙惡須將首要各犯迅速自行縛獻以正刑誅所有江橋板片亟須照舊鋪平各處隘口不許阻攔行旅往來文報毋得截留撕毀被搶軍械作速照數繳還以上各事如果逐一遵行或可網開一面免致盡數殲除若仍冥頑不靈罔知利害則大兵一臨惟有痛加勦洗人皆粉骨碎身地盡犁庭埽穴不能曲予保全如此大加曉諭庶黨羽可漸解散元惡易就殲擒臣等惟有極力籌維冀地方速歸安謐以仰副

聖主綏靖邊隅除莠安良之至意所有查明哨匪滋
事調兵辦理緣由謹合詞恭摺具
奏伏乞
皇上聖鑒訓示再滇省程途遥遠差弁賫摺約須四
十日始能到京臣等恐厪
聖懷嗣後軍務之摺即請由馬上飛遞合併聲明謹
奏
此摺即應由驛馳奏何待嗣
後另有旨

雲貴總督林則徐等奏摺 查明保山縣七哨滋事調兵辦理起程日期

道光二十八年正月十三日

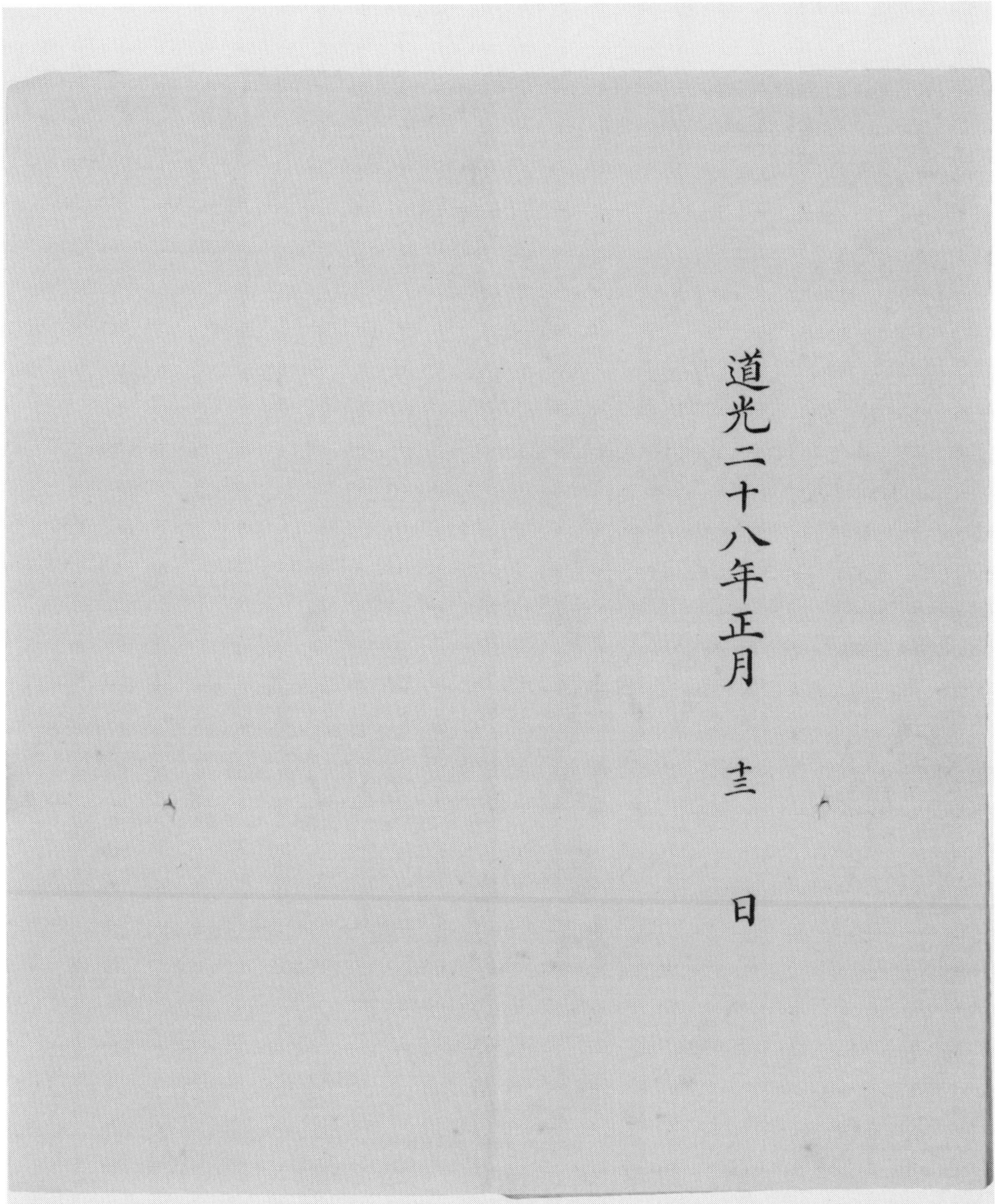

道光二十八年正月 十三 日

雲貴總督林則徐等奏摺　彙核到任以後所獲搶劫等各案犯數
道光二十八年正月十三日

雲貴總督林則徐等奏摺　**彙核到任以後所獲搶劫等各案犯數**

雲貴總督林則徐等奏摺　彙核到任以後所獲搶劫等各案犯數
道光二十八年正月十三日

雲貴總督臣林則徐
雲南巡撫臣程矞采跪

奏為彙覈臣等到任以後飭屬拏獲搶刦等案盜
匪恭摺奏祈
聖鑒事竊臣等現准部咨欽奉
上諭御史張寶璿奏州縣吏役縱匪殃民請飭查懲
辦一摺嗣後各直省督撫務當嚴飭各該州縣偵
緝匪徒漸絶根株以除莠安良為心無得藉口積
重難返畏難苟安等因欽此臣等跪誦再三莫名
欽懔伏查滇省地處極邊山箐叢密且界連川
黔粵西三省五方雜處匪徒易於溷跡而銅銀
各廠招聚砂丁攻採尤多獷悍之徒從前廠產
豐旺若輩尚可資生不致盡流為盜近因各廠

均形疲滯其砂丁輒經星散遂致糾眾肆刦靡惡不為又因連年迤西漢回互鬬滋事外匪溷跡其中附漢則自稱漢練附回則藉口難回四處潛蹤此拏彼竄而臨安開化廣南廣西四府州地方有沙夷儂夷等種習為盜賊商旅居民均受其害雖經前督撫臣添設營汛緝捕而盜風究未平息臣等於上年夏閒先後抵任各屬具報盜刦案件層見疊出當經隨案斟酌輕重勒限嚴緝而終恐視為習見踈懈因循隨復體察情形分派弁兵設卡偵緝並飭該管之鎮協營員與州縣聯為一氣協力兜擒如一處知有盜蹤立即攜帶兵練搜其巢穴一面飛移附近

數處截其竄逃之路倘隣境截堵不力查明賊
由何處竄逸即予該處縣營以縱匪之咎經此
嚴飭之後似文武各員均尚不敢推諉計截至
年底止除報獲杖刺以下小匪不計外實共破
獲搶刦等案五十九起賊犯二百六十七名均
據訊取確供報經臣等批飭訊究夥黨隨時跟
蹤追捕嗣後仍當責令各該文武無分畛域會
合搜擒不准稍有鬆勁除將現犯分別
題咨辦結外謹將所獲各犯案由人數另繕清單
恭呈
御覽臣等謹合詞恭摺具
奏伏乞

皇上聖鑒謹
奏

刑部知道單併發

道光二十八年正月　十三　日

雲貴總督林則徐等奏摺　永昌地方現值匪徒滋事請暫緩生童歲試日期

雲貴總督林則徐等奏摺　永昌地方現值匪徒滋事請暫緩生童歲試日期　道光二十八年正月十三日

二七

雲貴總督林則徐等奏摺　永昌地方現值匪徒滋事請暫緩生童歲試日期　道光二十八年正月十三日

雲貴總督臣林則徐
雲南巡撫臣程矞采　跪

奏為永昌地方現值匪徒滋事請暫緩生童歲試
之期恭摺奏祈
聖鑒事竊查滇南歲試文武生童向分九棚除澂江
府先經前任學臣蕭浚蘭按試外所有省城首
府及迤東迤南各府廳州並有例應歲科併考
者俱經臣孫毓溎挨次試竣惟迤西之永昌等
府共計四棚内楚雄府一棚附考黑白琅三鹽
井麗江蒙化永北三府廳附入大理府考試順
寧府附入永昌考試景東一棚則合鎮沅廳及
普洱府歲科併考應即先後按臨臣孫毓溎現
定於正月十六日出棚前赴景東開考次應接

考永昌適該府城匪徒滋事現調官兵剿辦所
屬生童難期雲集其附棚之順寧士子尤恐隔
屬聞風觀望未免裹足不前若照舊示期必致
遺棄真才無以宏敷
聖主作人雅化臣等公同籌議所有永昌府暨附考
之順寧府屬生童本年歲試均請暫緩日期臣
孫毓湋由景東廳試畢即順道考試大理楚雄
二府及附棚之黑白琅三鹽井並麗江蒙化永
北三府廳再辦省城及迤東迤南等處科試一
俟永昌事竣或令冬明春即前往該府並將附
棚之順寧府文武生童一併調齊歲科兼考俾
多士得以安心應試人才亦廣搜羅雖試期暫

為變通而於歲科俱無貽誤臣等謹會同學臣
孫毓溎合詞恭摺具
奏伏祈
皇上聖鑒訓示謹
奏
依議
道光二十八年正月　十三　日

上諭　著裕泰林則徐分別查閱簡校兩湖雲貴營伍

道光二十八年正月二十三日奉
旨本年輪應查閱湖北湖南雲南貴州等省營伍之期湖北湖南著即派裕泰雲南貴州著即派林則徐逐一查閱認真簡校如查有訓練不精軍實不齊者即將廢弛之將弁據實劾參毋得視為具文
欽此

上諭　著林則徐等諄飭道府曉諭香衆不得抗匿提解京控人犯

軍機大臣　字寄
雲貴總督林　雲南巡撫程　道光二十八年
正月二十五日奉
上諭林則徐等奏提解控案延未赴解等語雲南永昌地方漢回挾嫌互殺經該督撫等出示切實開導漢回已具結互保矢無反覆惟回民京控案件所指香匪現經提解竟敢藉詞意圖抗匿該匪等平日燒香結會往往挾讎擅殺平民匿不報官兹於提解人犯復敢糾約庇匿意欲抗拒此風斷不可長著林則徐等諄飭該道府等妥為曉諭釋其疑慮固不可操之過促致滋決裂亦斷不能任其抗拒不遵提訊總期默化潛移挽回風氣以綏邊

徼而靖宄頑將此各諭令知之欽此遵
旨寄信前來

上諭 林則徐等奏漏收銅觔著户部查明辦理林則徐等著交部議處

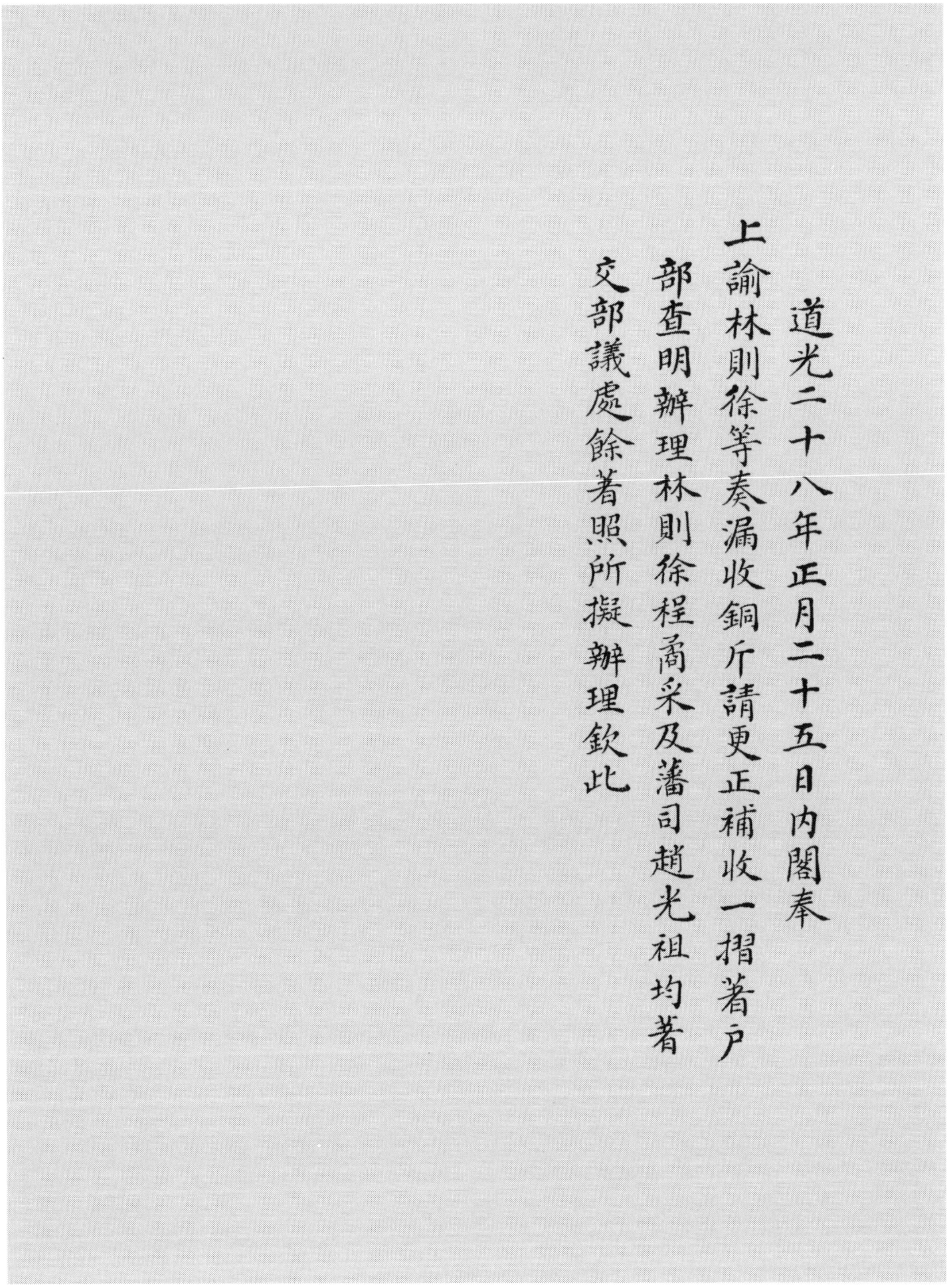

道光二十八年正月二十五日内閣奉
上諭林則徐等奏漏收銅斤請更正補收一摺著户
部查明辦理林則徐程矞采及藩司趙光祖均著
交部議處餘著照所擬辦理欽此

上諭　林則徐奏請揀發副將參將著兵部揀選引見

道光二十八年正月二十五日内閣奉
上諭林則徐奏請揀發副將參將各一員都司各二
員來黔以資委用著兵部於曾任綠營候補候選
人員内照例揀選帶領引見候旨發往欽此

上諭　著照林則徐所請雲南各銅廠欠有著勒追無著豁免

道光二十八年正月二十五日内閣奉
上諭林則徐等奏循案請豁廠欠一摺雲南各銅廠民欠工本銀兩除有著各款仍責成現管各廠員勒限追繳限滿不足著落賠補外其無著之款既據該督等查明實係硐老礦薄欠户俱已赤貧故絶並無濫放捏飾情弊所有道光二十六年無著廠欠撥補不敷銀五千一百四十四兩零著加恩豁免該部知道單併發欽此

大學士管理兵部事務卓秉恬等題本 題請應如林則徐所請以德安補授貴州長寨營參將

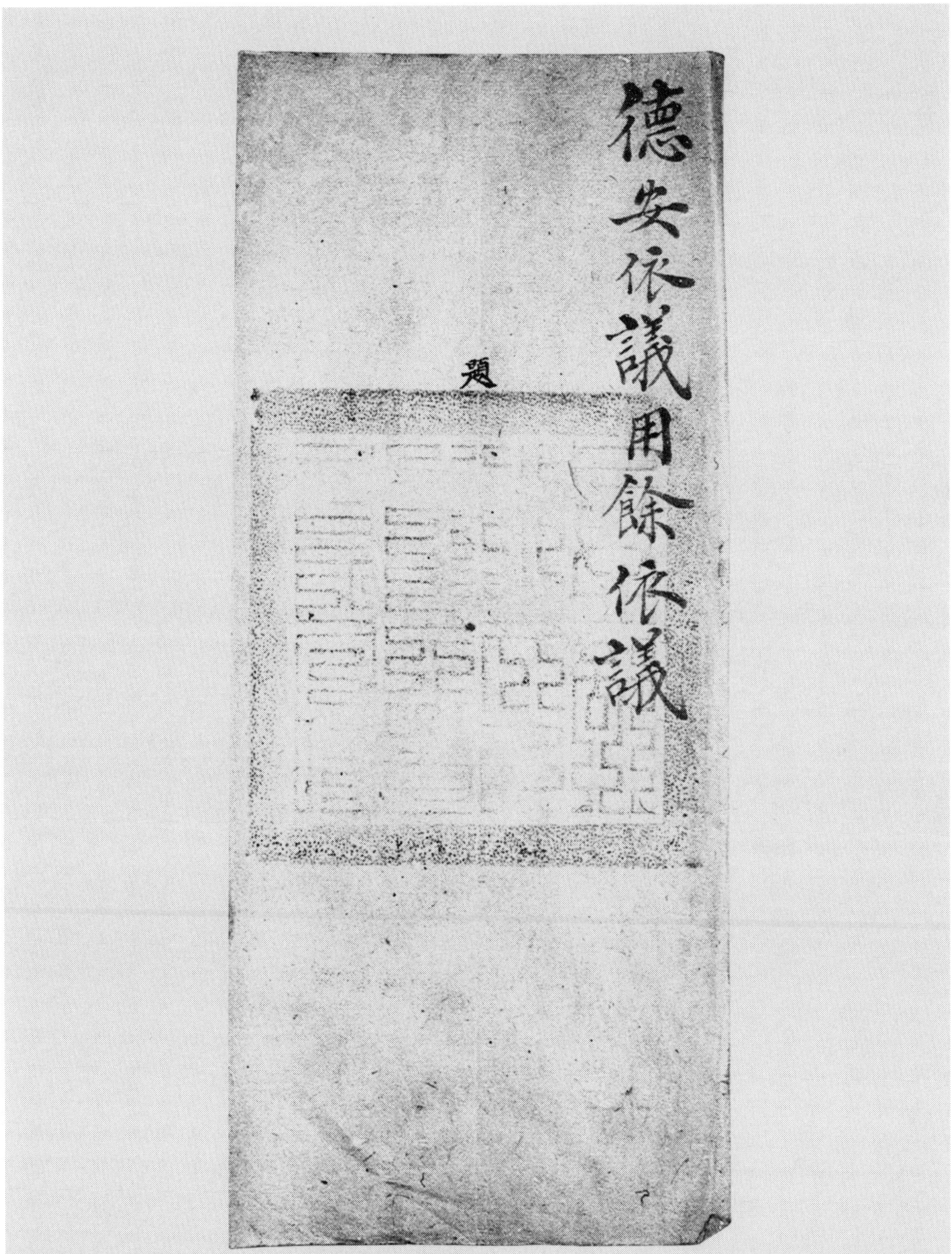

大學士管理兵部事務卓秉恬等題本 題請應如林則徐所請以德安補授貴州長寨營參將

道光二十八年二月初九日

二七

大學士管理兵部事務卓秉恬等題本　題請應如林則徐所請以德安補授貴州長寨營參將

道光二十八年二月初九日

大學士管理兵部事務臣卓秉恬等謹
題爲請補參將事該臣等議得兵科抄出雲貴總
督林則徐疏稱貴州長寨營參將員缺按准部
咨令於揀發人員内揀補查有揀發候補參將
德安年力富強營務熟悉請以補授貴州長寨
營參將洵堪勝任臣謹會同貴州巡撫臣喬用
遷提督臣王一鳳合詞恭疏具
題等因於道光貳拾柒年捌月初柒日題拾壹月
初貳日奉
旨該部議奏欽此查定例陸路參將缺出豫保
與揀發及現任人員三項相間輪用等語貴州
長寨營參將係題補之缺應輪用揀發人員經臣

大學士管理兵部事務卓秉恬等題本 題請應如林則徐所請以德安補授貴州長寨營參將 道光二十八年二月初九日

安

部行文該督照例揀選題補在案今該督疏稱
查揀發候補參將德安年力富强營務熟悉請
以補授貴州長寨營參將實堪勝任等語查貴
州省揀發參將僅有德安一員現在並無事故
請補參將與例相符應如所請德安准其補授
貴州長寨營參將該員係奉

旨發往貴州以參將委用之員請補參將毋庸送部引
見恭候
命下臣部發給劄付令其任事此本科抄於道光貳
拾柒年拾壹月初貳日到部貳拾捌年貳月初
玖日具
題臣等未敢擅便謹

大學士管理兵部事務卓秉恬等題本　題請應如林則徐所請以德安補授貴州長寨營參將
道光二十八年二月初九日

題請

旨

道光貳拾捌年貳月初玖日

管理兵部事務臣卓秉恬
尚書鑲藍旗漢軍都統臣文慶
尚書臣魏元烺

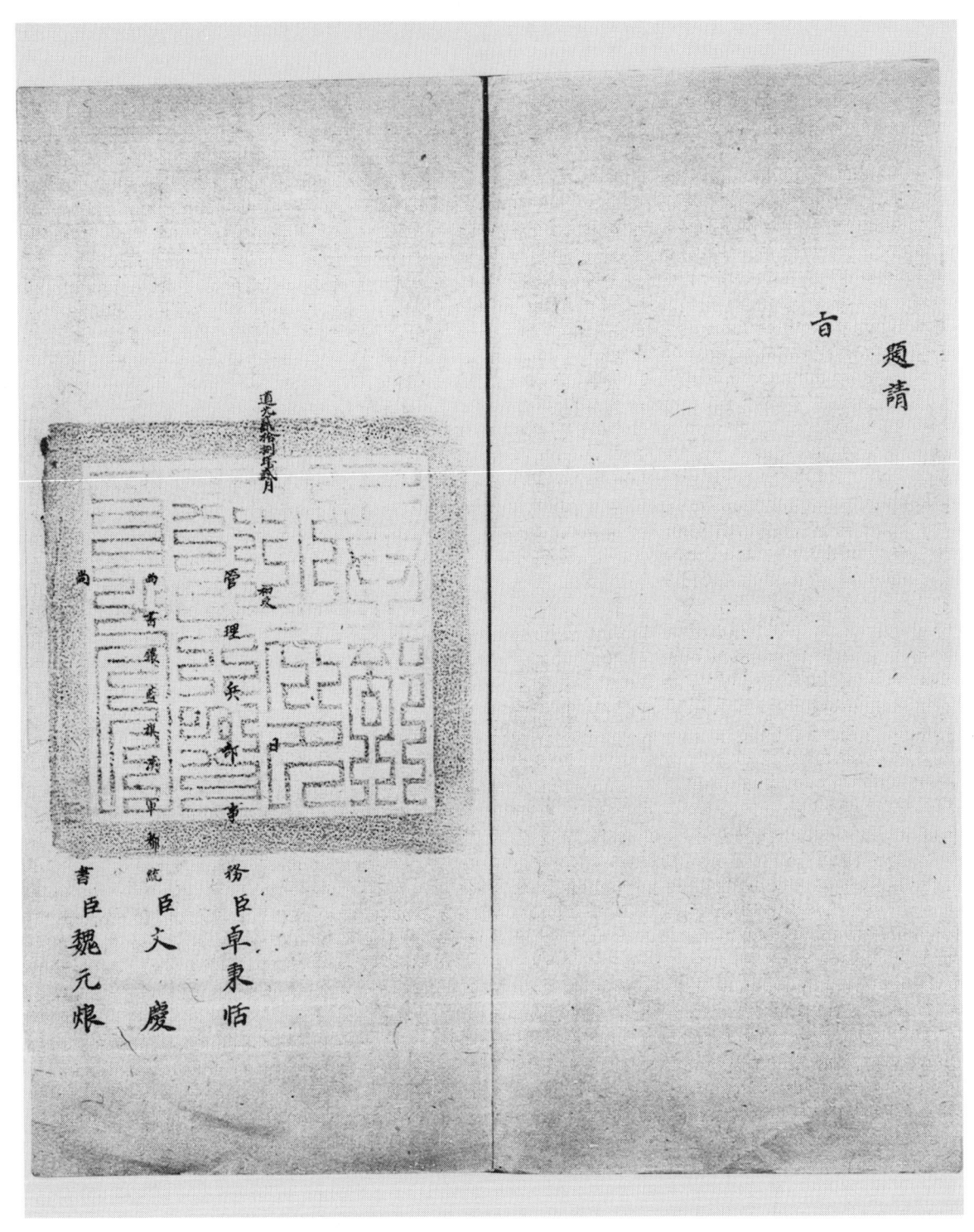

大學士管理兵部事務卓秉恬等題本　題請應如林則徐所請以德安補授貴州長寨營參將

道光二十八年二月初九日

左侍郎署鑲白旗蒙古副都統臣覺羅德厚

左侍郎臣黃琮

右侍郎鑲紅旗漢軍副都統臣瑞常

右侍郎臣何桂清 學差

武選清吏司署掌印員外郎上行走臣珠熉

郎中臣德謙

郎中臣樊椿

員外郎臣書紳

員外郎臣寶珣

主事臣吳淳韶

候補主事臣周毓桂

候補主事臣鍾世燿

德安正黄旗滿洲年肆拾伍歲由護軍參領道光
貳拾叁年閏柒月內揀選引
見奉
旨發往貴州交與該督以參將差遣委用欽遵在案
今雲貴總督林則徐以該員年力富強營務熟
悉題補貴州長寨營參將

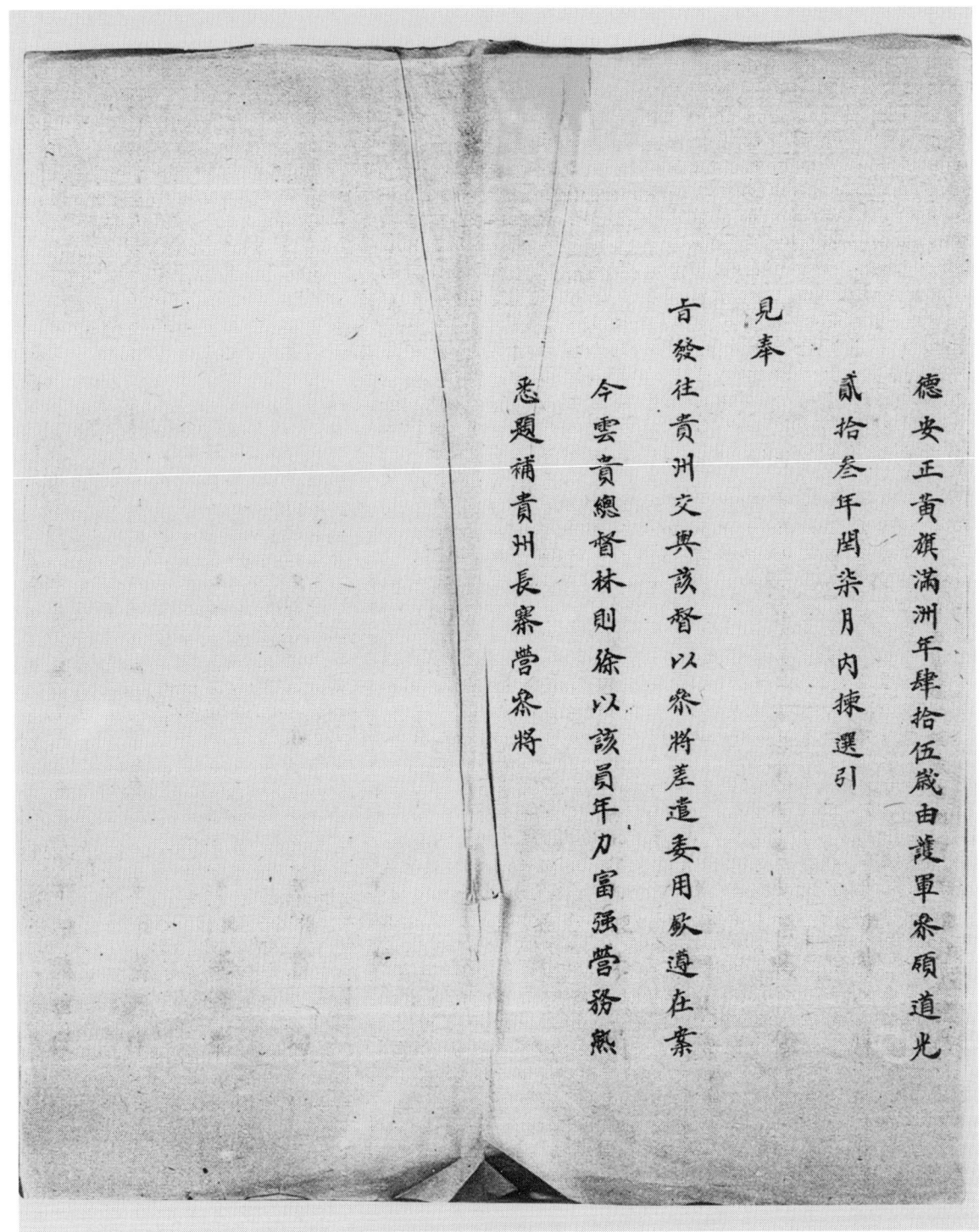

雲貴總督林則徐奏摺　**彌渡地方滋事調兵先往剿辦情形**

奏

二七

雲貴總督林則徐奏摺　彌渡地方滋事調兵先往剿辦情形

道光二十八年二月十二日

雲貴總督臣林則徐跪

奏為趙州彌渡地方内外匪徒勾結滋事連日焚殺擄搶且敢圍署傷官臣在途聞報調兵先往剿捕將匪犯殲獲數百名地方均已安靜現尚酌留官兵堵拏逸犯臣仍折赴大理督剿保山哨匪謹將辦理情形恭摺奏祈

聖鑒事竊臣先因保山縣七哨匪徒打奪解省人證恃衆抗官種種不法

奏請調兵剿辦並親赴大理府駐劄調度緣由於

正月十三日會同撫臣程矞采具

奏在案臣出省後行至楚雄府即據大理府知府唐惇培提標叅將存住等連次馳稟彌渡地方

有外來回匪勾結在地土匪聚集多人上年冬
底強索典舖詐得銀錢本年正月初九日復與
軍犯口角互毆被軍犯戳斃一命地方官已為
相驗緝兇詎該匪等恃眾將在配各犯住處全
行搶掠且直入通判衙門搜戳軍犯兩死四傷
文武彈壓驅逐總不解散十八九日又添邀各
處外匪在五顯宫燒香拜會愈聚愈多二十日
即結隊出搶街市亂放槍礮慘殺無辜各官禁
壓不住致趙州知州周力墉被矛桿戳傷右腿
跌落小河經人扶起都司韋中魁被矛戳傷右
手指又被棍打傷右肩甲署彌渡通判林甘源
亦被擁擠跌傷該匪膽敢乘勢圍攻通判衙署

因各官原帶兵役無多被困在署道路梗塞不通已專差馳赴大理稟請提督發兵旋又據報二十一至二十三日各匪分股攻搶附近之皂角營寺坡北甲沙壩菜園村下海子西河寺蒙化街太平山馬溪營姚期營竹子巷各村寨以及陸家杜家賴家劉家吳家等營隨處焚燒殺人無數各村民驚惶逃走相望於道提督聞信已帶兵親赴彌渡圍剿該府等亦皆趕往查辦各等情並准提臣榮玉材咨同前由臣接閱之下不勝髮指查滇省外來游匪自二十五年迤西漢回結釁互殺之後招朋引類而至者一年多似一年緣回民惡習首以幫護同教為能遇

有漢回互鬬即以回字傳帖遠近約會謂之搬
人且連年永昌順寧緬寧雲州姚州白井各處
焚殺相仍其名固謂復仇其實尤在圖搶此等
外匪隨同滋擾到一處即得一處之利是以邀
之即至不邀亦來雖疊經查拏驅除隨獲隨辦
而其隱藏庇匿終難逐處搜查就中川陝匪回
十居七八亦有漢匪隨同入夥並以白布纏頭
冒充回子以圖各處禮拜寺皆可容留要其表
裏為奸必先與本地土回串通勾結然後知何
處最易獲利何處最有積藏訛詐則說合分肥
焚搶亦暗中指引故内回户多之處外回尤所
爭趨彌渡為蒙化順寧往來大路又接壤大理

永昌向為買賣馬頭實迤西精華所聚雖係趙
州管轄而距州城九十里之遥向來軍犯發配
在此者常有六七十名之眾是以大理府通判
即在彌渡駐防在昔本有城垣嗣經坍塌未能
修復其通判衙門差役有限遇有匪徒詐擾祇
能傳諭紳耆鄉約亟以解散為先不但不敢請
兵即牒府移州亦屬鞭長莫及該匪等因此愈
無忌憚臣訪得去冬度歲時該外匪詐擾彌渡
典舖經內回代為調處已詐得錢二百二十千
銀二十兩本年正月因與軍犯互毆致斃一命
雖經官為驗辨而除擅殺搶奪之外又詐得銀
三百二十兩在商民皆冀匪徒速散遂不憚湊

給行貲而該匪等利欲熏心得一步又進一步
故於詐贓過手仍復結會拜盟恃衆肆擾甚至
傷官圍署直與反叛無殊若不盡法殲除何以
靖邊陲而申軍紀所幸此次適因保山要案調
集各處官兵在前者未抵永昌在後者已經過
省較之往届遥為檄調為期速而得數多事機
斷不可失是以臣立即飛札帶兵各官將前隊
折轉數程後隊趲行幾站以資厚集兵力又鶴
麗鎮總兵音德布先令將姚州防兵量撤帶赴
保山該鎮正在中途當即札飭先來彌渡適准
撫臣程矞采咨會亦因接據彌渡禀報剿辦必
不宜遲飛催後路兵來聽臣調遣二月初一日

提臣榮玉材鎮臣音德布均到彌渡紮成大營
計各處官兵已集二千餘名因附近山路岔口
甚多先行四面兜圍以防該匪突竄探知彌渡
有舊城門六處皆經回匪添造木柵纍石數重
多人堅守以為拒敵之計臣行至雲南縣距彌
渡僅四十里即暫行駐劄遣臣標千總施嘉祥
持令約會提鎮剋期進攻並令密與通判署內
被圍各員暗約由內衝突而出外兵皆可接應
維時匪類見兵威甚盛奔命不遑官署之圍遂
解趙州知州周力墉等均乘機趨赴大營初三
日早晨該提鎮皆親駐彌渡之東面山梁指揮
督陣臣標及提標將領分隊齊進即先連放大

礮攻開柵欄回匪皆頭裹白布執持大小白旗
施放槍礮併力抵拒署提標游擊陳得功尋霑
營守備王國才首先率帶槍兵衝鋒直入各隊
無不擁進該回匪情急先向西頭放火適西北
風猛烈轉燒東頭即該處內回聚居之所有清
真寺一座本甚宏敞該回匪搶劫贓物多藏寺
內故保護之人極多皆從牆眼內放出槍礮連
環不絕我兵雖有傷亡而圍攻愈急並將火礶
火彈拋擲牆內匪徒爬上屋頂隨拒隨逃經我
兵轟打落地者不計其數又東街有老廟一所
及大興長順泰興洪春萬順萬興六大店皆係
外匪居住並寄藏贓物之處亦因火猛延燒其

冒火出拒者官兵奮力斬殺尸相枕藉統計燒
斃殲斃約有四五百名除弁兵馘截不計外其
在陣前帶傷生擒及逃竄四出經弁兵差役及
鄉團人等前後盤獲者又有一百餘名均解至
雲南縣臣即督同委員審辦除另摺縷晰具

大快人心

奏外又奪獲大小礮十九位鳥槍五十餘桿刀械
三百五十餘件賊匪乘騎騾馬共九匹頭均點
明分交帶兵各官隨營配用臣於次日親至接
仗之處周歷查視因該處煙戶本極稠密當未
進兵之先即恐良民驚悸且慮玉石俱焚是以
先期示諭各村良民祇須閉戶自守概不株連
有被害者准其指引嚮導以憑擒拏及官兵攻

入彌渡柵内亦即如此揚言曉諭其居民有乘間逃出者由各路防兵盤詰並令鄉團認明果係無辜悉行遣去而凡婦女老疾幼稺均派兵妥為護出免其轉徙顛連令於事後稽查雖民房間有延燒而平民並無妄戮男婦老幼沿路俯伏叩頭以為解其倒懸之厄仍飭確查被燒受害果係赤貧者酌量給予撫卹此次剿殺各匪中多有歷向永昌順寧雲州緬寧姚州等處焚殺助虐日久在逃經此次懲創一番外匪或不敢潛蹤内匪亦不敢勾結於地方可期綏靖惟乘間逸出之犯尚恐不免臣與提臣酌商仍留兵數百名分佈就近隘口如有零匪由彌渡

逃出先在附近潛匿迨大營撤兵之後攜贓竄
逸者卽行盤獲送官不使漏網稽誅致貽後患
又令新委彌渡通判俞良傑卽到署任徧諭漢
回村民以外匪及本地勾結之人此次殲擒殆
盡存者自是良民從此守法相安不許互相疑
忌各立合同保護切結如有匪徒詐擾無論是
漢是回公同送官治罪如此與民更始庶幾一
洗澆風其受傷各員經臣驗明俱不甚重除林
甘源現卸署任外周力墉韋中魁均可在任醫
治至此次打仗官兵異常奮躍固由兵多氣盛
可嘉之至
實皆膽壯心齊並可為保山樹一先聲使頑梗
亦聞風知懼除再確查陣亡受傷各弁兵分別

咨部照例卹賞外合無仰懇
天恩准將尤為出力將備弁兵覈實奏請獎勵如蒙
俞允則軍心益加感奮而兵威更可振揚感激
鴻慈倍無既極再查保山近日情形自臣與撫臣會
同出示之後江橋已鋪板片文報不敢阻遏惟
各哨匪徒仍前嘯聚亟須催集官兵分為幾路
趕到查看形勢從長籌辦提臣榮玉材鎮臣音
德布均於彌渡事竣由永平取道前赴永昌臣
拜摺後亦即移駐大理府就近調度所有官兵
先赴彌渡剿除匪類緣由謹會同撫臣程矞采
提臣榮玉材恭摺由驛具
奏伏乞

皇上聖鑒訓示謹
奏
另有旨
道光二十八年二月　十二　日

雲貴總督林則徐奏摺　彌渡軍營生擒首犯審明正法餘犯按例定擬

雲貴總督林則徐奏摺　彌渡軍營生擒首犯審明正法餘犯按例定擬
道光二十八年二月十二日

雲貴總督臣林則徐跪
奏為彌渡軍營生擒首要重犯審明即行正法餘
犯按例定擬恭摺奏祈
聖鑒事竊照彌渡地方內外匪徒勾結滋事傷官害
民經臣會督提鎮用兵剿辦大獲勝仗除臨陣
殲殺情形已於另摺
奏報外所有官兵在陣前生擒拒敵逆匪及先後
逸出被獲各犯陸續解送到臣者計共一百二
十三名當經飭調大理府知府唐惇培督同署
雲南縣知縣董宗超署賓川州知州李崢嶸暨
各委員訊取確供復經臣逐一提審除訊明實
未隨同拒敵傷官結會拜盟焚殺搶刦之黃小

猓等三十五名分别取保省釋及遞解本籍管
東外臣覈訊通案衆供此次外來匪徒係四川
回民沙金隴沙玉隴漢民古明發為首本地匪
徒係回民麻汝淮麻春融黃中為首緣彌渡地
方為迤西買賣馬頭常有川陝漢回民人往來
販貿因地方頗稱富庶往往流連不去易生事
端道光二十七年秋冬間沙金隴沙玉隴弟兄
與古明發等先後到彌渡雜貨生理遂與本地
素稱强梁之回民麻汝淮等交好十二月間沙
金隴等見陝西人喬姓在彌渡開義盛當舖銀
錢充積起意訛索終日在舖吵鬧麻汝淮等遂
勸舖夥李六等出錢買靜陸續詐去錢二百二

十千銀二十兩寢事本年正月初九日有川省回民張國幅與軍犯張世保私相賭博爭毆張國幅被張世保戳死報經署彌渡通判林甘源移明趙州知州周力墉到地驗屍拘獲張世保到官正在研訊詎沙金隴等藉稱死者係其親戚乃被軍犯欺侮遂約川回多人執持刀械於十四日將各軍犯住處搶奪一空該通判會同知州差人禁止沙金隴等即闖入通判衙門將甫經拘訊之張世保擅行戳死並另斃在旁軍犯陳亞林一名帶傷四名官差喊拏立時鬨散因匪類人衆一時難以就獲其內匪麻汝淮等又起意恐嚇市肆民家聲言四外來人若不安

頓即日必被焚搶各户無不驚懼逐日鳩集銀三百二十兩由麻汝淮等交沙金隴沙玉隴古明發分散夥衆作為盤纏口許一二日即各回籍麻汝淮等分其餘利多寡不一乃沙金隴等因見良懦可欺口雖言去實無去志愈圖搜刦城鄉各户更可捆載而歸猶恐人心不齊起意結盟拜會先與外來客民密約得贓均分又暗邀本地回民麻汝淮等輾轉糾人亦動以利十八日在彌渡北門外之五顯宫燒香結拜歃血飲酒謂之進山其入會之人約分九排皆有總領曰大爺曰二爺曰五爺曰么大曰滿大曰滿五曰十爺曰么五曰小老古明發麻汝淮與沙

雲貴總督林則徐奏摺　彌渡軍營生擒首犯審明正法餘犯按例定擬
道光二十八年二月十二日

金隴沙玉隴麻春融黃中均列排首總共六七百人十九日會畢謂之出山經通判知州訪知差拏因人眾不敢動手趕緊稟請發兵惟時北門外鄉民恐被侵擾各自團練保護二十日該匪等各備馬匹揚言是日起身旋卽藉稱四鄉持械堵截不能前去實則已與盟夥暗定時刻分隊出搶一時槍礮刀械紛紛突起户民動遭殺害驚惶失措不敢禦敵有李姓一家被搶銀五千兩陳姓一家被搶銀二千四百兩為數最多其餘搶銀自四百餘兩至數十兩不等錢自百餘千至數千不等該文武在街市禁阻寡不敵眾致各受傷該匪等遂恃人眾圍攻通判衙

署各官被困署中請兵未到二十一日燒搶寺坡北甲等處二十二日燒搶陸家賴家吳家等營二十三日又燒搶皂角馬溪姚期等營共計被害者十七村莊至二十四日兵雖未齊而將備已有到者一面派兵堵禦匪類稍有懼心不敢再行放火二十八九兩日兵到漸齊其次日提鎮俱到初二日紮營兜捕初三日併力進攻該匪恃衆抵拒竭盡晝夜之力斬殺無算生擒復多此係内外匪徒始而詐擾繼而結拜終而焚搶抗官害民之一切情形也此次沙金隴一犯於初三日當場騎馬拒敵經各兵民認明連槍打落奪獲其馬斬取首級送至大營各村人

眾來觀齊聲稱快除將該首級懸竿標明示眾
外現所生獲之外匪首犯古明發內匪首犯麻
汝淮二名均已供認起意會商糾眾拜盟復率
領焚搶村寨殺害多人拒敵官兵各情不諱均
屬首惡應比照凡謀叛者不分首從皆斬律加
重凌遲處死惟係比照定罪家屬毋庸緣坐財
產亦免入官稍示區別曾義松劉得畏謝申華
陳有何馬明楊老三趙添成七犯均供認殺人
自七命至二命不等並經拒敵官兵又唐汶星
徐兆近李添潮楊應全李發緒興發趙洪順黑
正青趙斯樽馬潮選馬連興王大順侯小六王
春陳泳盛劉思潮李譁劉仍馬成毋受復尹小

存徐崇尹時有羅從潰李選揚潘有受二十六
犯供認焚燒村寨各殺一命俱屬同惡相濟均
應擬斬立決加以梟示馬青山李洪順曾世桂
黃明富李添希楊明陳世汰劉逢春馬保李發
春祁永林張老蔡連沅趙儀鄭桂楊義隴劉金
寶王結馬信馬沅唐小四高順才徐廣順但意
才楊正興李昭劉定幗二十七犯雖供未經殺
人俱已隨同焚搶村寨得分贓物均應擬斬立
決以上共犯六十二名悉係情罪重大未便稍
稽顯戮臣於審明後即恭請
王命飭委大理府知府唐惇培新嵩營游擊恒權押
赴犯事地方即行處決應梟示者傳首示眾以

昭炯戒其獲時受傷較重旋經監斃匪犯八名內有李泳發楊興順二名殺害多命應行戮屍一體梟示又楊沅方允潮馬靛青鄧奉茂王保罄馬小沅祁得陳沅陳聯升馬章馬潰郭遇順馬仍馬吉桂楊長保李老二官相潮鄒正才十八犯訊只隨同入會並未焚殺搶奪亦無抗拒官兵均應照匪黨結拜非依齒序聚至四十人以上為從發極邊煙瘴充軍例發極邊煙瘴充軍係在滇省犯事應請照案發配兩廣安置又據現犯供稱沙玉隴麻春融黃中三犯已在陣前殲斃惟屍身未經認明恐難憑信尚須確加查究如經竄逸尤須查拏務獲不任倖逃法網

至臣現駐行營未及辦理供招送部謹開具犯
名清單註明緊要情節恭呈
御覽仍將各犯口供發交臬司彙覈詳送撫臣咨部
備案以符定制再該匪等結會拜盟事起倉卒
地方官查知禁止而寡不敵眾是以稟請發兵
現已剿辦完竣所有失察處分仰懇
天恩從寬邀免謹將訊明辦理緣由繕摺具
奏伏乞
皇上聖鑒謹
奏

另有旨

雲貴總督林則徐奏摺 彌渡軍營生擒首犯審明正法餘犯按例定擬

道光二十八年二月十二日

道光二十八年二月 十二 日

上諭 著林則徐等殲除保山縣七哨具奏所需經費准先動支

軍機大臣 字寄

雲貴總督林 雲南提督榮 巡撫程 道光

二十八年二月十七日奉

上諭林（摘文起）則徐等奏保山縣七哨匪徒打奪解省人證（摘文止）

隨又焚燒縣署殘殺城內回民現（摘文起）在籌辦情形一（摘文

止）摺覽奏已悉雲南永昌漢回互相仇殺前經調兵

剿辦甫就撲滅乃頑悍之徒藐法已久茲復因永

昌府縣會營押解京控犯證該匪等輒敢於中途

刦去旋又擁入城內焚燒保山縣署該犯盡行放

出先經招復之回民現被搜殺無存鎮道府縣俱

被圍困在城道路梗塞文報沉滯不法已極必應

痛加剿洗方足挽回積習林則徐現已檄調各營

精兵分投進剿並已親往大理府督辦榮玉材業
經帶兵前往務當籌畫萬全操必勝之權相機攻
剿固當分別良莠不可妄殺無辜致失衆心尤不
可再示姑容稍留餘孽總期一鼓作氣悉數殲除
方足大昭懲創所稱鎮道府縣皆被困窘在城每
日市糧限數出糶現在曾否解圍該鎮道等如何
著落著即查明由驛具奏其瀾滄江為赴永昌必
由之路江橋板片現被匪等拆斷聚衆把守尤當
迅即設法擊散賊衆修復橋道鐵索俾文報得通
剿辦方能得力至（摘交起）軍需經費除於鹽課項下借動
十萬兩外所有雲南貴州兩省現收捐輸之款並
准其先行動支以（摘交止）濟急需程矞采在省督催各路

官兵籌辦糧餉俱當悉心商辦務使兵威遠振漢
回各匪盡皆懾服斷不可稍有挫失以靖邊圉而
除凶頑是為至要將此由四百里各諭令知之欽
此遵
旨寄信前來

上諭　著照林則徐所請以伊克坦布陞署貴州清江協副將

道光二十八年二月十八日内閣奉
上諭林則徐奏請遴員升署苗疆要缺副將一摺著
照所請貴州清江協副將員缺准其以伊克坦布
升署仍俟服闋後另請實授該部知道欽此

雲貴總督林則徐奏摺

續獲彌渡滋事逸犯沙玉隴等審明分別定擬重犯即行正法

二七 雲貴總督林則徐奏摺 續獲彌渡滋事逸犯沙玉隴等審明分別定擬重犯即行正法

道光二十八年二月二十一日

雲貴總督臣林則徐跪

奏為續獲彌渡滋事逸犯審明定擬並將重犯即

行正法以示懲儆恭摺奏祈

聖鑒事竊臣前因彌渡地方內外匪徒滋事當即調

集官兵殲獲首從各犯分別懲辦業經繕摺

奏報並聲明飭屬查拏逸犯務獲在案臣思除惡

務盡逸犯一名不獲根株一日不清況此案夥

黨多係川陝外來匪徒如閱時稍久誠恐出省

遠颺查緝更難得手隨即通飭各府廳州縣毋

分畛域勒限上緊偵緝並於毗連各屬關隘嚴

飭認真盤詰務期按名弋獲不任兔脫稽誅茲

據蒙化賓川姚州雲南等廳州縣陸續拏獲首

從各犯共計二十二名解送到臣當飭大理府知府唐惇培督同署太和縣知縣熊家彥署賓川州知州李峥嵘暨各委員訊取確供復經臣飭提親訊據首犯沙玉隴供認與已正法之古明發麻汝淮並殲斃之沙金隴等起意糾約四川陝西貴州及趙州永北姚州各處漢回結盟焚搶抗拒官兵殺斃多命乘閒逃逸各情歷歷如繪覈與古明發麻汝淮等前供悉相脗合復提從犯隔别研訊除陳興順一犯聽從結盟並未隨同焚搶孫小濚白萬明二犯係事後分贓未經拜盟外其馬六三等十八犯各供認聽糾結盟持械焚刦並有打仗一二三次殺斃一二

命至四命不等臣恐尚有不實不盡復提前獲
畱禁各犯質認無異再三究詰矢口不移案無
遁飾查沙玉隴商同古明發等糾眾拜盟身為
會首復率領焚搶村寨殺害多人拒敵官兵實
屬罪大惡極應請比照凡謀叛不分首從皆斬
律加重凌遲處死案係比照問擬應免緣坐馬
六三謝洸沅李阿存周其湮鍾小三楊順六犯
係聽從結盟搶刦得贓拒敵官兵殺斃一二命
至四命不等同惡相濟均應擬斬立決加以梟
示王有才劉玉順趙起倡韓成富潘應發張騰
高彭興順宋洪發陳常發胡春華楊啟濚周澐
十二犯雖未經殺人但隨同結盟焚搶得贓並

抗拒官兵均應擬斬立決以上十九犯俱屬情
罪重大未便稍稽顯戮臣於審明後即恭請
王命飭委文武員弁將各犯押赴市曹即行處決以
昭炯戒而快人心應梟示者仍傳首示衆又陳
興順一名訊係聽從結盟並未隨同焚搶應照
匪黨結拜非依齒序聚至四十人以上為從例
發極邊烟瘴充軍孫小灤白萬明二犯委係事
後分贓未經拜盟應照強盜事後分贓例杖一
百徒三年臣現由大理前赴永昌未及辦理供
招謹開具犯名清單註明情罪恭呈
御覽所有各犯口供仍行發交臬司歸案彙覈詳送
撫臣洛部備案至緝獲逸犯各文武均尚認真

容查明首獲協獲與前案一併奏請鼓勵合併
聲明所有續獲逸犯審辦緣由理合恭摺具
奏伏乞
皇上聖鑒謹
奏

刑部知道

道光二十八年二月　廿一　日

雲貴總督林則徐奏摺　恭謝天恩賚賞御書福字壽字並奶品果乾

奏

二七

雲貴總督林則徐奏摺　恭謝天恩賫賞御書福字壽字並奶品果乾

道光二十八年二月二十一日

雲貴總督臣林則徐跪

奏為恭謝

天恩事竊臣齎摺差回捧到

恩賞

御書福字壽字及奶餅果乾諸品當即恭設香案望

闕叩頭祇領伏念五華道遠時縈向

日之忱乃蒙

九陛恩隆渥沛從

天之賚值熙春之正麗邀

闓澤之遥頒作極惟

皇演範而福疇攸叙

錫齡自

帝呼嵩而
壽寓同登聿瞻
鳳藻之雙題感沐
鴻施於萬里矧復瓊酥味美色競霜華翠[illegible]香濃來
從冰谷橙流芬於蘋實櫻借馥於桃葅凡茲蜜
餌之珍悉拜
恩膏之賜臣仰欽
義畫更飫
堯廚銀鉤則彩絢雲腴
玉食則甘分露液詠維祺而介景永銘丹悃之誠欣
正席以先嘗益懔素餐之誚所有臣感激下忱
理合恭摺叩謝

天恩伏乞
皇上聖鑒謹
奏
知道了

道光二十八年二月　二十一　日

雲貴總督林則徐等奏摺 **請以鄭家寶調補威遠同知**

雲貴總督林則徐等奏摺　請以鄭家賓調補威遠同知
道光二十八年二月二十一日

雲貴總督臣林則徐
雲南巡撫臣程矞采跪

奏為夷疆要缺同知仰懇
聖恩俯准調補以裨地方事竊查准陞順寧府知府
之普洱府分防威遠同知耿麟於道光二十七
年十二月十八日在署順寧府任内病故業經
恭疏
題報在案除順寧府知府缺另行遴員
奏請陞調外所遺威遠同知係夷疆要缺例應在
外揀選題調遵照新例核其病故日期應歸十
二月分截缺該月並無出有缺項相同毋庸掣
籤查該同知地處極邊界連外域漢夷雜處且
有經管鹽井撫馭催科均關緊要必須精明幹

練熟悉夷情之員方足以資治理臣等與藩臬
兩司於應調人員内逐加遴選查有雲南府同
知鄭家寶年五十七歲江蘇上元縣人祖籍安
徽由附貢生遵續增武陟例捐納同知分發雲
南試用委署新平縣運銅回滇歴署曲靖雲南
等府同知賓川寶寧羅次等州縣並署澂江府
知府丁憂回籍起復來滇歴署龍陵廣西等廳
州昭通臨安開化澂江等府知府白鹽井提舉
題署今職道光二十六年十二月十八日奉文准
署到任期滿例應實授該員心地樸誠才具明
練在滇年久熟悉邊地夷情以之調補普洱府
分防威遠同知實堪勝任惟奏定章程署職各

二七

雲貴總督林則徐等奏摺　請以鄭家寶調補威遠同知

道光二十八年二月二十一日

官俟接到部覆方准作為實授日期該員報請
實授於上年十二月具
題尚未接准部覆於調補稍有未符但人地實在
相需例得專摺奏請茲據藩臬兩司會詳請
奏前來相應奏懇
天恩俯念員缺緊要准以雲南府同知鄭家寶調補
威遠同知實於地方有裨如蒙
俞允該員銜缺相當毋庸送部引
見所遺雲南府同知係月選之缺滇省現有應補人
員遵照新例俟奉准部覆另行照例請補並飭
將應完罰俸銀兩完繳清楚另行造冊送部臣
等謹合詞恭摺具

雲貴總督林則徐等奏摺　請以鄭家寶調補威遠同知
道光二十八年二月二十一日

奏伏乞
皇上聖鑒訓示謹
奏
吏部議奏
道光二十八年二月　二十一　日

雲貴總督林則徐奏摺 **請以福陞陞補雲南維西協副將**

二七

雲貴總督林則徐奏摺　請以福陞陞補雲南維西協副將
道光二十八年二月二十一日

雲貴總督臣林則徐跪

奏為要缺副將需員懇

恩俯准升補以裨地方事竊照雲南維西協副將員

缺前於道光二十六年八月接准部咨輪用應

升應補人員行令揀選題補經前督臣賀長齡

題請以鎮雄營參將福陞升補嗣奉部覆係屬出

缺在先俸滿在後應毋庸議行令另行揀員題

補又於上年五月間經前署督臣程矞采

題請以雲南武定營參將文俊升補嗣於本年正

月內接准部咨查雲南武定營參將文俊業於

預保案內掣升雲貴督標中軍副將於道光二

十七年八月初六日奉

旨補授在案所有維西協副將員缺仍令照例揀選
題補等因臣查滇省額設叅將十二員內或甫
經升補或歷俸未滿實無合例可升之員而維
西協員缺緊要非精明幹練之員不足以資整
頓查福陞年四十四歲鑲白旗蒙古人由副護
軍叅領揀發來滇以游擊委用題補督標左營
游擊升補鎮雄營叅將於道光二十四年四月
十二日在京領劄九月初六日到任若以到任
之日與維西協出缺日期相較雖彼時歷俸未
滿二年而計到此時已在三年以上該員熟悉
營務勤練有為歷署臣標中軍曲尋維西副將
各事務辦理裕如並於二十六年副叅分別等

雲貴總督林則徐奏摺 請以福陞陞補雲南維西協副將
道光二十八年二月二十一日

第案內保列一等上年軍政復將該員保薦具
題在案所有維西協副將員缺合無仰懇
聖恩俯念人地相需仍准以福陞升補實於營伍地
方均有裨益如蒙
俞允該員現於保列一等案內奉部行調應併案給
咨送部引
見謹會同雲南巡撫臣程矞采雲南提督臣榮玉材
恭摺具
奏伏乞
皇上聖鑒訓示謹
奏

另有旨

二七

雲貴總督林則徐奏摺　請以福陞陞補雲南維西協副將
道光二十八年二月二十一日

道光二十八年二月　二十一　日

拏獲持刀搶劫楊老五夥犯審明分別定擬楊老五即行正法

再臣前據趙州知州周力墉詳報道光二十七年六月二十九日有腳户張國彥攬載下關富春永發等號貨銀棉花共裝六馱行至州轄獨樹地方被賊數人執持刀械搶去銀兩報請勘緝隨經勘估失贓值銀四百四十兩詳明購拏等情當即批飭加派兵役速緝贓賊務獲去後旋據永平縣拏獲夥犯毛有財訊明此案係回匪楊老五為首糾同該匪搶劫得贓分用當即移會該州周力墉督同吏目陳建廷會營緝至鄧川州地方將該犯楊老五拏獲並起出用賸原贓銀八兩零訊據供認在下關聽聞花店雇馱運送銀貨起意糾同已獲回民毛有財未獲

雲貴總督林則徐奏片 拏獲持刀搶劫楊老五夥犯審明分別定擬楊老五即行正法 道光二十八年二月二十一日

回民丁老五土滿大木汶材楊阿紅攔路截搶
該犯身帶尖刀丁老五手拏木棍餘皆徒手一
共六人於六月二十九日到獨樹地方見該腳
户正在餵馬楊老五等一齊上前喊搶張老五
攔阻該犯持刀亂砍腳户當時走避該犯砍開
馱子搜獲銀兩與各犯攜至山箐點分而逸適

遇素識之楊長聲見該犯背負包裹沈重當向
查問該犯不能隱瞞據實告知並分給銀十兩
囑勿聲張楊長聲亦即貪利容隱等情承認不
諱查提毛有財已在永平縣病故復訪拏楊長
聲到案與楊老五質對供認事後知情分贓屬
實稟經添委署太和縣知縣熊家彥會同周力

埔審勘解經大理府知府唐惇培覆審無異因
該犯楊老五素係著名兇惡回衆黨與尤多長
途解省恐致疎虞適臣來至大理該府縣等稟
請就近提審臣當卽親提研鞫衆與該府縣等
原審情節相符案無遁飾查例載搶奪財物雖
不滿十人但經執持器械倚強肆掠果有兇暴
衆著情事者照糧船水手之例分別首從定擬
又糧船水手夥衆持械搶奪為首照強盜律治
罪又律載強盜已行而得財者斬又例載回民
搶奪結夥在三人以上不分首從俱實發雲貴
兩廣極邊烟瘴充軍又律載知強竊盜後而分
贓者計所分贓准竊盜為從論免刺各等語此

雲貴總督林則徐奏片 拏獲持刀搶劫楊老五夥犯審明分別定擬楊老五即行正法
道光二十八年二月二十一日

案回民楊老五起意糾同毛有財等首夥六人
執持刀棍搶奪雖未拒傷事主惟該犯因脚户
攔阻輒敢持刀亂砍搶獲贓銀計值庫平紋銀
四百四十兩實屬倚強肆掠楊老五一犯應如
該府縣所擬依搶奪財物兇暴衆著者照糧船
水手夥衆持械搶奪為首照強盜律斬立決查
趙州下關一帶回民搶刦習以為常該犯係回
民兇惡之尤未便久稽顯戮臣於審明後恭請
王命將該犯楊老五委員押赴市曹即行處斬庶回
衆聞而知儆毛有財聽糾同搶係回民結夥三
人以上應實發極邊烟瘴充軍業經病故應毋
庸議楊長聲事後分獲贓銀十兩合依知人強

竊盜兩分贓者計贓准為從論贓至十兩杖七
十為從減一等律杖六十折責免刺逸犯丁老
五等仍飭嚴緝務獲另結除將此案犯供飭發
臬司敍招詳咨外謹將臣在大理府提案勘辦
緣由繕片附
奏伏乞
聖鑒謹
奏
刑部知道單併發

雲貴總督林則徐奏片　**音德布李能臣軍務在身請暫緩陛見**

再臣先因保山哨匪打奪人證焚署劫囚當經奏調滇黔官兵前往剿辦旋在途次又據稟報彌渡匪徒滋事先往督剿因恐兩處兵分難免單薄又經續調滇省之開化曲尋尋霑新嵨鎮雄永北廣西等營官兵共九百名黔省之安順安義永安普安安南水城畢赤等營官兵共一千七百名以壯聲威而資犄角其帶兵大員曾經奏派鶴麗鎮總兵音德布先赴彌渡繼往保山又因順寧與永昌緊相毗連哨匪最易勾結有原派在彼駐防之臨元鎮總兵李能臣仍令帶兵策應並以堵截哨匪竄逸之路兹據音德布李能臣先後稟稱該總兵等上年仰蒙

雲貴總督林則徐奏片 音德布李能臣軍務在身請暫緩陛見
道光二十八年二月二十一日

天恩簡放鶴麗臨元兩鎮總兵當各具摺謝
恩並請
陛見現俱欽奉
硃批著來見欽此應否即行北上請示到臣伏思永
昌順寧此時均有軍務音德布李能臣既俱委
令帶兵可否容俟軍務告竣再行北上之處臣
未敢擅便合併附片具
奏伏乞
聖鑒訓示謹
奏

軍務告竣後再行來京可也

上諭　著照林則徐所請分別獎勵雲南捐輸踴躍官紳

道光二十八年二月二十七日內閣奉
上諭前據林則徐等奏官紳捐輸經費懇請獎勵當
交該部議奏茲據該部查照章程開單呈覽該官
紳等踴躍輸將自應分別加恩以昭激勸道銜候
選員外郎林國華著以道員不論雙單月遇缺即
選並賞加五級監生李崧著以通判分發雲南補
用監生周松著以知縣不論雙單月選用前江蘇
華亭縣知縣楊本初著以雙月同知候補缺後在
任候選先換頂帶曲靖府知府胡文柏師宗縣知
縣候補直隸州知州崔紹中試用直隸州知州吳
銑均著給予加一級昆明縣知縣賈洪詔著給予
加二級前貴州普安縣縣丞以知縣用陳毓書著

上諭 著照林則徐所請分別奬勵雲南捐輸踴躍官紳 道光二十八年二月二十七日

免其坐補原缺以貴州省知縣補用監生沈承恩著以布政司經歷分發雲南補用候選府經歷桑春華著分發山西遇缺即補候選從九品張安邦候選布政司照磨晏澄均著以府經歷分發貴州補用附貢生余曜甦著以訓導不論雙單月插班間選監生尚純善著給予布政司經歷銜監生丁時雍著給予鹽庫大使銜候選府知事吕汝棠著分發雲南補用監生趙應芳張杓候選從九品馬增頤費寶樹張鑠均著以從九品分發雲南補用監生侯棟廖謙周步衢李昭萱均著以從九品不論雙單月選用監生劉恕田著以從九品雙月選用監生陶保絃著以未入流分發陜西補用監生

上諭 著照林則徐所請分別獎勵雲南捐輸踴躍官紳
道光二十八年二月二十七日

王淇嚴榮奎馮桂陽候選未入流朱悳昌均著以未入流分發貴州補用監生范本相黃德新劉繼晟增生萬春芳鄧松青均著作為貢生俊秀田世銘等二十九名已滿吏段連等七名未滿吏楊天佑吳炳勳均著給予從九品銜武生鄧松榮著給予守禦所千總銜監生鄧松芳著給予營千總銜武舉王學易孫映堂均著以把總分發本省拔補舉人潘霽著以教諭復設教諭不論雙單月遇缺即選已故雲南縣知縣孫湄著照例建坊旌表該部知道單併發欽此

上諭　著照林則徐所請趙州地方官失察彌渡滋事准予寬免

道光二十八年三月初四日內閣奉

上諭林則徐奏彌渡軍營生擒首要重犯審明辦理

並請免該地方官失察處分一摺此案該匪等結

會拜盟事起倉卒地方官查知禁止寡不敵衆是

以稟請發兵現已剿辦完竣尚稱迅速所有該地

方官失察處分著加恩准予寬免餘著刑部議奏

單併發欽此

上諭　著林則徐嚴拏彌渡滋事逸犯保奏尤為出力人員

道光二十八年三月初四日内閣奉

上諭林則徐奏匪徒勾結滋事調兵剿辦地方安靜一摺覽奏均悉雲南趙州彌度地方内外匪徒勾結滋事焚殺擄搶且敢圍署傷官經該督調兵先往剿捕將匪犯殲獲數百名並撫卹受害良民地方均已安静現在酌留官兵堵拏逸犯著該督嚴飭該弁兵等實力查拏務將逸犯悉數捦獲毋任一名漏網此次在事人員著該督擇其尤為出力者據實保奏毋許冒濫餘著照所擬辦理欽此

雲貴總督林則徐奏摺

保山七哨懾服軍威縛獻人犯審辦兜拏務盡情形

二七 雲貴總督林則徐奏摺 保山七哨懾服軍威縛獻人犯審辦兜拏務盡情形

道光二十八年三月初八日

雲貴總督臣林則徐跪

奏為保山七哨懾服軍威已縛獻匪犯多名解臣

審辦仍飭各官兵兜圍嚴拏務令滋事案犯全

無漏網以示懲創而靖地方恭摺奏祈

聖鑒事竊臣前於二月十二日由驛

奏報先勦彌渡匪類情形並查知保山自發告示

之後江橋已鋪板片文報不敢阻畱即於摺末

聲明冀以仰紓

宸念隨即催兵移營分路前赴永昌臣亦將續獲彌

渡案內逸犯二十二名在大理府復行審辦於

二月二十一日又經專差齎摺具

奏在案因思大理距永昌尚有六站雖比省城為

近两軍情信息究不能早晚常通查永平縣為
永昌出入咽喉前聞哨匪滋鬧之時回匪亦借
報復為由盤踞永平一帶將來往貨馱强刦勒
贖以致客商絶跡且糾搶居民財物擄佔婦女
靡惡不為是以臣復由大理移駐永平既督入
哨之官兵並緝行刦之回匪自永昌文報通後
在城文武各員均不至如前被困隨據該鎮道
等先後具禀以哨匪傳聞此次所調兵練特多
又聞彌渡用兵殲殺無算始有悔懼之心城鄉
紳士耆民近日漸出見官據稱先因哨匪人眾
勢兇一時難以理喻所以不敢出頭迨接奉省
城發出告示知征勦匪類之中仍寓綏輯平民

之意伊等幸獲生路亟與各哨逐加講解咸知
凜畏兵威祇求遵示辦理所有案內匪犯責令
各處里甲約長均即確查縛送橋板鋪平之後
不獨行人與文報全無稽留大兵到時亦必迎
進不敢稍阻又放出縣監囚犯自行遍處覓獲
仍送回監現查僅少一犯當再購線找尋其在
官坡搶去軍械亦已繳還十之七八仍在各哨
查追呈繳又縣署業已被燬惟求准民捐蓋不
敢稽延等語臣以衙門為法令所從出頑民膽
敢焚署誅之尚不足蔽辜若准賠脩竟似興廢
自由成何政體嚴批駁斥不准惟匪犯速行縛
獻以正刑誅庶免盡行勦洗之語係前經臣等

奏明出示曉諭未便頓改前言但所獻必以首要
為先不得就輕避重且以日時為限不得延喘
緩兵如敢詭詐相嘗立即殄除務盡臣又札調
久駐該城之迆西道王發越面問情形據稱該
處士民均悔罪輸誠屬實並因鶴麗鎮音德布
連年在永昌用兵民情素相敬憚先令帶兵由
江橋直入見該處男婦老幼焚香跪迎沿途不
絕籲求網開一面准予緝匪送官該鎮遂與先
駐城內之騰越鎮總兵拴住率同府縣查收所
獻匪徒維時雲南提督榮玉材與昭通鎮總兵
劉定選貴州安義鎮總兵秦鍾英先後各率將
領備弁分路齊進其民人之焚香跪迎者亦與

音德布到時無異凡該處城鄉大路無不壁壘
匝地旌旗蔽空赫赫萬軍使民戰栗又永昌與
順寧連界以右甸為緊要關鍵查臨元鎮總兵
李能臣前本派在順寧留防此次仍令帶兵約
一千名在右甸紮營以資策應聲勢極為聯絡
節據音德布等稟報獻出匪犯截至三月初五
日已及一百三十餘名經府縣訊取初供其承
認傳帖糾人抗官打奪入城焚署殺人放囚之
犯已覺實繁有徒臣又將回民兩次京控原呈
所開被告名單與現獲之犯互相覈對如劉書
即劉一鵬周曰庠張時即張時重李國即李兆
祥萬益三劉文華楊春富張文儒董俊吳少游

周際岐宋發春藍得沛石鈺即石育吴埜等本皆被告有名而劉書周曰庠則尤控單所首列者此外或一人而有兩名亦所難定飭詢永昌府縣有無頂替冒名據覆提犯互相識認所獲實皆本人等語當即飭令分起解至永平容臣督同委員細加研審分别懲辦伏思該地方既於兵到時即先投誠獻犯自未便遽加勦擊致使玉石俱焚惟竟以所獻為憑則袒庇即在意中藏匿亦復不免且愈是首要之犯愈恐徇隱者多當此兵威極盛之時搜緝尚非難事除仍勒催多獻真犯外臣復明查暗訪且多遣文武員弁確探未獲匪蹤並向已經獲案之犯問係

何人糾約何人協同令其自相攻擿彼既身遭
縛獻如有罪同法異者諒必不肯甘心如此逐
節推求若一哨中實有隱匿罪人即當分兵圍
拏儻敢負固不服則是孽由自取定予勦洗無
遺不敢姑息因循致貽後患除俟續獲案犯並
審明定擬緣由另行馳
奏外所有現在縛獻多犯情形臣謹會同雲南巡
撫臣程矞采提督臣榮玉材合詞恭摺由驛具
奏伏乞
皇上聖鑒訓示謹
奏
所辦好另有旨

雲貴總督林則徐奏摺　保山七哨慴服軍威縛獻人犯審辦兇拏務盡情形　道光二十八年三月初八日

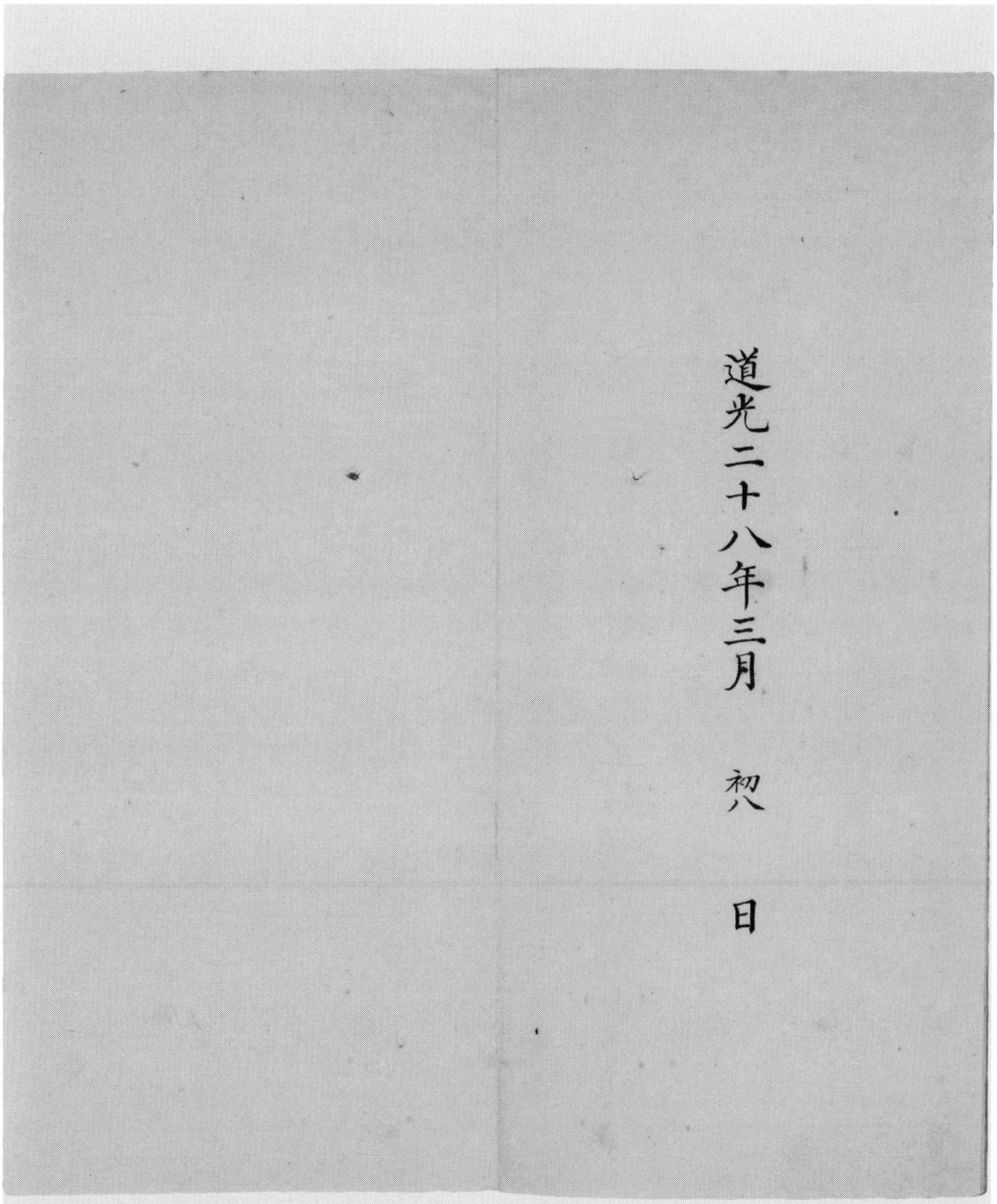

道光二十八年三月　初八　日

雲貴總督林則徐奏片 覆奏保山辦理漢回情形

再臣正在封搨時適值齎摺差回承准軍機大
臣字寄本年正月二十五日奉
上諭林則徐等奏提解控案延未赴解等語此風斷
不可長著林則徐等諄飭該道府等妥為曉諭固
不可操之過促致滋決裂亦斷不能任其抗拒不
遵提訊總須默化潛移挽回風氣以綏邊徼而靖
兇頑等因欽此又由兵部限行四百里承准
廷寄二月十七日奉
上諭林則徐等奏保山縣七哨匪徒打奪解省人證
隨又焚燒縣署戕殺城內回民現在籌辦情形一
摺必應痛加勦洗方足挽回積習林則徐現已檄
調各營精兵分投進勦並已親往大理府督辦榮

王材業經帶兵前往務當籌畫萬全操必勝之權
相機攻勦固當分别良莠不可妄殺無辜致失衆
心尤不可再示姑容稍留餘孽總期一鼓作氣悉
數殲除方足大昭懲創所稱鎮道府縣皆被困窘
在城每日市糧限數出糶現在曾否解圍該鎮道
等如何著落著即查明由驛具奏其瀾滄江為赴
永昌必由之路江橋板片現被匪等拆斷聚衆把
守尤當迅即設法擊散賊衆修復橋道鐵索俾文
報得通勦辦方能得力至軍需經費除於鹽課項
下借動十萬兩外所有雲南貴州兩省現收捐輸
之款並准其先行動支以濟急需程矞采在省督
催各路官兵籌辦糧餉俱當悉心商辦務使兵威

雲貴總督林則徐奏片　覆奏保山辦理漢回情形
道光二十八年三月初八日

遠振漢回各匪盡皆懾服斷不可稍有挫失以靖
邊圉而除宄頑是為至要將此由四百里各諭令
知之欽此并發回臣等前奏一件奉
硃批此摺即應由驛馳奏何待嗣後另有旨欽此臣
在永平奉到跪誦再三仰見
聖主釐念邊疆務令遠振兵威漢回盡皆懾服臣等
得以遵循辦理感悚彌深除保山城市及瀾滄
江橋情形已於正摺縷陳外查提臣榮玉材先
於官坡地方紮營會督各鎮將備弁查拏匪犯
撫臣程矞采早將各路官兵全催過省臣謹再
行咨會一體欽遵辦理斷不敢稍有挫失至軍
需經費目前不能不用而實無款可籌仰蒙

恩准於兩省現收捐輸款内先行動支臣等倍深感
激惟有極力撙節絲毫不許虛糜並隨時察看
情形若可撤兵即行酌量先撤以歸節省再臣
恭繹
諭旨務使漢回各匪盡皆懾服尤仰見
聖主洞燭情形持平
訓諭之至意臣察看迤西風氣漢民惟保山七哨最
為桀驁其餘尚近淳樸回民則無處不有且良
善少而頑梗多即如永平所轄之曲硐等回莊
無非聚而為盜且因有二十五年九月保山城
内漢民殺回一事人人影射自稱難回無論客
貨官鹽攔刦到手非贖即賣一拏到官則稱被

難之餘無可謀生不得不向客商索借度日一
似情有可原其實此等多非保山回子即籍隸
保山亦多分住各寨不皆城内被殺之家就使
原先真是難回而既如此行為直成流賊豈可
復行曲貸自臣駐劄永平以來趁保山兵力正
多因已縛獻犯人尚未勦擊之際訪有回匪聚
搶及受害民人告發即先派兵密往掩捕計旬
日間亦已獲犯一百名有零容當陸續審辦並
救出被擄婦女數口先行給親完聚餘匪竄逸
何處亦經嚴飭各地方官確切偵探會合兜捦
但各處回莊通氣者多每以庇護同教為名而
以窩盜分贓為實非重懲數處難挽積慣頹風

此次臣調兵較多固為哨匪恃衆逞頑而設亦
因迤西久為盜藪非重兵無以掃清即使哨匪
辦完亦擬乘勢會督提鎮擇其要害壓以重兵
責令頭人指名縛獻果能盡將匪類獻出以正
刑誅無論是漢是回皆准一體辦理總使剗除
稂莠保衛善良以期邊圉肅清稍副
恩慈委任謹會同提臣撫臣繕片附
奏伏乞
聖鑒訓示謹
奏
另有旨

吏部尚書文慶等題本　**林則徐等奏萬寶廠辦運銅觔造報疎漏係自行檢舉請寬免處分**

林則徐程矞采趙光祖既經自行查出檢
舉著從寬免其罰俸

吏部尚書文慶等題本　林則徐等奏萬寶廠辦運銅觔造報疎漏係自行檢舉請寬免處分

道光二十八年三月十一日

經筵講官吏部尚書鑲藍旗漢軍都統步軍統領臣文慶等謹

題為核議具題事該臣等議得內閣抄出雲貴總
督林則徐等奏為續經查明歷年奏銷漏收萬
寶廠辦運銅觔致存貯數目不符請更正補收
以歸核實恭摺奏祈
聖鑒事竊查臣等前次具奏清查銅款一摺欽奉
硃批交部核議應俟部覆遵辦外因積年銅務款目
紛繁恐尚有遺漏仍督飭藩司詳細核查茲據
藩司趙光祖詳稱查有易門縣經管之萬寶廠
年辦額銅三十萬觔以前由司按年撥省局鼓
鑄及各省採辦迨嘉慶拾柒年改議滇銅粵鹽
互易章程酌定萬寶廠於年辦額銅內專撥粵

東省易鹽正耗餘銅十萬七千三百觔零運貯
廣南府收貯咨粵委員接運餘銅由司詳撥局
採入冊奏銷自嘉慶拾捌年為始補運粵東省
拾叁年分鑄銅遞年償運至道光貳拾伍年核
計三十八運內除粵東省咨停五年又滇省已
運尚未准粵東省咨銷開除者三年按奏銷冊
報計三十運與粵鹽互易年分係屬符合而滇
省貳拾伍年分奏銷造冊開除該廠辦運過貳
拾貳年分粵銅十萬七千三百觔外存廠銅十
七萬五千二百六十九觔此次存銅係前廠員
李耀瑚改煎虧折歸於參追案內計價作抵並
無實銅存廠而該廠貳拾伍年分冊報除辦運

過貳拾叁年分粵銅及局鑄採買外尚存銅厰
四十六萬八千六十一觔零較該年司冊奏銷
多運一年粵銅十萬七千三百觔零多出存厰
銅二十九萬二千九十二觔溯查嘉慶玖年以
前冊卷多有殘缺其嘉慶玖年起司冊奏銷與
該廠冊報存除數目多寡已屬不符以後接流

造報歷年踵誤實緣從前各廠辦運局鑄採買
豐嗇不等多有通融借撥其辦運及實存銅觔
奏銷冊內係籠統登列並無分廠細數嗣嘉慶
柒年奉部咨令分晰開造始行分廠造報該廠
長存銅數奏銷漏未收造誤於何年無從追溯
第此次存銅二十九萬二千七百七十二觔雖

司冊漏入奏銷而銅觔已運廣南存貯款係長
解並無弊竇復督同委員查核該廠撥運粵銅
係按年辦存陸續發運俟粵省接運咨銷始入
開除項下其已辦運未准粵省接運咨銷者仍
列作存款該廠冊報辦運及存廠銅數按年滚
算均與撥額相符因該員嚴廷珏項瀛辦運貳
拾叁肆兩年分粵銅共二十一萬四千六百觔
零未據運竣廣南府尚未報收當令飭查今據
廣南府具報前項銅觔業已收竣並陸續收到
該廠員孔昭鈖運交拾伍年分粵銅七萬八千
二百九十二觔係符該廠報存原數尚應運交
尾數銅二萬九千一百八十觔零亦據該廠員

具報發運前於詳奏清查銅款案內未將此款
查明實屬疎漏惟此項銅觔既據漏造故不敢
踵誤於後據實詳請具奏更正於下屆奏銷冊內
補收造報按照開除其已經辦運未准粵省接
運咨銷銅觔仍於該廠實存項下登明以歸核
實等情臣等查萬寶廠撥辦粵銅及局採銅觔
係按年照數辦運該廠冊報存除數目並無錯
誤因從前司冊奏銷漏收銅二十九萬二千七
百七十二觔以致近年踵誤今此次粵銅已如數運
交廣南府存貯出有實收屬實銅運委無弊竇
臣等不敢因清查銅款奏銷於前稍存迴護理
合據實檢舉請

旨勅部更正俾於下屆奏銷冊內補收造報庶數十
年轇轕之款全數清釐銅觔冊報亦昭確實所
有從前歷任藩司奏銷舛錯尚非虧短銅觔且
事遠年湮應請免其查議至此次清查摺內未
經查明聲叙臣等與藩司趙光祖疏漏之咎均
屬難辭應請
旨一併交部議處謹合詞恭摺具奏道光貳拾捌年
正月貳拾伍日奉
上諭林則徐等奏漏收銅觔請更正補收一摺著戶
部查明辦理林則徐程矞采及藩司趙光祖均著
交部議處餘著照所擬辦理欽此欽遵抄出到
部 查定例官員將事件經手遺漏者罰俸

壹年又定例辦理事件始初失於覺察後經自
行查出檢舉各按應得處分酌加寬減應罰俸
壹年者即減為罰俸陸個月又定例在外自藩
臬以上該部將照例應得處分及檢舉後可否
寬免之處聲明請
旨等語除查明更正補收銅觔之處臣部移咨戶部
辦理外此案雲南萬寶廠撥辦粵省銅觔司冊
奏銷漏收銅二十九萬二千七百七十二觔此
次清查摺內未經聲叙疏漏之咎均屬難辭
奏奉
諭旨著一併交部議處應將雲貴總督林則徐雲南
巡撫程矞采布政使趙光祖比照經手遺漏例

矞采
光祖

均罰俸壹年係查出自行檢舉應照例各減為
罰俸陸個月可否寬免之處聲明請
旨恭候
命下臣部遵奉施行再此本閣抄於正月貳拾陸日
到部臣部於叁月拾壹日辦理具
題合併聲明臣等未敢擅便謹
題請
旨

道光貳拾捌年參月拾壹日

臣文慶

臣陳官俊

臣花沙納

經筵講官吏部左侍郎　武英殿總裁　臣季芝昌

右侍郎　臣福濟

右侍郎　國史館副總裁　臣侯桐

考功清吏司掌印郎中　臣慶約

署掌印郎中　臣俞誦芬

郎中　臣全豐

郎中臣濟　斌

郎中臣劉成萬

員外郎臣祥　符

員外郎臣竇　埼

員外郎臣史策先

主事臣花沙布

主事臣黃輔辰

候補主事臣陳鴻翊

候補主事臣趙元模

候補主事臣張　櫼

大學士管理户部事務潘世恩等題本

題報林則徐到任盤查黔省各屬常平社倉穀石實貯無虧

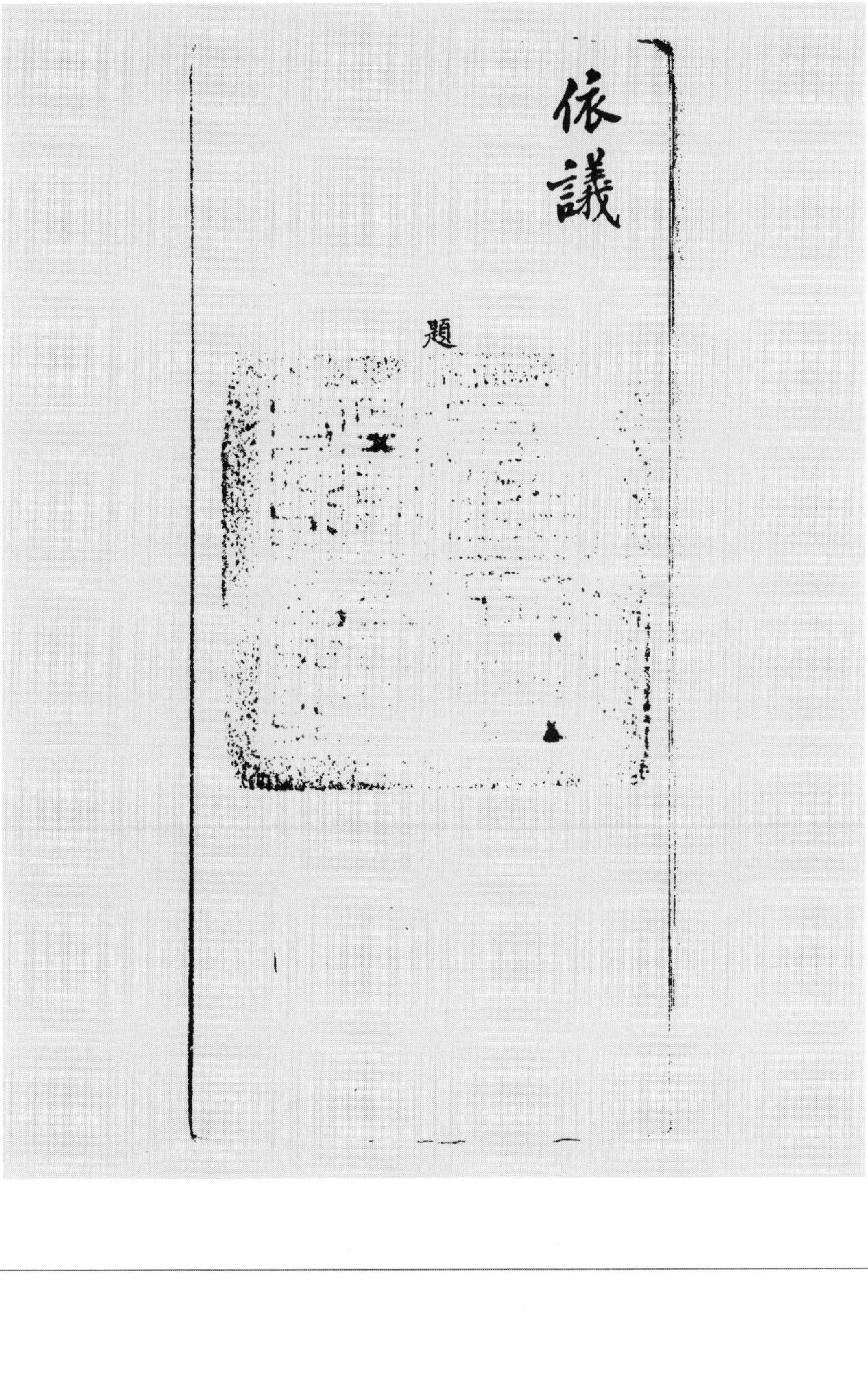
依議

題

大學士管理户部事務潘世恩等題本　題報林則徐到任盤查黔省各屬常平社倉穀石實貯無虧

道光二十八年三月十三日

太傅大學士管理户部事務臣潘世恩等謹

題為請嚴等事户科抄出雲貴總督林則徐題到

任盤查黔省各屬常平社倉穀石實貯無虧一

案道光貳拾柒年玖月貳拾壹日題拾貳月初

叁日奉

旨該部察覈具奏欽此欽遵於本日抄出到部

該臣等查得雲貴總督林則徐疏稱常平倉積

貯米穀督撫到任例應盤查具題又督撫同時

到任或相隔未久在三月限内者併案盤查今

前兼署督臣程矞采及臣到任均相隔未久所

有黔省各屬倉糧例應併案盤查業經委員盤

報去後茲據貴州布政使羅繞典糧儲道孫起
端會詳稱遵即委員分往盤查貴陽等府廳州
縣州判州同縣丞常平倉糧原額溢額共應存
穀貳百零貳萬伍千壹百零玖石捌斗陸升貳
勺除未買穀伍百壹拾玖石捌斗貳升玖合陸
勺應俟咨追買補外實應存穀壹百玖拾玖萬
柒千叁百陸拾陸石玖斗伍合米玖拾捌石伍
斗肆合伍勺合穀壹百玖拾柒石玖合蕎貳萬
柒千貳拾陸石壹斗壹升陸合陸勺又各屬民
間存貯社倉穀貳萬壹千捌百伍拾捌石肆升
叁合貳勺米玖百陸拾貳石陸斗柒合捌勺又
古州等九衛存貯社倉穀肆萬玖千叁百伍拾

石叁斗叁升叁合陸勺俱係實貯在倉合將現
存數目造冊具題等因前來　查黔省各屬
常平倉項下共額貯米壹百萬石於乾隆肆拾
壹年經前任貴州布政使鄭大進奏准全數易
穀改貯穀貳百萬石節年造冊題報在案今據
雲貴總督林則徐題報到任盤查黔省各屬常
平倉原額溢額共存穀貳百貳萬伍千壹百玖
石捌斗陸升貳勺除未買穀伍百壹拾玖石捌
斗貳升玖合陸勺應令該督即飭各追各員完
繳迅速買補還倉取具冊結倉收送部覈銷其
實存穀壹百玖拾玖萬柒千叁百陸拾陸石玖
斗伍合米玖拾捌石伍斗肆合伍勺合穀壹百

玖拾柒石玖合蕎貳萬柒千貳拾陸石壹斗壹
升陸合陸勺又各屬民間存貯社倉穀貳萬壹
千捌百伍拾捌石肆升叁合貳勺米玖百陸拾
貳石陸斗柒合捌勺又古州等九衛存貯社倉
穀肆萬玖千叁百伍拾石叁斗叁升叁合陸勺
臣部按冊查覈與該督題報應存數目相符除
將送到盤查無虧印結存部備查外併令該督
轉飭各屬加謹收貯毋致霉變仍造入後任盤
查倉糧案内分晰造冊報部查覈此案於道光
貳拾柒年拾貳月初叁日科抄到部茲於貳拾
捌年叁月拾叁日辦理具
題合併聲明臣等未敢擅便謹

大學士管理户部事務潘世恩等題本　題報林則徐到任盤查黔省各屬常平社倉穀石實貯無虧

道光二十八年三月十三日

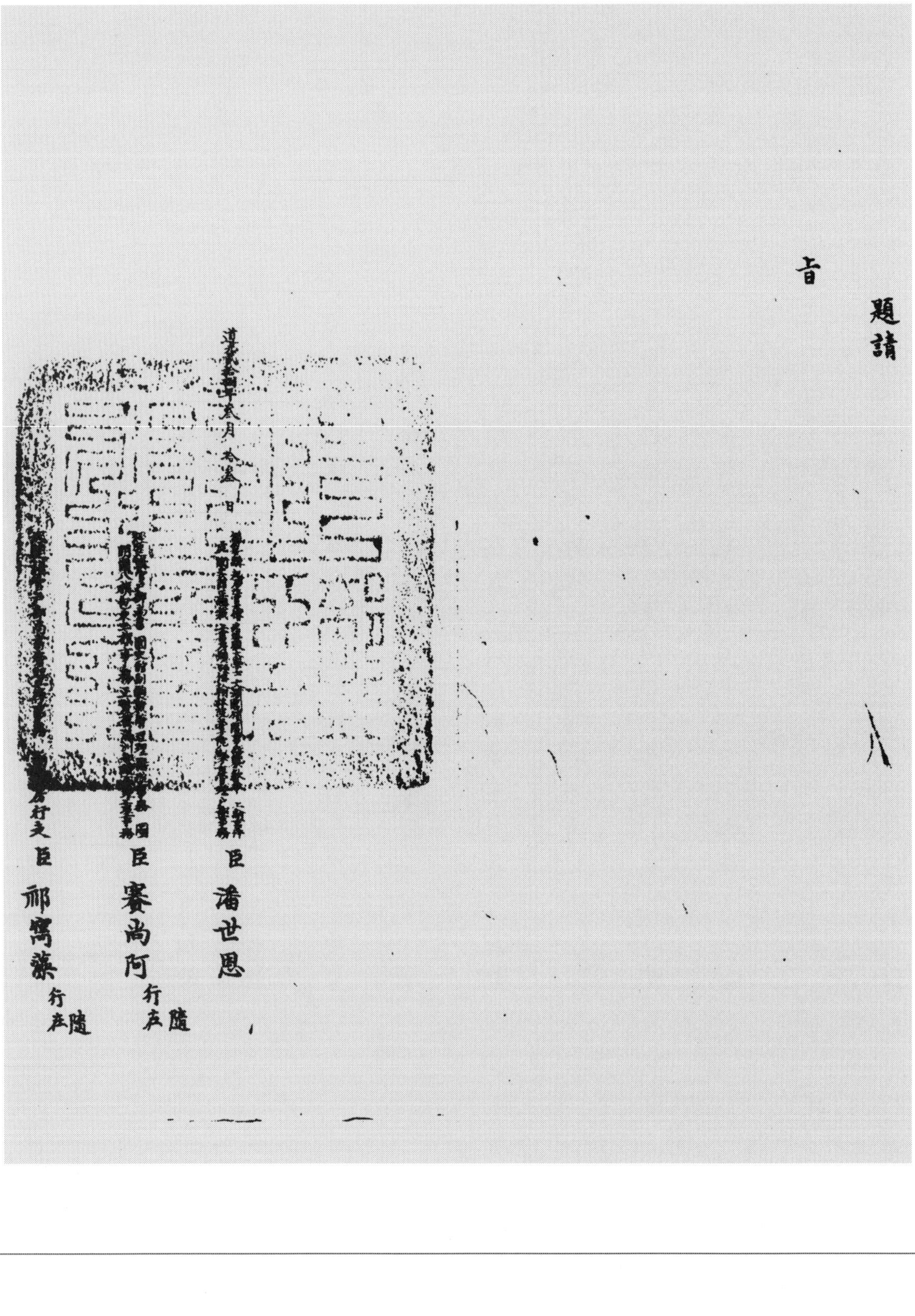

題請

旨

道光[illegible]年叁月拾叁日

臣潘世恩

臣賽尚阿　隨行在

臣祁寯藻　隨行在

左侍郎兼管三庫事務正白旗滿洲副都統總管内務府大臣鑲紅旗護軍統領臣柏葰

左侍郎兼管三庫事務臣趙光差

吏部左侍郎署户部左侍郎兼管三庫事務臣季芝昌

左侍郎兼管錢法堂事務總管内務府大臣鑲黄旗漢軍都統臣阿靈阿隨行在

右侍郎兼管錢法堂事務臣朱鳳標差

禮部右侍郎署户部右侍郎兼管錢法堂事務臣吴鍾駿

貴州清吏司郎中臣阿克敦布

郎中臣淡樹琪

員外郎臣志文

員外郎臣都爾洪阿

員外郎臣趙霖

員外郎臣王茂蔭

主事臣紹德

額外主事臣耿曰椿

額外主事臣楊三珠

額外主事臣曾詠

額外主事臣朱枏

額外主事臣徐德周

上諭　著林則徐等肅清邊圍嚴參畏葸劣員查明具奏

軍機大臣　字寄
雲貴總督林　道光二十八年三月二十九日
奉
上諭林則徐奏保山七哨懾服軍威縛獻匪犯多名仍飭兜圍嚴拏一摺覽奏均悉所辦好永昌哨匪滋事經該督親駐永平督兵入哨該哨匪等傳聞此次所調兵練甚多又聞彌渡用兵殲戮無算望風悔懼現已送回監囚繳還軍械並縛獻匪犯一百三十餘名經府縣訊取初供已據承認多係傳帖糾人抗官焚署之犯並經該督覈對京控被告名單提犯互相識認所獲實皆本人等語該地方各匪於兵到時即先投誠獻犯惟所獻之犯有無

上諭 著林則徐等肅清邊圉嚴參畏葸劣員查明具奏
道光二十八年三月二十九日

硃

硃

袒庇藏匿必應澈查根究務期所獻實皆本人首
犯尤關緊要應令按名交出仍一面明查暗訪斷
不可有一名頂冒致有漏網該匪等聚衆抗拒已
成積習若不趁此（兵威）痛懲將來必仍反覆更難辦理（豈有時常徵調之）
現在雲貴兩省勁兵逼處不患其不畏懼如悔罪
非出至誠僅憑劣員從中調處稍示軟弱日後何
以綏靖邊圉耶林則徐等惟當示以兵威廣加曉
諭儻（適足養奸戒之）略有恃衆難馴情形仍當立予剿洗毋稍姑
息其前經圍困在城之鎮道等是否因力難抵禦
畏葸無能甘被圍困抑或因事起衅辦理不善儻
祇顧身家苟全性命有辱國體亦應查明懲辦不
可因事過遂置之不問現在解圍後該員等作保

上諭　著林則徐等肅清邊圉嚴參畏葸劣員查明具奏
道光二十八年三月二十九日

硃
下落著一併確切查明據實具奏（有應叅處者据實嚴叅以儆將來）又另片奏迤西
久為盜藪非重兵無以掃清等語勞師糜餉原非
善策然此次調兵較多剿平哨匪之後如該督以
為必應乘勢掩捕方可一勞永逸即著該督會同
提鎮擇其要害壓以重兵所有著名匪類責令指
名縛獻總期漢回各匪盡皆懾伏盜踪淨絕邊圉
肅清方為不負委任將此諭知林則徐並諭榮玉
材程矞采知之欽此遵
旨寄信前來

雲貴總督林則徐等奏摺 **請以汪之旭陞補蒙化直隸廳同知**

奏

雲貴總督林則徐等奏摺　請以汪之旭陞補蒙化直隸廳同知
道光二十八年三月二十九日

雲貴總督臣林則徐
雲南巡撫臣程矞采跪
奏為要缺同知遴調乏員仰懇
聖恩俯准陞補以裨地方事竊查雲南蒙化直隸廳
同知辛本桀請陞普洱府知府接准吏部咨覆
道光二十七年九月初一日奉
上諭雲南普洱府知府員缺准其以辛本桀陞補照
例給咨送部引見該部知道欽此欽遵轉行在案
查所遺蒙化直隸廳同知係繁疲難兼三要缺
例應在外揀選陞調該廳地方遼闊政務殷繁
必得明幹之員方足以資治理臣等與藩臬兩
司於通省現任同知內逐加遴選非現居要缺
即人地不宜實無合例堪調之員惟於應陞人

員内查有奉

旨以應陞之缺陞用例不論俸之雲州知州汪之旭

年五十四歲江西副榜由八旗教習期滿以知

縣用分發雲南道光十二年到滇委署晉寧州

知州委運京銅交清引

見奉

旨著回任交部議叙欽此奉文歸入候補班内補用

回滇後委署廣通縣知縣補授楚雄縣知縣十

六年准補到任委署黑鹽井提舉陞補雲州知

州奉文覆准赴部引

見奉

旨汪之旭准其陞補雲州知州欽此復因署黑鹽井

提舉任内拏獲鄰境斬梟盜犯引
見奉
旨著以應陞之缺陞用欽此於道光二十三年四月
准陞到任現管寧台廠務該員才具幹練辦事
精詳請以陞補蒙化直隸廳同知洵堪勝任卷
查從前寧洱縣知縣陳王謨烟瘴未滿因有運
銅卓異請陞廣西直隸州知州曾經奉部覆准
令該員汪之旭烟瘴雖未報滿常俸已滿三年
業係奉
旨應陞例不計俸核與陳王謨之案相符且在滇年
久熟諳邊地夷情於蒙化廳要缺實屬人地相
需據藩臬兩司會詳請

奏前來相應專摺

奏懇

天恩俯准將雲州知州汪之旭陞補蒙化直隸廳同

知實於地方有裨如蒙

俞允該員係現任知州請陞同知俟部覆至日照例

給咨送部引

見恭候

欽定其所遺雲州知州係烟瘴要缺遵照新例俟部

覆至日另行遴員請補再該員前由楚雄縣陞

補雲州案内罰俸各案銀兩早已完解清楚咨

部核銷其自准陞後續議罰俸二案銀兩亦據

報解全完咨請銷案合併陳明臣等謹合詞恭

摺具
奏伏乞
皇上聖鑒訓示謹
奏
吏部議奏
道光二十八年三月二十九日

雲貴總督林則徐等奏摺 滇省五次捐輸黔省二次捐輸各員請分別獎勵 道光二十八年三月二十九日

雲貴總督林則徐等奏摺 滇省五次捐輸黔省二次捐輸各員請分別獎勵

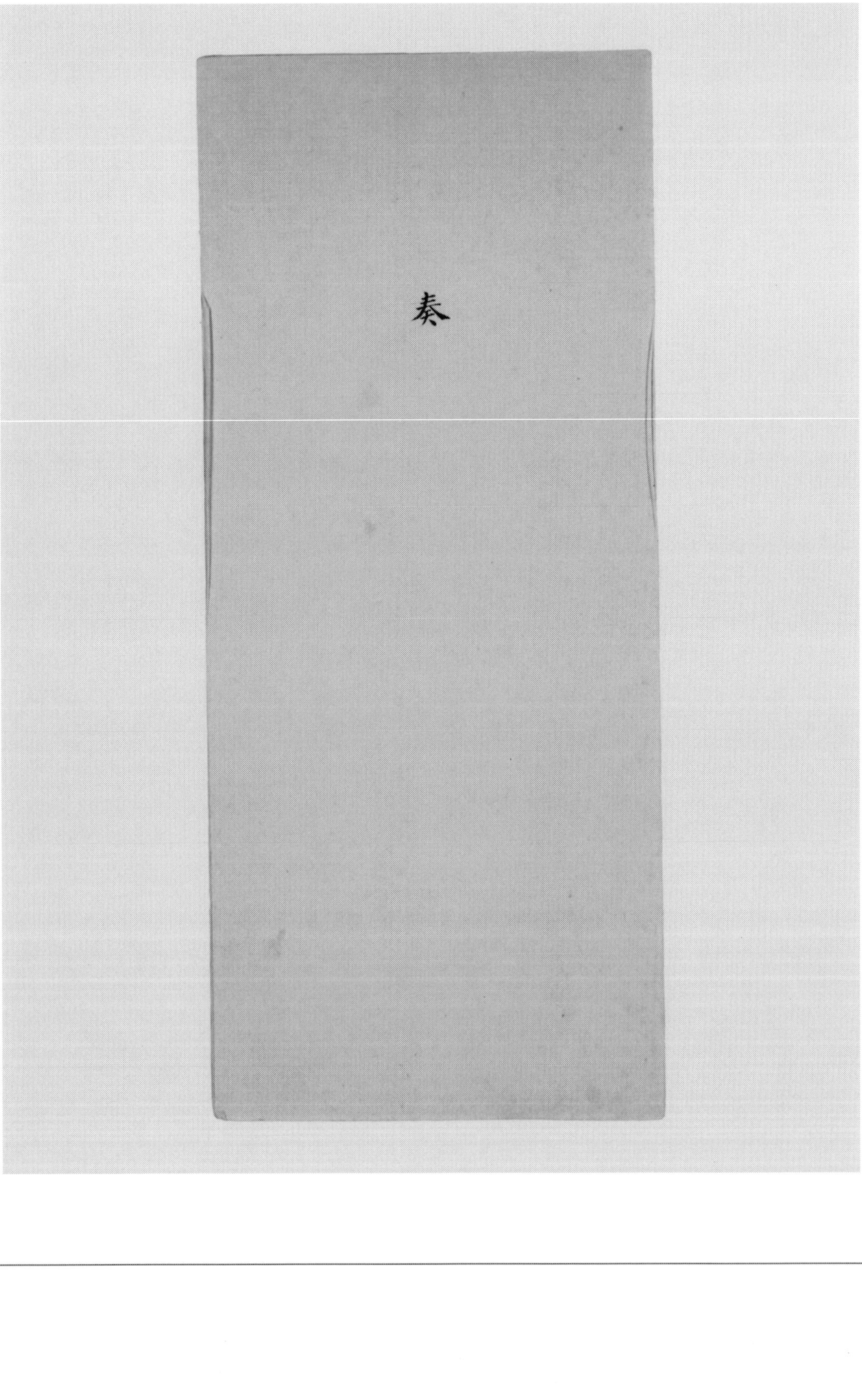

二七 雲貴總督林則徐等奏摺 滇省五次捐輸黔省二次捐輸各員請分別獎勵

道光二十八年三月二十九日

雲南巡撫臣程矞采
雲貴總督臣林則徐
貴州巡撫臣喬用遷 跪

奏為滇省五次捐輸及黔省二次捐輸俱已收有
成數仰懇
天恩准將各捐員分別獎勵恭摺奏祈
聖鑒事竊照滇省捐輸軍需經費經前督臣李星沅
前撫臣陸建瀛
奏請展限至道光二十七年年底截止並援照陝
甘分局收捐之案於黔省藩庫一體上兌奏
旨依議欽此欽遵辦理在案計滇省自道光二十六
年五月十五日奉
旨起至上年十一月初六日四次截數共收銀二十
五萬六千一百四十三兩黔省自二十七年八

月初三日起至十一月初六日止初次收銀一萬六千五百六十三兩疊經前督臣李星沅及臣等先後具

奏請奬在案茲據雲南藩司趙光祖等詳稱自上年十一月初七日起至年底止滇省第五次捐輸復收銀七萬二千三百六十六兩並據貴州藩司羅繞典等詳稱自上年十一月初七日起至年底止黔省二次捐輸復收銀四萬七千四百四十六兩均各兌貯司庫並查明各捐員履歷覈對例案造冊詳請

奏奬前來臣等查該捐員等或籍隸本省或由別省前來滇黔報捐踴躍急公情殷報效該司等

所造清冊聲請議敘覈與豫工二卯事例現行
常例及順天捐輸成案均屬相符自應仰懇
天恩俯准分別奬勵以昭激勸除將清冊咨送軍機
處暨吏戶兵各部查覈外謹繕簡明清單恭呈
御覽所有黔省初次捐輸銀兩業經委員解滇飭據
藩司照數兌收其二次捐銀容當委員續解同
滇省捐輸銀兩一併收貯至此次保山軍需除
奏明借動鹽課銀十萬兩外其餘不敷遵
旨在於捐款內動支俟支用若干餘銀仍撥還疊次
借動鹽課數內再行覈實
奏報不敢稍有虛縻謹將滇省第五次捐輸及黔
省二次捐輸請奬各緣由謹合詞恭摺具

奏伏祈

皇上聖鑒訓示謹

奏

戶部議奏單一件併發

道光二十八年三月　二十九　日

雲貴總督林則徐等奏片　請接續辦理滇黔二省捐輸軍需銀兩

再臣等正在繕摺具
奏間接准戶部咨稱滇黔兩省捐輸限期前經奏
明於上年年底截止其屆期收銀究有若干及
已否停止均未咨報到部惟現在既有軍務急
需如該省收捐尚可接續辦理自應暫緩停止
俾軍需經費得以藉資周轉請由臣等查看情
形斟酌衆辦並將上年十一月以後收捐確數
報部等因奉
旨依議欽此臣等伏查滇黔兩省捐輸呈限已於上
年年底截止因外府州縣距省一二十站不等
山路崎嶇險阻捐銀運送維艱並知銀限例有
一月雖屢經示期截卯而該官生等捐項未能

速兑係屬實在情形且各處銀色低潮必須到
省傾銷亦不得不稍寬時日追按呈催收兑足
據藩司詳由臣等覈數奏報計兩省彙總程途
往返查覈有稽茲將收銀確數覈明已於正摺
內詳晰具
奏惟永昌哨匪滋事調兵萬餘逐日支給鹽糧所
費不貲將來善後事宜亦尚有需用之處必應
寬為籌備現在呈限雖早經截止而司庫銀甫
收齊尚可接續辦理緣滇黔兩省距順天較遠
其就近報捐者諒不乏人應即飭司趕行出示
俾令窮鄉僻壤到處周知均得遂其報效急公
之願臣林則徐臣程矞采前此欽奉

諭旨軍需經費除於鹽課借動十萬兩外其雲南貴
州兩省現收捐輸之款並准其先行動支以應急
需等因仰見我
皇上軫念邊陲至意跪讀之下感激難名查滇省自
道光二十六年五月收捐起至二十七年十二
月三十日止共收銀三十二萬八千五百餘兩
黔省自二十七年八月起至十二月三十日止
共收銀六萬四千九兩合計前後捐銀僅可將
上兩次借墊軍需先行照數歸還鹽課溢餘項
下所有此次動支之款實在籌補為難今
恩准兩省續辦捐輸雖銀數多寡不能懸定但收銀
若干即歸墊若干目前既濟急需將來經費亦

雲貴總督林則徐等奏片　請接續辦理滇黔二省捐輸軍需銀兩
道光二十八年三月二十九日

籍資周轉臣等悉心酌議即請於四月初一日
起接收捐呈仍准照前輸納俟捐有成數即隨
時具
奏並造冊報部備查儻實於事無裨亦即
奏明停止所有遵
旨會商覈辦緣由謹據實附片覆
奏伏祈
聖鑒訓示謹
奏

戶部議奏

大學士管理户部事務潘世恩等題本　陝西省盤查前任撫臣林則徐交代各屬倉穀錢糧無虧

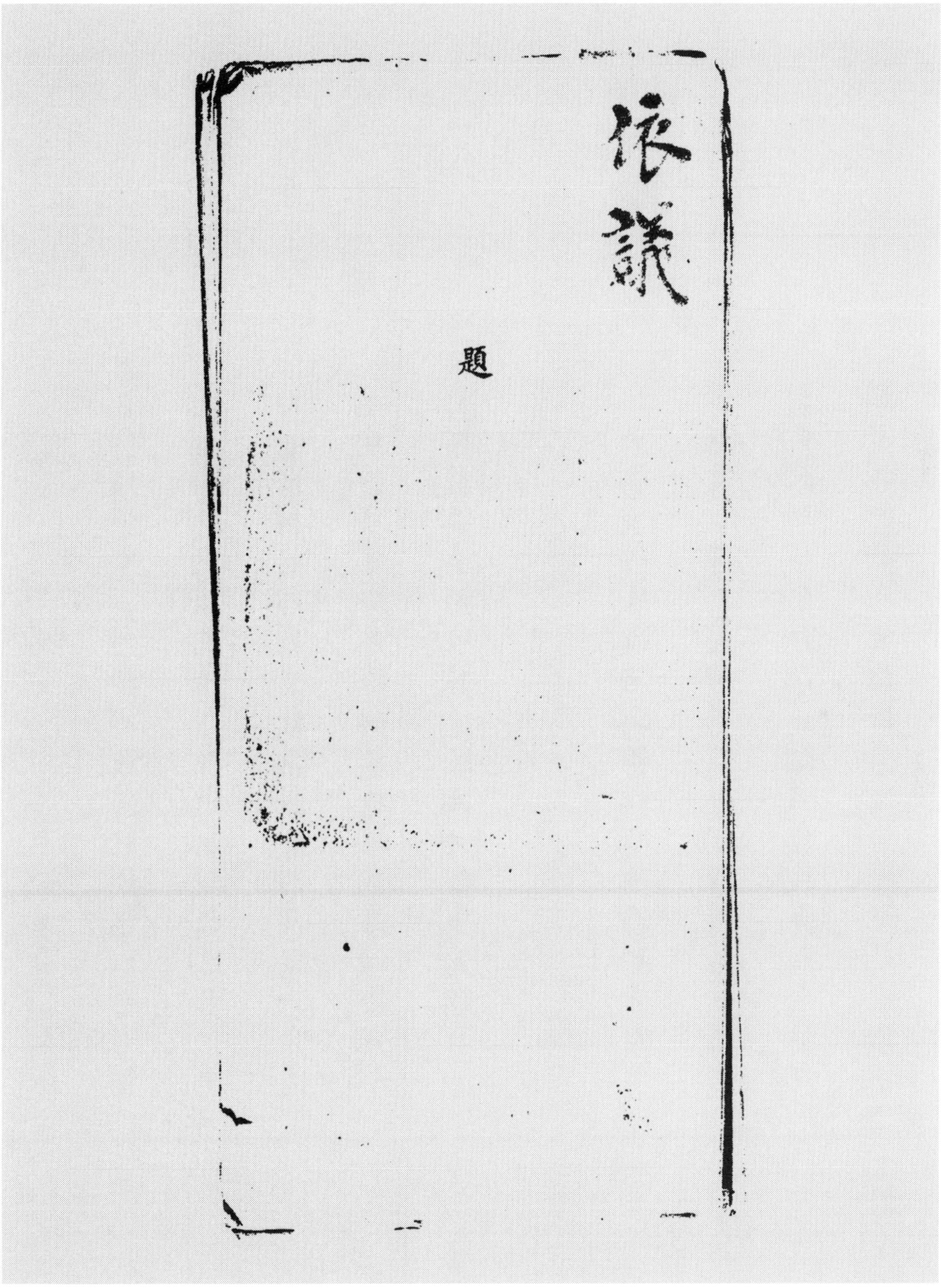
依議
題

太傅大學士管理户部事務臣潘世恩等謹
題爲詳請等事户科抄出陝西巡撫楊以增將前
任撫臣林則徐及臣陞任巡撫到任委員併案
盤查陝西省各屬倉穀無虧造冊具題一案道
光貳拾柒年拾月拾捌日題拾貳月初柒日奉
旨該部察覈具奏欽此欽遵於本日抄出到部
該臣等查得陝西巡撫楊以增疏稱看得常平
倉糧定例年終造冊奏銷督撫陞轉離任將冊
籍交代新任督撫限叁個月查覈等因今前任
撫臣林則徐及臣前任藩司均於道光貳拾柒
年貳月拾伍日蒞任又臣陞任巡撫及前署司

崇綸同於肆月初玖日蒞任又藩司恒春於陸
月初貳日到任所有應盤各屬常平倉穀節經
飭司移道委員分途併案盤查加結去後茲據
布政使恒春詳稱查陝省各廳州縣常平倉貯
各色糧石舊管道光貳拾伍年底止共貯京斗
糧壹百伍拾肆萬捌千壹百叁拾肆石叁斗柒
升壹合玖勺捌抄新收道光貳拾陸年正月起
至貳拾柒年肆月底止收還節年民欠出易撥
補存留並採買額貯缺額兵借平糶及捐賠脫
逃病故軍流各犯長支口糧共京斗糧壹拾柒
萬貳千捌百陸拾壹石捌斗捌合伍勺開除道
光貳拾陸年正月起至貳拾柒年肆月底止出

易平糶兵借並支給因流各犯口糧及撥供兵糧共京斗糧叁拾壹萬肆千貳百陸拾貳石陸斗壹升陸合伍勺陸抄實在道光貳拾柒年肆月底止共貯京斗糧壹百肆拾萬陸千柒百叁拾叁石伍斗陸升叁合玖勺貳抄節年民欠出易出借並前任鄠縣病故知縣陳椿冠虧缺共京斗糧貳拾叁萬叁千壹百伍拾貳石玖斗陸升柒合玖勺又邠州倉貯未估糧舊管麥玖合叁勺新收無項開除無項實在新斗合舊斗共麥玖合叁勺又商州屬雒南縣倉貯逆犯李文昌遺產租糧舊管道光貳拾伍年底止共貯京斗穀壹百肆拾貳石捌斗伍升玖合肆勺新收

大學士管理户部事務潘世恩等題本　陝西省盤查前任撫臣林則徐交代各屬倉穀錢糧無虧

道光二十八年三月二十九日

道光貳拾陸年正月起至貳拾柒年肆月底止共京斗穀壹石肆斗貳升捌合陸勺開除無項實在道光貳拾柒年肆月底止共京斗穀壹百肆拾肆石貳斗捌升捌合以上實在糧石俱各實貯在倉民欠糧石實欠在民並無霉變虧缺情弊所有委盤無虧緣由由司彙題司冊同委盤查暨各道印結一併呈賫覈題前來臣覆覈無異除冊結分送部科外理合具題再各屬應造冊結俱於限內送司惟興安府知府濮城冊造舛錯經陝安道駁更於玖月貳拾叁日更造到司計逾限叁拾捌日相應將興安府知府濮城職名隨疏開送等因前來　查定例各直省

大學士管理户部事務潘世恩等題本　陝西省盤查前任撫臣林則徐交代各屬倉穀錢糧無虧
道光二十八年三月二十九日

州縣倉穀督撫離任即將冊結交代新任督撫
限叁個月盤查造冊題報如有徇隱照例議處
分賠等語今據陝西巡撫楊以增疏稱委員盤
查各屬倉貯糧石冊造舊管道光貳拾伍年底
止共貯京斗糧壹百伍拾肆萬捌千壹百叁拾
肆石叁斗捌升壹合貳勺捌抄臣部覈與該年
倉穀奏銷冊造糧數相符應毋庸議其新收道
光貳拾陸年正月起至貳拾柒年肆月底止共
京斗糧壹拾柒萬貳千捌百陸拾壹石捌斗捌
合伍勺又開除糧叁拾壹萬肆千貳百陸拾貳
石陸斗壹升陸合伍勺陸抄亦屬符合並令該
撫將前項收支糧石造入常平奏銷冊內送部

查覈至實存糧壹百肆拾萬陸千柒百叁拾叁
石伍斗柒升叁合貳勺貳抄如有動用報部查
覈至雒南縣倉貯租糧舊管並新收共京斗穀
壹百肆拾肆石貳斗捌升捌合按照上屆實存
及應收數目覈算均屬相符亦毋庸議其積年
民欠等項糧貳拾叁萬叁千壹百伍拾貳石玖
斗陸升柒合玖勺應令嚴飭催徵完報毋任再
延又據該撫疏稱此案各屬應造冊結俱於限
內送司惟興安府知府濮城造冊舛錯駁飭更
造計逾限叁拾捌日將該員職名隨疏開送等
因臣等伏候
命下之日移咨吏部照例辦理再此案科抄於道光

大學士管理户部事務潘世恩等題本 陝西省盤查前任撫臣林則徐交代各屬倉穀錢糧無虧

道光二十八年三月二十九日

貳拾柒年拾貳月初柒日到部茲於道光貳拾

捌年叁月貳拾玖日辦理具

題合併聲明臣等未敢擅便謹

題請

旨

道光貳拾捌年叁月貳拾玖日 [illegible]大學士[illegible]户部事務 臣潘世恩

經筵講官户部尚書[illegible]八旗包衣三旗事務[illegible]管理三庫事務 臣賽尚阿

[illegible]户部[illegible]房行走 臣祁寯藻

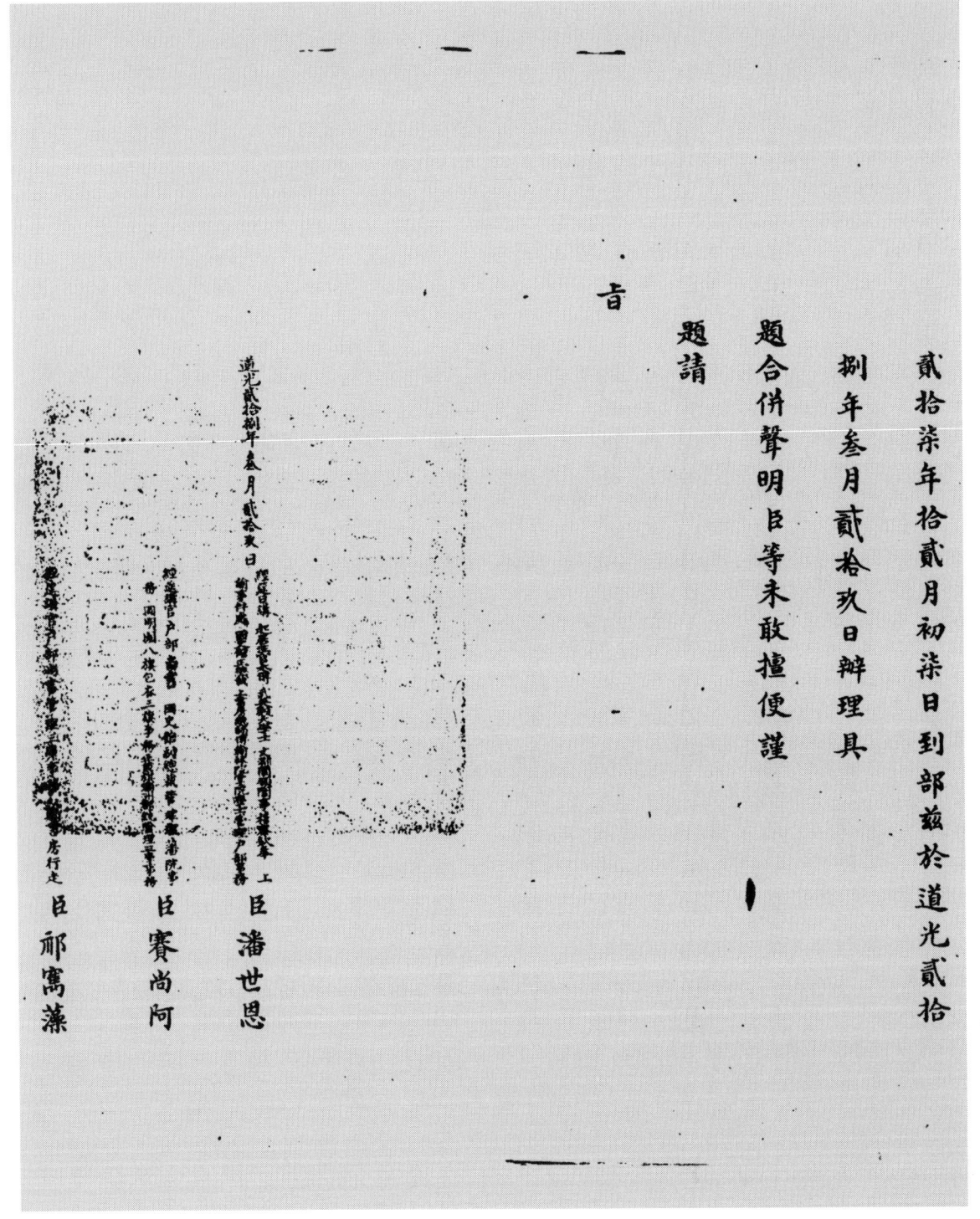

左侍郎兼管三庫事務正白旗滿洲副都統總管內務府大臣鑲紅旗護軍統領臣柏葰

左侍郎兼管三庫事務臣趙光差

吏部左侍郎署户部左侍郎兼管三庫事務臣季芝昌

右侍郎兼管錢法堂事務總管內務府大臣鑲黃旗漢軍副都統臣阿靈阿

右侍郎兼管錢法堂事務臣朱鳳標差

禮部右侍郎署户部右侍郎兼管錢法堂事務臣吳鍾駿

陜西清吏司郎中臣三壽

郎中臣安貴

郎中臣王楗

員外郎臣春暉

員外郎臣白讌卿

員外郎臣李應昌

主事臣玉慶
主事臣王映斗
額外主事臣書年
額外主事臣丁守存
額外主事臣翁學濬
額外主事臣錢寶青
額外主事臣郭夢惠
額外主事臣何玉棻
額外主事臣高貢齡

圖書在版編目（CIP）數據

清宮林則徐檔案匯編.27/中國第一歷史檔案館 福建省林則徐研究會 編.—福州：海峽文藝出版社，2020.3

ISBN 978-7-5550-2124-7

Ⅰ.①清… Ⅱ.①中…②福… Ⅲ.①林則徐（1785~1850）—檔案資料—匯編 Ⅳ.①K827=52

中國版本圖書館 CIP 數據核字（2019）第 265468 號

清宮林則徐檔案匯編 27

中國第一歷史檔案館 福建省林則徐研究會 編

責任編輯 陳 婧
美術編輯 劉小岳
出版發行 海峽文藝出版社
經　　銷 福建新華發行(集團)有限責任公司
社　　址 福州市東水路 76 號 14 層　　**郵編** 350001
發 行 部 0591-87536797
印　　刷 福建新華印刷有限責任公司　　**郵編** 350011
廠　　址 福州市福新中路 42 號
開　　本 889 毫米 ×1194 毫米 1/16
字　　數 815 千字
印　　張 37.25
版　　次 2020 年 3 月第 1 版
印　　次 2020 年 3 月第 1 次印刷
書　　號 ISBN 978-7-5550-2124-7
定　　價 300.00 元